U0716770

英豪
YingHao

21世纪 人力资源管理专业系列教材

员工招聘

（第三版）

主　　编　李　明　李晓霞

副主编　杨　倩　行金玲

参　　编　李育瑛　石　琳　刘芸瑛

胡燕军　杨方炯

西安交通大学出版社
XI'AN JIAOTONG UNIVERSITY PRESS

内容简介

招聘是现代企业管理中一项重要、具体和经常性的工作,是人力资源管理活动的基础和关键环节之一,直接关系到企业各级人员的质量和企业各项工作的开展。本书分为招聘概述、招聘影响因素、招聘的基础、招聘计划、员工招募、员工筛选、录用和评估几部分。力求突出以下特点:①理论与实践相结合。本书融理论与实践为一体,将理论方法、实务与案例纳入一个完整的体系框架之中。②针对性与可操作性相结合。本书贯穿大量实际应用的内容并采用管理案例,特别注意与我国企业具体实际相结合。③学术性与创新性相结合。本书借鉴国内外成功招聘管理研究的最新成果,在消化吸收发达国家成功招聘经验的同时,尽可能与中国本土文化衔接,并创造性地加以整合,观点新颖,富有创新性。

本教材适合高校人力资源管理专业学生、企业人力资源管理人员、劳动人事部门工作者使用,也可供应聘者参阅。

图书在版编目(CIP)数据

员工招聘/李明主编. —3 版. —西安:西安交通
大学出版社,2017.9
英豪 21 世纪人力资源管理专业系列教材
ISBN 978 - 7 - 5693 - 0084 - 0

Ⅰ.①员… Ⅱ.①李… Ⅲ.①企业管理-招聘-高等
学校-教材 Ⅳ.①F272.92

中国版本图书馆 CIP 数据核字(2017)第 216059 号

书　　名	员工招聘(第三版)	
主　　编	李　明　李晓霞	
出版发行	西安交通大学出版社	
地　　址	西安市兴庆南路 10 号(邮编:710049)	
电　　话	(029)82668357　82667874(发行部)	
	(029)82668315(总编办)	
印　　刷	陕西宝石兰印务有限责任公司	
字　　数	328 千字	
开　　本	727mm×960mm　1/16	
印　　张	18.25	
版　　次	2006 年 9 月第 1 版　2014 年 9 月第 2 版	
	2017 年 9 月第 3 版　2017 年 9 月第 1 次印刷(累计第 6 次印刷)	
书　　号	ISBN 978 - 7 - 5693 - 0084 - 0	
定　　价	38.90 元	

英豪21世纪人力资源管理专业系列教材

编写委员会

学术指导:席酉民

编委会主任兼总主编:杜跃平

编委会副主任:李增利

编委委员(按姓氏笔画排序):

总　　序

　　进入21世纪以来,经济全球化、全球市场化的进程不断加快,人类正在迈向知识经济时代。从农业经济到工业经济,再到服务经济或以体验经济、眼球经济等各种特征组合成的新经济,除了管理的重心逐步从价格、质量等转向创新、反应速度、信誉等外,经济社会发展所依赖的关键资源也由原来的土地、劳力、资本逐步转向信息、经营能力、知识等(即使在我国经济尚处于多元化的状态下,这种趋势也是明显的)。换句话说,知识、人才等智力资本正在成为经济增长和发展的基础性、关键性、战略性资源。高素质人力资源的知识、能力和创造力,是国家、地区、企业获得竞争优势的根本源泉,高素质人力资源的开发与争夺日益成为国家、地区、企业之间竞争的焦点。各国政府和企业越来越重视人力资源的开发与管理,纷纷采取各种措施努力提升人力资源的素质、能力和知识结构,为参与日益激烈的竞争创造持续的动力和源泉。

　　传统经济学一般认为,决定经济增长的基本要素是人、土地、资本,人被看作是"非资本的"一种自然状态的劳动力,而没有真正考虑到劳动者所拥有的知识和技能的价值与作用。战后以来对经济增长和发展的研究揭示了一个新的现象,在不同的国家和地区,相同的实物资本总投入量带来了差异悬殊的收益增长。经济分析和研究发现,这种差异的真正根源在于人力资源质量的差异,即是由人力资源的知识水平和能力差异所导致的人力资源使用效率的差异所形成的。当代经济学家普遍认为,土地、厂房、机器、资金已不再是国家、地区和企业致富的根本源泉,唯独人力资源才是企业和国家经济社会发展之根本。人力资源是决定经济增长的第一资源。正如西奥多·舒尔茨所指出的"人类的未来并不取决于空间、能源和耕地,而将取决于人类智力的发展"。当代经济学理论的创新,一方面反映了新的经济演化本质和特征;另一方面也不断凸显了人力资源和人力资本在未来经济增长和发展中具有的基础性、战略性地位。

　　在现代经济学不断创新和发展的同时,现代管理学理论和实践模式也在实现着创新和发展。无论是管理学中的人性观的变化,还是系统管理理论的创新、管理目标和模式的调整,日益体现了以人为本的思想和理念,特别是从传统的人事管理向人力资源管理和战略性人力资源管理的变革,集中体现了经济学理论的创新成果和管理理论与实践的创新需要——即人力资源是第一资源，人是企业主体，人在管理中居于主导地位。

　　当今世界，多极化趋势曲折发展，经济全球化不断深入，全球化市场竞争日益加剧，科技进步也日新月异，人才资源及其作用的发挥在综合国力和竞争中的战略地位及决定性意义日益凸显。本世纪头 20 年是我国落实科学发展观与建设和谐社会的关键时期，我们面临诸多挑战，特别是在人才及其选拔和作用机制等管理方面的挑战最为严峻。和谐社会，贵在形成一种人尽其才、物尽其用、"君子和而不同"的"多元统一、异质同构"的社会机制和环境，而其中人才的培养、选拔和使用机制及管理又是关键因素。只有努力造就数以亿计的高素质劳动者、数以千万计的专门人才和一大批拔尖创新人才，建设规模宏大、结构合理、素质较高的人才队伍，把我国的人口大国转化为人才资源强国，才能大力提升国家核心竞争力和综合国力，完成建设和谐社会的历史任务，实现中华民族的伟大复兴。

　　但是，人力资源的主导地位并不必然导致现实的竞争优势，资源优势的发挥依赖于对人力资源的有效开发和管理。因此，人力资源开发与管理具有特别重大的战略意义。

　　人力资源管理是世界各国，也是我国多层次工商管理教育和培训课程中一门重要的核心课程。由杜跃平教授主编完成的这套《英豪 21 世纪人力资源管理专业系列教材》，在选题和编写中，体现了知识结构的系统性、理论与方法的前沿性、管理实践的应用性、体裁形式的活泼性，是一套特色鲜明，具有较高水平的作品。

　　我国从国外引入人力资源管理学科的时间还不长，我国的经济体制和经济发展正处于转型时期，企业管理的变革和创新十分活跃，如何在引进、借鉴国外先进科学的人力资源管理理论与方法的基础上，结合我国经济改革和企业管理的实际，实现我国体制与文化下人力资源的有效开发与管理，仍然是摆在人力资源管理研究者、教育者和实践者面前的重大课题。希望我们不懈努力、积极探索，为形成一种有效的培养、挖掘、释放人力资源能量的适合中国国情的管理机制和环境而出力献策！

西 安 交 通 大 学 副 校 长
教育部高等学校工商管理类学
科 专 业 教 学 指 导 委 员 会 主 任
管 理 教 授 、 博 士 生 导 师

2006 年 8 月于西安交大管理学院

前　　言

　　人力资源是企业的第一资源,人力资源管理是企业管理的重要职能之一。如何有效地进行企业人力资源开发与管理,关系到企业的生存与可持续发展。我国改革开放以来,企业管理的变革不断推进和深化。传统计划经济条件下的人事管理正在向现代市场经济条件下的人力资源管理转变,培养和造就一大批具有国际化、科学化、专业化和本土化的高素质人力资源管理研究者、教育者和实践工作者,是不断提高我国企业管理水平和市场竞争力的一项基础性、战略性的工程。

　　人力资源管理学科兴起和发展于西方发达国家,是改革开放以来引入我国的一门新兴管理学科。如何在引进、借鉴的基础上,紧密结合中国经济发展、企业管理和社会文化背景,实现集成创新和引进消化吸收再创新,是我国人力资源管理领域所面临的一项重大课题。我们在长期的研究、教学和管理实践的基础上,通过大量深入的调查研究,为了适应人力资源管理教学和培训的新需要,组织相关人员编写了这套《英豪21世纪人力资源管理专业系列教材》。丛书的作者都是来自高等院校长期从事人力资源管理教学和研究的专业教师以及企业人力资源管理工作者,他们一方面在人力资源管理理论与方法上有一定的研究和积累,在人力资源管理的咨询、教学和企业培训方面有着丰富的经验;另一方面在长期的企业人力资源管理实践工作中,形成了许多宝贵的有效的实践技能和方法。这些都为编写这套富有特色的丛书提供了有利的条件和基础。这套丛书具有以下几方面的特色:

　　一是体系的系统性和重点性相结合。丛书的整体策划和分册的设计基本涵盖了这门学科的整个框架,具有系统性;同时,各分册的选题和体例设计中,注重突出人力资源管理学科的核心内容,进行合理选择,力求实现人力资源管理各个核心模块的内容系统、原理准确、重点突出、方法与技术实用、技能性和可操作性强。

　　二是内容的前沿性和作者的研究性相结合。在各分册的编写中,作者尽量收集、整理了国内外相关领域的最新研究成果,并努力恰当地融入写作中,使读者能够通过本书的阅读了解国内外人力资源管理研究的最新进展和创新成果;同时,由于人力资源管理学科是一门还不成熟的学科,许多方面还处于研究和不断完善之中,尤其如何结合我国的实际创造性地应用和发展,是值得深入研究的问题,作者在对某些问题的长期思考和研究中已经形成了自己的看法和成果积累,在写作中也有选择性地在内容中有所体现。尽管某些成果还不成熟，但是也希望与读者共同分享和思索，体现了作者的研究特色。

三是原理的一般性与本土实践经验的提炼原创性相结合。人力资源管理作为一门国内外公认的管理学科，就具有它自身基本原理的一般性、共同认可性，在编写中必须准确地反映。同时，由于人力资源管理实践在不同经济、文化背景下又体现了自己的特殊性。因此，作者在写作中将自己为企业的咨询、培训、管理实践的一些体会和有效的做法进行了一定的总结提炼，并在书中给予恰当的反映，体现了一定的本土性和原创性。

四是体例设计上体现了新的风格。在编写中，我们在各章中按照问题引导、材料阅读思考、原理与方法工具介绍、思考题和案例讨论的顺序进行体例设计。在案例选择上尽可能新颖、典型，使读者在阅读中循着提出问题、分析问题、解决问题、案例讨论、总结反思的逻辑过程做到理论与实际相结合，原理与案例相结合，传授知识与培养技能相结合，讲授与讨论相结合，以此达到学习目标与实践效果的统一。本丛书适合高等院校的经济学、管理学的研究生、大学生教学之用，也适合各类企业的专业培训和社会有关人员自学。

五是作者的团队合作。本套丛书的作者均是来自高等院校和企业中专门从事人力资源管理教学、研究、培训和管理实践的人员。他们在人力资源管理领域均有较高的造诣，富有思索和创新精神，知识结构合理，实践经验丰富，从而保证了丛书的编写质量。

本套丛书由陕西英豪人力资源管理公司策划组织。公司在工作人员保障、经费支持、组织运作中提供了条件。丛书由七个分册组成，分别是《人力资源管理概论》、《工作分析与职位评价》、《员工招聘》、《绩效管理》、《薪酬管理》、《培训与开发》、《人才测评与职业生涯管理》。作者分别来自西安交通大学、西北大学、西安电子科技大学、西北工业大学、西安石油大学、西安理工大学、西安工业大学、陕西科技大学以及一些知名的管理咨询公司和企业。丛书由西北大学经济管理学院教授、博士生导师杜跃平任总主编。他提出选题和体系安排，在经过编辑委员会成员讨论通过后，由分册主编负责组织编写。初稿完成后，由总主编对各个分册书稿进行审查、修改、定稿。

特别值得一提的是，在丛书的策划与编写过程中，我们得到了我国著名管理学家、西安交通大学副校长、博士生导师、教育部高等学校工商管理类学科专业教学指导会主任席酉民教授的大力支持和悉心指导。他在百忙之中欣然同意担任这套丛书学术指导，并且为丛书作序，使我们感到莫大的荣幸和鼓励。在此，我们全体策划、编写人员谨向他表示最衷心的感谢。

当然，这套丛书的质量和水平还有待读者去评判。作为一种探索和尝试，本套丛书自然还有许多值得探讨和改进的地方,但是我们毕竟走出了第一步,希望读者和同行专家对丛书提出宝贵的修改意见。我们将在不断修改和完善中努力提高水平,以期能为人力资源管理理论和实践水平的提高贡献我们的一份力量。

《英豪 21 世纪人力资源管理专业系列教材》
编辑委员会
2006 年 8 月于西安

目　录

第 *1* 章

招聘概述

人力资源管理的一项重要功能就是为企业获取合格的人力资源,尤其是在人才竞争日趋激烈的今天,能否吸引并选拔到优秀的人才已成为企业生存和发展的关键。因此,人力资源管理的吸纳功能就愈发显得重要,而这项功能正是通过招聘来实现的。作为人力资源管理的一项基本职能活动,员工招聘是人力资源进入企业或者具体职位的重要入口,它的有效实施不仅是人力资源管理系统正常运转的前提,也是整个企业正常运转的重要保证。

重点问题

⇨ 招聘的含义与特点
⇨ 招聘的原则与程序
⇨ 成功企业的高效招聘

1.1 招聘基本概念

在人类出现雇佣关系的同时,招聘活动就出现了。招聘的含义随着招聘活动的科学化和丰富化而不断得到充实和提炼。招聘是企业获得合格人才的渠道,是根据组织人力资源规划和工作分析的数量与质量要求,通过信息的发布和科学甄选,获得本企业所需合格人才,并安排他们到企业所需岗位工作的过程。

1.1.1 招聘的含义

招聘,又称为招募、招收、招雇,它包括人才的吸引与选拔,是人才聘用或聘任的前提性工作环节。

R·韦恩·蒙迪认为,招聘(recruitment)是能及时地、足够多地吸引具备资格的个人,并鼓励他们申请加入到组织中来工作的过程。

罗伯特·L·马希斯等认为,招聘与选拔就是选择潜在的任职者。

西蒙·多伦等认为,招募是指组织依据一定的制度与法规,通过一系列活动和过程,从大量高素质人员中挑选出最佳人选,以满足组织的需要;同时也满足申请者个人的需要,以增强他们留在组织中的可能性。

爱德华·拉齐尔认为,招募和雇佣是指根据预先制定的招募、用人、报酬等标准,通过一系列活动,能够使企业以最低的成本吸引、筛选到高质量的、喜欢该工作又适合该职务的求职者的过程。

詹姆斯·斯通纳等认为,招聘就是以人力资源管理计划为依据,建立充足的备选人才库,以在需要时可以从中选拔合格的人才。

乔治·W·勃兰德与斯科特·A·斯耐尔认为,招聘是寻求和鼓励潜在的应征者申请现有的或预期的空缺职位的过程。在这一过程中,组织应致力于使应征者得到工作要求和职位机遇的全面信息。某一项工作要由组织内部还是外部来承担,取决于人员的可用性、组织的人力资源政策和工作的要求。

从以上观点可以看出,虽然对招聘的含义有不同的表达方式,但都有着共同之处。首先,招聘是人力资源管理的基础,它将关系到组织的生存和发展,企业要想在竞争中胜出,必须要重视挑选成员的方式,这将影响组织的生存能力、适应能力和发展能力;其次,招聘是一个过程,这一过程包括吸引应聘者、对应聘者进行筛选、录用等环节;最后应根据职位需求、应聘者的素质条件、企业的人力资源等进行人员选拔、招聘工作。

综上所述,招聘与甄选是指企业为了生存与发展的需要,根据人力资源规划和工作分析提出的人员需求数量与任职资格要求,通过需求信息的发布,有选择性地面向组织内外以最低成本吸引、吸收、留住适合需要的足量的合格人员和颇具潜力的人才,安排他们到企业所需岗位任职的过程,以及建立人才库来满足企业未来需要的活动过程。具体包括以下五个方面的内容:

1. 人力资源规划与工作分析是招聘的两项基本性的工作

企业的招聘工作应该有计划地进行。人力资源规划是在企业的发展战略与目标确定之后,在科学预测未来的人力资源需求与供给的基础上制定的,因而它规定了在特定的时期需要招聘新员工的部门、职位、数量、时间等。工作分析则为招聘提供了拟招聘岗位员工的任职资格。只有建立在这两项基础工作之上的招聘工作才可能是科学的。

2. 企业通过需求信息的发布来吸引应聘者

企业要找到合适的人员,需要有相对较大的选择范围。这就要求企业的人员需求信息发布的范围应相对较广,包括企业内部大范围的空缺职位广告以及对外公开发布招聘信息。信息发布渠道的选择、信息内容的设计、信息发布的时间等因素都会影响录用新员工的质量。这个环节在招聘活动中成为招募。

3. 需要运用科学的甄选手段从应聘者中选拔适宜人员

能否从众多的应聘者中选拔到适宜的人员予以录用,主要取决于甄选方法。人的能力与素质表现为多个维度,选拔的手段也应该能够对应聘者从多个角度进行客观的评价,并通过科学的方法对应聘者进行综合评价,根据综合评价的结果做出录用决策。一般的选拔方法有资料筛选、笔试、面试、心理测试、体检、背景调查等。

4. 将录用的人员安排到合适的岗位上

适才适岗是人力资源配置与使用的基本原则。在对录用的新员工进行岗前培训以后,应该将他们安置在合适的位置上。

5. 建立人才库

通过招聘,可以为企业建立充足的备选人才库,用以在需要时从中选拔合格的人才。

1.1.2　招聘的目的和意义

1. 招聘的目的

招聘的目的是为企业寻找合适的员工。在恰当的时候以最小的代价招聘组织最需要的、合适的员工,并将其安排在适合的岗位上使其发挥作用,这是任何组织员工招聘的根本目的。

(1)满足现实需要——为职务空缺寻找符合资格要求的申请人。

(2)满足未来需要——为企业未来的人才需要,超前性地选择潜在的任职者,建立企业与潜在求职者之间的联系,建立人才库,尝试人才开发计划。如美国花旗银行认为,只要是真正的人才,就是聘用人数超过实际需要的 1 倍也值得。

(3)满足效率的需要——要以最低成本招聘到高质量人才,招聘不同层次人员的工资比率应低于他们的贡献比率。例如,同一岗位有本科生和专科生两个合格备选人,可据以往资料估算本科生工资与专科生工资之比、本科生业绩与专科生业绩之比两项指标,如果本科生工资与专科生工资之比小于本科生业绩与专科生业绩之比,就招聘本科生,以尽可能低的成本获取尽可能大的回报。

2. 招聘的意义

各个组织所面临的外部环境、内部环境和人力资源自身因素变化会引起各种各样的人员招聘需求。如空缺岗位需要人员补充；组织因业务扩张突发人员需求；为确保新业务正常运营补充新员工；组织人员流动需要招聘；预先安排组织人力资源规划的需要；为调整不合理的员工队伍需要招聘。

为满足各种招聘需求，必须做好员工招聘工作。招聘工作的有效实施不仅对人力资源管理本身，而且对整个企业都具有非常重要的意义，有效的人力资源招聘能给企业带来无穷活力。

(1)确保录用人员的质量，提高企业核心竞争力。现代企业竞争的实质是人力资源竞争，人力资源已经成为重要的企业核心竞争力。招聘工作作为企业人力资源管理开发的基础，一方面直接关系到企业人力资源的形成，另一方面直接影响企业人力资源开发管理其他环节工作的开展。有了高素质的一线员工才能保证高质量的产品和服务；有了高素质的技术人员才能保证企业研制开发计划的高效有序运作。

(2)降低招聘成本，提高招聘的工作效率。招聘应同时考虑三方面的成本：一是招聘直接成本，包括招聘过程中的广告费、招聘人员工资和差旅费、考核费、办公费用及聘请专家等费用；二是重置成本，因招聘不慎导致重新再招聘时所花费的费用；三是机会成本，因人员离职及新员工尚未完全胜任工作造成的费用。招聘的职位越高，招聘成本越大。既要将招聘成本降到最低程度，又能保证录用人员的素质要求，是招聘成功的最终目标。

(3)为企业注入新的活力，增强企业创新力。企业根据人力资源规划和工作分析要求，通过招聘，给岗位配置新的人员。新的人员在工作中注入新的管理思想、新的工作模式，可能给企业带来制度创新、管理创新和技术创新。特别是从外部吸收人力资源，为企业输入新生力量，可以弥补企业内人力资源不足，带来更多新思维、新观念和新技术。

(4)扩大企业知名度，树立企业良好形象。招聘工作涉及面广，企业利用各种形式发布招聘信息，如电视、报刊、广播、网络媒体等，扩大了企业知名度，让更多外界了解本企业。有的企业以震撼人心的高薪、颇具规模和档次的招聘过程，来表明企业对于人才的渴求和企业的实力。企业对人才的招聘，在招收到所需的各种人才的同时，也通过招聘工作的运作和招聘人员的素质向外界展现了企业的良好形象。

(5)减少离职，增强企业内部的凝聚力。有效的人力资源招聘，可以使企业更多的了解应聘者到本企业工作的动机与目的，企业可以从诸多候选者中选出个人发展目标与企业目标趋于一致、并愿意与企业共同发展的员工；另一方面可以使应聘者更多的了解企业及应聘岗位,让他们根据自己的能力、兴趣与发展目标来决定是否加盟该企业。有效的双向选择使员工愉快的胜任所从事的工作,减少人员离职,减少因员工离职而带来的损失,增强企业内部凝聚力。

(6)有利于人力资源的合理流动,提高人力资源潜能发挥的水平。一个有效的招聘系统,能促进员工通过合理流动,找到合适的岗位,能职匹配,调动人的积极性、主动性和创造性,使员工的潜能得以充分发挥,人员得以优化配置。同时,调查表明,员工在同一岗位上工作长达八年以上,容易出现疲惫停顿现象,而合理流动会使员工感到新岗位的压力与挑战,刺激员工内在潜能的发挥。

1.1.3 招聘的特点

现代员工招聘有以下特点:

1. 适需性

员工招聘一定要根据组织现实的和未来的实际需要制订计划、安排招聘,要消除盲目性和"花瓶"效应。

2. 选择性

一是招聘必须通过吸引、构建丰厚的合格的招聘候选人基础,形成"招聘金字塔"。二是分类选择聘用,即分析员工与企业的关系特征,将应聘者分为与公司可能对立的员工、不易结盟的员工、可与公司签订协议的员工、积极与公司合作的员工四类,企业招聘重在选择后两类员工。

3. 反应性

组织招聘过程的工作质量和录用的人员质量的高低会明显地影响应聘者对组织的评价和期望。

4. 基础性

招聘是优化员工素质和保证员工队伍素质的基础性工作,是人力资源管理的"进口关",必须把好。

5. 效率性

招聘本身是一个系统过程,要讲究效率、效益。招聘效率衡量的是招聘成本,要尽可能地降低其"重置成本"(见图 1-1)。为保证招聘成本降低,要设计招聘评价指标体系(见表 1-1),以进行招聘评价。

6. 多样性

招聘的多样性是指招聘方式、方法、来源及其有效性等都是多种多样的,可以依据实际情况选择适宜的招聘形式,不要拘于一格。

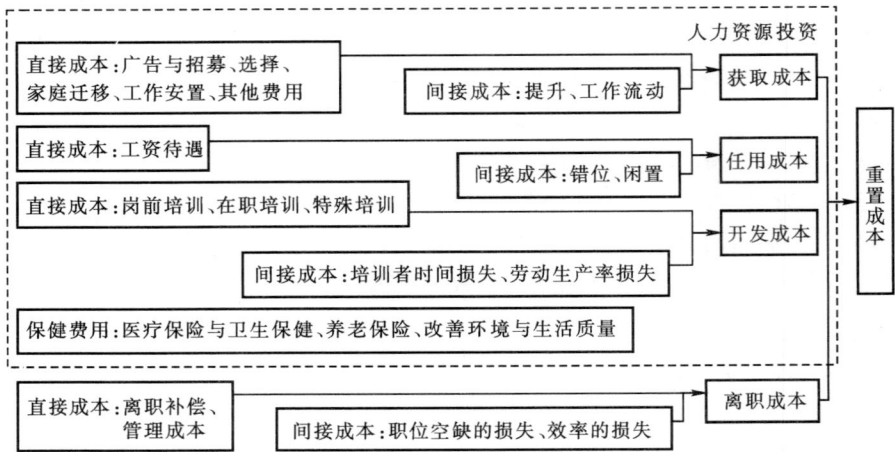

图 1-1　重置成本示意图

表 1-1　招聘评价指标体系

一般评价指标	1.补充空缺的数量或百分比 2.及时补充空缺的数量或百分比 3.平均每位新员工的招聘成本 4.业绩优良的新员工的数量或百分比 5.留职至少一年以上的新员工的数量或百分比 6.对新工作满意的数量或百分比
基于招聘者的评价标准	1.从事面试工作的人员数量 2.被面试者对面试质量的评级 3.职业前景介绍的数量和数量等级 4.推荐的候选人中被录用的比例 5.推荐的候选人中被录用而且业绩突出的员工的比例 6.平均每次面试的成本
基于招聘方法的评价指标	1.引发的申请的数量 2.引发的合格申请的数量 3.平均每个申请的成本 4.从方法实施到接到申请的时间 5.平均每个被录用的员工的招聘成本 6.招聘的员工的质量(业绩、出勤等)

7. 功能性

招聘具有三项功能:信息(公布)功能——及时、准确地把信息向人才市场公布;激励(影响)功能——通过广告的成功设计,激励潜在的求职者发出求职信,并努力成为企业的一员；预选功能——只激励那些符合职位要求的人员（目标任职者）参加招聘测试。

1.2　招聘原则和程序

各个企业进行员工招聘时，都会遵循企业内部制定的招聘原则和程序。因为不同的企业的具体情况不同，招聘的原则和程序也可能各有特点，客观科学的招聘原则和程序，会使企业获得低成本、高效率。通常情况下，企业在进行招聘时都遵循以下的招聘原则和招聘程序。

1.2.1　招聘的原则

1. 客观性、科学性原则

企业制定人员吸收计划时，要对相关政策法规、企业的发展阶段、劳动力市场的供求状况以及地理环境等因素进行分析，在工作分析和人力资源规划（HRP）的基础上，客观地制定招聘计划；在招聘过程中，运用科学的技术方法进行选拔评价，综合运用心理学、行为科学等各种测量工具，既要反映出应聘人员的实际水平，又要了解其具有的发展潜力。

2. 人力资源部门的工作要与组织的长期发展目标相一致

在招聘过程中更要注重应聘人员的现有技能和所具备的潜质，使其与组织的主业和下一步发展相一致，使得组织在生命周期的任何阶段都有充足的后备人选。同时，对组织内现有的或将来的各个部门的人员配备做出初步的规划，做到统筹规划，综合引进，并充分利用现有的人力、财力，尽最大可能找到适合的人选。

3. 竞争性、透明性原则

经济学认为，完全竞争市场是最有效率的。当组织引进人员时，要充分利用竞争机制。一方面制定的招聘条件要有竞争性，尤其对高级管理人才及关键技术人才要能体现出挑战性；另一方面应聘者之间也要有一定的竞争，这样才能使其在招聘过程中充分展示其才能，从而达到招聘的目的。

招聘的标准、要求、过程以及评审的标准要有透明性，以提高招聘工作的信度，避免某些不合格的应聘人员利用不正当的手段进入组织，这样招聘的结果才能让组织内外的人员都满意。

4. 阶段性、连续性原则

个人的发展与企业的发展同样具有阶段性。在企业特定的发展阶段中，要有目的的吸收与企业成长阶段相适应的人才,做到量才录用、用其所长、人尽其才。因而,在招聘过程中,不一定要最优秀的,只有招到最合适的人选,才能使企业和个人都得到相应的发展。同时,随着企业的发展和市场的变化,以及人才市场的自然流动性,企业还要保持招聘的连续性。一方面为企业的发展提供人力资源,另一方面又使企业不断地增加新鲜血液,提高企业的市场适应性。

5. 经济性、效益性原则

企业在招聘过程中需要花费大量的费用,但理想的人才对企业的贡献将远远高于招聘费用。所以,招聘时要坚持经济性、效率性原则,根据不同的招聘要求,灵活选用适当的招聘形式,用尽可能低的招聘成本录用高质量的员工。

6. 稳健性、利用"外脑"原则

招聘要坚持稳健原则,提高成功率,采取积极措施增加成功的可能性。如估算招聘计划的成功概率,训练招聘人员,为招聘者提供相关的工作预览。必要时,可借助"外脑",聘请有经验的专家及专业机构对应聘者进行选拔与评价。

1.2.2　招聘的程序

在组织进行人员配置的过程中,通过一系列的选拔手段和保留人才的活动,达到不断充实组织各个岗位的目的。人员招聘是一个复杂、完整、连续的程序化操作过程,又是一项极具科学性、艺术性的工作。整个招聘活动过程大致可分为招募、甄选、录用、评估四个阶段。

1. 招募

招募是招聘工作的第一阶段,是组织为了吸引更多更好的候选人来应聘而进行的若干活动。主要包括:招聘计划的制订与审批、招聘信息的发布、应聘者申请等。

2. 甄选

甄选则是组织从"人与事"两个方面出发,从招募得来的人员信息中,挑选出最合适的人来担当某一职位。包括:

(1)审查求职申请表,进行初步筛选。

(2)确定测试内容、测试人员、测试方式、测试程序、被测试人员名单。如招聘文员:填写应聘表(5分钟),电脑操作(8分钟),笔试(30分钟),面谈(20~40分钟)等。

(3)安排笔试、面试。发出测试通知(时间、地点、联系人、带何资料);确定接待人员、主试人员(一般由人事经理与用人主管担当);准备笔试试题和面试问题,根据应聘者提供的资料,对其个人情况、背景、经历、离职原因、爱好、特长、工资待遇期望值、个人发展目标等列出需要进一步了解的问题。

步骤	活动主要内容	阶段

产生人员选聘要求　　工作分析 — 人力资源规划、招聘目标

招聘计划制定 — 招聘岗位、人数、时间、方式、条件等的确定，成本预测

招聘计划审批 — 报告主管人力资源领导或董事会批准

征求各方意见、发布信息

内部选聘信息发布　　外部选聘信息发布

通过各种媒体及其他渠道发布信息

应聘者申请 — 收集、整理申请

资格审查、发考试通知 — 根据招聘条件筛选

考试 — 用各种测评手段筛选

面试 — 根据专家综合测试筛选

体检、资料核实 — 根据身体素质要求筛选

甄选决策 — 对合格者进行对比

初步安置 — 确定具体部门、岗位

适应性培训 — 熟悉企业文化、政策规定、工作程序，有一定的业务水平

试用 — 听取各方意见反馈

正式录用 — 按能、职匹配，合理配置

评估 — 效益及录用人员质量评估

招募

筛选

录用

评估

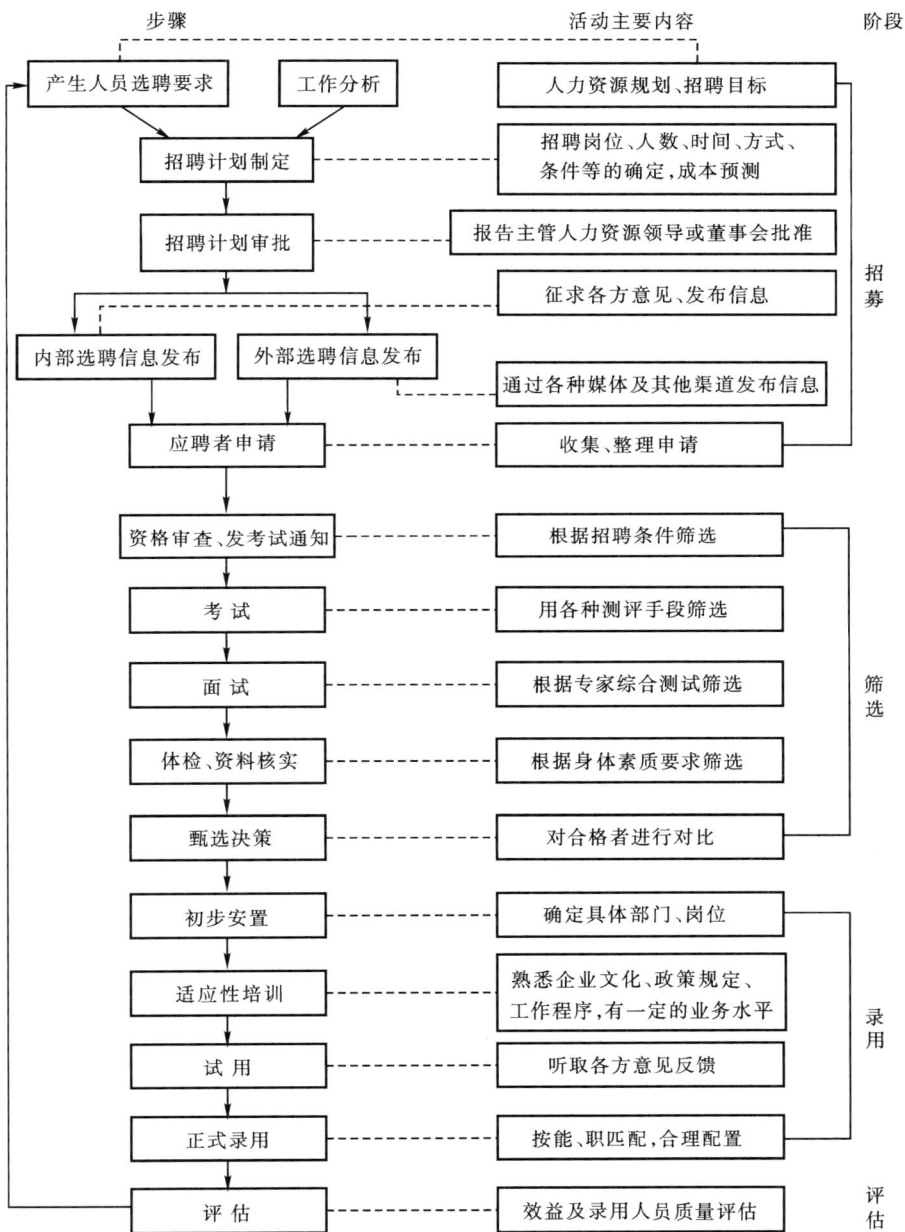

图 1 - 2　招聘的程序

（4）组织测验、测评。

（5）对拟录用的候选人进行体检和背景调查。

3. 录用

录用是企业对甄选出的人员初始安置、适应性培训、试用、正式录用等。

4. 评估

评估是招聘过程中不可缺少的重要阶段，包括招聘成效评估、录用人员质量评估、招聘人员工作的评估和招聘活动总结。

这四个阶段的具体步骤和详细活动内容如图 1-2 所示。

需要说明的是，在这四个环节之前，人员招聘必须有两个前提，即人力资源规划与工作说明书。从人力资源规划中能得到人力资源净需求预测（预计要招聘的职位与部门、数量、时限、类型等），工作说明书中的工作职责与任务描述、任职资格要求则为录用提供了主要的参考依据，同时也为应聘者提供了关于该工作的详细信息。

下表 1-2 是美国堪萨斯州劳伦斯市人员的获取过程，对我们很有启发。

表 1-2　美国堪萨斯州劳伦斯市人员的获取过程

初级职位（非公共安全）	公共安全职位	部门主管	市政管理者（首席行政官员）	临时职业机会	非全日制的兼职职位	技术性职位
招聘 • 地方报纸 • 有关 80 个地方性机构的就业招募公告 • 电子邮件公告牌 • 专有信息电话热线	招聘 • 地方和区域性报纸 • 有关 80 个地方机构、法律实施和消防机构的招募公告 • 为招聘妇女和少数民族而作出的特殊努力 • 电子邮件公告牌 • 专有信息电话热线	招聘 • 地方和区域性报纸 • 专业协会（全国性的） • 有关 80 个地方机构的招募公告 • 电子邮件公告牌 • 专有信息电话热线	招聘 • 地方和区域性报纸 • 专业协会 • 有关 80 个地方机构的招募公告 • 电子邮件公告牌 • 专有信息电话热线	招聘 • 关键职位的标价过程	招聘 • 地方报纸 • 有关 80 个地方机构的招募公告 • 电子邮件公告牌 • 专有信息电话热线	招聘 • 地方和区域性报纸 • 专业协会（全国性的/州的/区域性的） • 有关 80 个地方机构的招募公告 • 电子邮件公告牌 • 专有信息电话热线

选录	选录	选录	选录	选录	选录	选录
• 人事官员筛选申请表 • 由有雇佣权的机构审核数量范围缩小了的申请者 • 在适当的方面进行测试 • 证明书审核 • 小组面试 • 做出工作认可后的体检,包括药物检测 • 人事主管的正式任命	• 书面测试 • 身体适应性评估 • 小组面试 • 主管面试 • 证明书审核 • 做出工作认可后的体检,包括药物检测和警官的心理测试 • 部门主管的正式任命	• 通过人事或办公室选录来筛选申请者 • 由市政管理者来审核已经减少的申请者资格 • 评估实验室 • 委员会面试 • 市政管理者面试 • 证明书审核 • 做出工作认可后的体检,包括药物检测 • 市政管理者的正式任命	• 由顾问/人事部/统治集团委员会/全体统治集团对申请者进行筛选 • 证明书核定 • 统治集团的面试(也可能包括同部门领导的见面) • 工作确认后的体检,包括药物审查 • 统治集团的正式任命	• 在特定时间需要的情况下选录到指定的职位上	• 由部门来筛选申请者 • 管理者的面试 • 证明书核定 • 管理者做出任命	• 由人事部门筛选申请者 • 部门管理者对减少了的申请者进行审核 • 评估实验室 • 委员会面试 • 部门主管面试 • 证明书核定 • 技术资料的测试 • 资格证书的审核 • 管理者或部门主管做出的正式任命
全过程的时间长度						
4～8 周	3～4 个月	2～3 个月	3～5 个月	1～5 天	3～5 周	2～3 个月
培训						
• 在职	• 法律执行专科学院 • 消防培训计划	• 在职	• 在职	• 在职	• 在职	• 在职 • 作为维护资格证书所必需的技术培训

1.2.3　招聘程序模式

由于每个企业的具体情况有差别,招聘录用人员的职位层次、种类都有差异,因而在实施具体人员招聘时往往有很多具体的程序模式。一般有三种基本模式,即综合式、淘汰式和混合式。

1. 综合式

在选择录用程序中,每个应征者必须接受所有的选择测评,在做录用决策时,是根据他们的各项得分的总和或加权处理后所得分数作为录用的参考依据。这种模式允许应征者在某种测评中的高分弥补在另一测评中的低分;被录用的应征者可能在各种能力上均有较高水平,或者其中某一种或两种能力非常强,在弥补低分以后还能处于领先地位。在只要求对录用者的每一项资格水平作整体评定,并且各项能力均没有最低要求时,通常可以使用这一模式。另外还可以根据每种能力的重要性程度和工作的相关程度等,对应征者在各项能力上的得分进行加权,用加权分数来求总分。

2. 淘汰式

淘汰式和综合式不一样,应征者不用参加每一项测试,而是经过一轮测试淘汰一批不合格的人,合格者参加下一项测试,然后再淘汰一批。只有坚持到最后,在所有的测试中全部合格的人才能被录用。在这种模式中,每一种资格水平都是作为独立的指标,不可以相互弥补,其中只要有一项不合要求即被淘汰。例如,应征人员登记表审查合格的应征者参加笔试,笔试通过后进行结构化面试。主试感到满意后,应征者参加工作模拟测试。只有在实际操作中表现良好,且参加体检合格才能获得工作机会,应征者好比要克服层层障碍才能到达目标。当工作所需的各项能力、资格指标均要求达到和高于某一水平时,采用淘汰模式进行选择是比较有效的。由于每一次测试就要减少一部分应征者,这样可以省掉一些费用。采用此种方式应把花费较少的测试方法放在前面,如审查应征人员登记表、笔试等。将效度好但比较昂贵的方法放在后面,只用于一小部分佼佼者的选择,这是十分经济有效的办法。

3. 混合式

混合式就是将以上两种模式结合起来进行选择。对有最低要求的资格的评定通常采用淘汰式方法,如有关学历文凭、等级证书、技能水平等等。通过这些筛选后的应征者需参加其他的各种测试,效仿全能式的测评程序,综合评定其各项能力,水平、能力总体合格者可以被录用。完全采取"综合式"的效果虽比较客观,但操作成本过大。完全采取"淘汰式"对应聘者的要求较高,能通过"淘汰"保留下来的应聘者已是精华中的精华了。采取"混合式"方式,先采用淘汰方式对"应聘资格"进行初步淘汰,再运用综合测试进一步选定合格人才,这样不仅可使操作简便,也能招聘到合格人才,是一种较好的选择。

1.3　成功企业的高效招聘

1.3.1　高效招聘

就招聘者而言,其使命就在于"让最合适的人在最恰当的时间位于最适合的位置,为组织做出最大的贡献"。因此,所谓高效的招聘,实际是指组织或招聘者在适宜的时间范围内采取适宜的方式实现人、职位、组织三者的最佳匹配,以达到因事任人、人尽其才、才尽其用的互赢共生的目标,如图1-3所示。

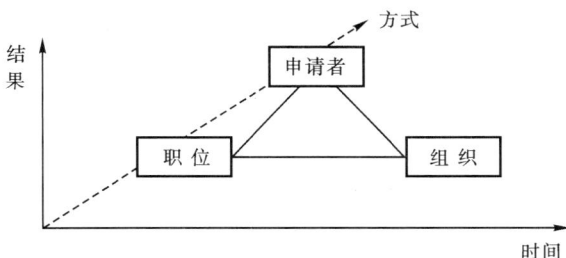

图 1-3　人、职位、组织三者的最佳匹配

从上述定义可以看出,高效招聘实际包括四大要件:

(1)申请者——职位匹配;

(2)申请者——组织匹配;

(3)职位——组织匹配;

(4)时间——方式——结果匹配。

对此四要件,组织都应给予足够的重视。企业招聘工作的核心就是实现所招人员与待聘岗位的有效匹配。这种匹配要求将个人特征与工作岗位的特征有机地结合起来,从而获得理想的人力资源管理结果。个人与工作岗位的匹配主要表现在两个方面:一方面是岗位要求与个人素质要匹配,因为每个工作岗位都有其特定的要求,个人要想胜任某项工作,必须具备一定的知识和技能。另一方面,工作的报酬与个人的能力要匹配,只有这样,雇员才可能有积极性并充分发挥其主观能动性。如果待聘岗位给定的报酬标准与应聘者的期望有落差,个人素质与工作岗位要求的匹配同样无法实现。如果招聘活动能实现这两个方面的匹配,就能够把合适的求职者吸引过来,新雇员自己也感到满意,工作中积极肯干,雇佣关系才能得以长期维持。申请者与组织匹配是指雇员要适应企业文化,与组织能很好融合,真

正成为组织中的一员。职位和组织之间的匹配,是指组织在开展招聘工作之前,首
先需要明确有待招聘的职位在组织中是否不可或缺。如果该职位纯属多余,组织
应借此机会毫不犹豫地予以精简。如其可以由他人分担或采取外包的方法处置,
组织亦可借机进行结构和流程的优化。而特别强调时间、方式和结果之间的匹配
则是出于对成本优先和组织竞争力方面的考虑。在竞争日益激烈的时代,谁能在
招聘中更好的实现时间、方式和结果的匹配,谁就能在竞争中占得先机。

　　很多企业年年在招人,钱也花了,时间也花了,但还是很难招到自己满意的人
才,或者招聘到的人才只待了几个月就离职了,使企业的目标或者项目常常因为人
才不到位无法落实。企业家和老总们只能望才兴叹,无可奈何。究其原因,就是因
为没有很好的把握人才招聘成功的关键因素,没有长远的、战略性的人才需求与供
给的规划,总是借口业务繁忙,没有认认真真、规规矩矩的组织招聘。企业只有认
识到高效招聘的重要意义,充分掌握高效招聘的特征,才能真正做到高效招聘。

1.3.2　高效招聘的特征

　　成功企业进行高效招聘时通常都会有如下特征:

1."定"

　　"定"即定位。要做好企业的人才招聘,首先企业要明确招聘什么样的人才,什
么样的人才是最适合企业发展的,基本原则是"不求最优秀,只求最适合"。要想明
确企业的人才定位,企业人才招聘前一定要首先做好人才的需求分析。一般年度
人才需求分析的程序如下:

　　(1)分析前一年的绩效业绩,根据公司发展战略制定第二年企业发展的绩效
目标,对绩效目标进行分解,制定出部门的绩效目标;

　　(2)公司各个部门根据绩效目标分析需要配置哪些人才,哪些人才空缺,对空
缺人才根据公司岗位说明书的要求向人力资源部提出申请;

　　(3)人力资源部对各部门提交的人才需求申请进行归总,向公司决策层提交
年度初步人才招聘需求;

　　(4)公司高层在初步人才需求的基础上提出修改建议,并根据公司第二年的
绩效目标提出对特殊人才和管理人才的招聘需求;

　　(5)人力资源部根据高层的建议最终确定第二年的招聘需求,在此基础上制定
出第二年的人才招聘计划;

　　(6)根据公司发展的实际情况对招聘需求和招聘计划进行实时调整,每次系
统、规范地组织招聘前,对招聘需求进行再次确认。

　　在做好人才招聘需求分析的基础上,每次招聘前需要再次确认对各类人才的

定位,即工作职责与任职资格,包括主要工作职责,对学历、专业、能力、经验、年龄、性别、性格、兴趣爱好、心理及身体等各个方面的详细要求等。只有这样,每次招聘人才才能做到"胸中有数"。

2."瞄"

"瞄"即瞄准。"定"是明确企业要招聘什么样的人,"瞄"则是确定企业要在什么样的目标群体中去寻找所需要的人才,这点也相当重要。有很多公司人才招聘时定位非常清楚,招聘的目的也十分明确,最后通过发布招聘广告收集来的招聘简历却寥寥可数、少得可怜,分析其原因就是因为发布信息时瞄得不准。如果我们招聘时瞄的不准,会让许多适应公司发展的、真正为公司所需的人才白白流失,同时让很多不符合公司发展需要的人员浑水摸鱼,这样会增加甄选的工作量和难度。

3."传"

"传"即传递。确定了需要招聘哪些人才,也明确了在哪些人群中去寻找所需要的人才后,下一步的工作就是通过一定的方法和途径把招聘信息有效的传递到目标群中,让他(她)知道企业在真诚的寻找他(她),让他们"投票"即投上自己的简历。现在信息传播的途径和媒体越来越多,一般可供选择的"传"的途径和媒体主要有报纸、网络、人才招聘会、人才服务/猎头机构、员工推荐和内部招聘等。企业在招聘人才时一般采取多种方式相结合的信息发布和招聘模式,既可以做到招聘的组织化系统化,保证招聘的效果,也可以控制招聘的费用和成本。

4."吸"

"吸"即吸引。吸引就是指企业发布的招聘信息中,哪些可以引起目标群体的注意力,让他们主动投寄简历。一般招聘中有效吸引目标群体的方法有以下几种:

(1)企业文化吸引。优秀的企业文化是吸引人才的第一要件,因此公司在招聘策划文案中,应该花一定的笔墨来介绍和描述公司及企业文化,包括公司历史沿革、发展规模、发展目标、价值观、人才观念等。

(2)待遇吸引。应聘者首先选择的是一个好的公司(最佳雇主),其次最重要的就是一个好的待遇了。我国很多企业招聘人才在薪酬承诺时一般都只是承诺"本公司提供优厚的待遇",所有的招聘广告都这么说时就没有一点吸引力了。因此,建议企业在招聘时最好明示每个岗位的具体薪酬待遇,采用范围年薪的方式。比如某岗位年薪 3~10 万元,3 万代表的是所招聘进的人才基本能够胜任岗位,10 万代表所招聘的人才有非常出色的能力,并且能够完成出色的业绩。范围年薪最高值 10 万元一般可以比目前该岗位人才的年薪高出 1.2 倍~1.5 倍,为吸引优秀的人才留出空间。

(3)职位及发展吸引。一个好的职位及发展空间也是吸引优秀人才不可或缺的因素。企业可以通过提供实际的空间来吸引应聘者,如入职培训、员工职业化训练、中高层管理人员培训、在职教育、完善的职业发展通道和职业生涯体系、职业辅导等等。

（4）人数吸引。企业在招聘人才、发布招聘信息时可以适当地把招聘人数放大,比如扩大 1.2～1.4 倍是完全可以的。国外很多企业广告招聘人才可能是最后实际招聘到的人才的 10 倍甚至 100 倍,比如某某公司招聘高级软件工程师 600 名,最后真正招聘选中的可能不到 6 名。一个总的原则是,招聘广告是把信息传递给目标群体,同时把真正优秀的人才吸引过来。

5.“选”

“选”即甄选。不管你前面的工作做得如何细致和准确无误,都不可避免你所收到的简历中有“鱼目混珠”和“滥竽充数”的现象存在。因此,精心设计招聘人才的甄选程序、科学选择有效的甄选方法,提高人才甄选的信度和效度,把真正优秀的人才“拣”出来,是每次人才招聘的关键。当然对于企业招聘不同的人才,如普通人才、高级管理人才、核心技术人才、精英销售人才等,要设计和选用不同的人才甄选程序和方法。

6.“留”

“留”即留住。招聘是一次双向选择的行为,绝不是一厢情愿,招聘中公司可以选择自己中意的对象,应聘者也有权选择自己中意的公司。所以,企业在整个招聘过程中,如何有效的留住人才也非常重要。留住人才涉及整个招聘的各个环节,只要有一个环节或者一个细节让应聘者(特别是优秀的应聘者)感觉到与自己的期望相差甚远,就会让优秀的应聘者放弃加盟这家公司。所以招聘中的每个环节、每一句话、每一个行动、每一个宣传、每一个标示等等都要非常严谨、规范,招聘期间所有员工都要表现出高水准的职业素养。

在留住人才方面还要注意的就是,除特殊招聘以外,每次招聘的周期应控制在一个月以内,最好 20 天左右。时间长了,应聘者不会久等,而可能另谋高就。

总之,企业人才招聘是一项非常复杂的系统工程,只有认真地抓好上面六个方面,才能有效地保证企业每次人才招聘的成功。

1.3.3　成功企业的高效招聘系统

在企业具体的招聘实践中,一个成功高效的招聘系统包括以下几个方面:

1. 成功的招聘必须有与之相适应的内、外环境

所谓外部环境,即企业所在地区的经济环境,包括国家和当地政府的有关法律、法规。其中与人员招聘紧密相关的有:劳动用工法规、养老和医疗保险以及相应的福利政策(如住房政策)、儿童升学规定、配偶迁入规定、户口准入政策等等。此外,当地的经济发展水平、城市政治经济地位甚至治安状况也成为吸引优秀员工的重要因素之一。

内部环境,主要指企业的薪酬体系、福利政策、岗位设置、激励机制以及企业发展前景、管理水平和与之相适应的企业文化。前四项因素有可能极大地影响优秀人员最终确定签约意向,而后三项则是能否使所聘用的员工按双方的约定顺利完成试用期进而履行劳动合同,即企业留住优秀员工的关键。

一个优秀的企业管理者,绝不能把员工招聘孤立地看成是人力资源部的业务行为,而必须从企业的整个管理战略出发,认真分析企业所处地区和所在行业的外部环境,取长补短,实事求是地制定聘用标准。同时,努力整合自己的内部环境,创造一个实实在在的吸引人才、留住人才的组织氛围,这也是企业最高管理者的首要工作之一。管理就是为在组织中工作的人谋划和保持一个能使他们完成预定目标和任务的工作环境。

2. 企业招聘应当按照不同的岗位要求分层次制定策略

一个企业的招聘活动,大体由"制定招聘计划、拟定职位描述和任职资格、发布招聘信息、对应聘人员进行筛选评判、做出录用决策"等几个步骤组成,但这只是企业招聘的最基本形式。由于聘任的岗位不同,招聘所需制定的策略也不尽相同,即所谓对不同层次的岗位应制定相应的招聘策略。

对于一般生产人员,宜采用"广而短"的策略,即在符合任职资格的条件下,人员来源要广泛,战略上应立足"短期利益",也就是着眼解决企业当前的人力紧缺问题,这样做有利于减少企业招聘成本、降低人员流失率。

对于研发人员,宜采用"宽而专"的策略,即对科技人员的聘用考核,在符合任职资格的条件下,应将着眼点放在考核其专业特长与聘用岗位的匹配度上,"专"且"精"则优,最大限度地做到"不拘一格选人才",为企业当前和今后的技术发展提供充分的保障。

对于中层以上管理人员,则应采用"严而慎"的策略。企业中层以上管理人员是企业生存的骨架和血脉,一旦因管理人员的自身素质不高造成管理缺陷,轻则使企业"血脉不通",行动迟缓,效率低下,重则使企业"全身瘫痪",不战自败。因此,对中层以上管理人员,除了要"严格"考核其任职条件、工作业绩之外,还必须深入了解其个人品质、管理理念。只有应聘人员所尊崇的理念与本企业的企业文化相一致,才能实现企业的整体目标。很难想象,一个与本企业文化格格不入的中层管理者,如何让自己领导的团队与整个组织血脉相融、步调一致。因此,对中层以上管理人员的招聘必须严格、慎重。对中层以上管理人员的经历与理念的了解,除了利用招聘中的一般手段之外,还可利用更广泛的措施,如委托猎头公司或有声望的咨询机构进行专门的考查，也不失为一种有效的手段。

3. 负责招聘的人员必须是企业的核心骨干

　　人员的招聘活动是企业与应聘者的一个互动过程，企业在选择适合自己的员工的同时，员工也在挑选自己心仪的企业。企业负责招聘的人员是应聘人员了解企业的"第一道风景"，这往往影响到优秀人才应聘本企业的最初决心。因此，负责招聘的人员必须是经过专业培训的企业核心骨干，必须坚持"人本精神"，充分理解企业的管理理念和经营发展战略，把握对不同层次人员的招聘策略，客观公正地介绍自己的企业和评价应聘人员，言谈举止应该做到诚信、自律、宽容，对应聘人员产生一种亲和力和吸引力，使应聘人员由此很容易联想到企业文化、精神、面貌甚至企业发展前景。

4. 重视招聘状况的信息反馈

　　一个阶段的招聘工作结束后，工作人员往往忙于整理应聘人员简历，办理录用手续，常常忽略了对招聘工作的及时总结，特别是从战略角度分析企业招聘的成败得失。优秀的招聘人员应当力求在一个阶段的招聘工作结束后，从内外两方面进行总结分析：内部因素包括企业招聘策略是否得当、应聘人员评价是否真实、应聘人员绩效是否达到预期效果、招聘计划未完成的主要原因以及企业相关管理存在的缺陷等；外部因素包括劳动力市场目前的基本状况及发展趋势、竞争对手的相关政策与策略、下一阶段招聘结果预测等等。招聘人员应将上述信息及时汇总，提供给企业的高层管理者，并提出相应建议。企业招聘状况犹如诊断企业经营状态的"晴雨表"，高层管理者依此可从战略角度透视出企业在薪酬体系、激励机制乃至企业竞争力诸多方面存在的问题，及时制定并采取相应的应对措施。

5. 注意招聘活动对企业现有员工的正负激励作用

　　企业的招聘活动往往会很快在本企业中引起在职员工的反响，管理者应当充分认识到这种反馈的正、负面作用。公司通过聘请绩效高的新员工，可以带动整个组织内的员工的绩效提高，同时对于那些绩效低的在岗员工产生一个外在的压力，使其为保证工作岗位不被替换而努力提高自己的绩效水平，此为正面效应；但也要注意到，由于新聘员工对工作的适应性存在着时间滞后性，同时由于市场的要求，其薪酬水平往往又等同于甚至高于企业现有员工，由此带来绩效优秀的员工对企业忠诚度的降低甚至离职或降低绩效，即为负面效应。企业人力资源部门和高层管理者应当有目的的利用招聘活动为企业带来的激励作用，最大限度地发挥其正面效应，降低负面效应，促进企业绩效的整体提高。

本章思考题

1. 什么是招聘？
2. 试分析招聘在人力资源管理系统中的作用。
3. 简述招聘的过程。

案例分析

米其林 为未来招聘

米其林中国投资有限公司一直是校园毕业生和职场人士心仪的工作场所，即使是在经济低迷的 2008 年年底到 2009 年，米其林的魅力依然无法阻挡，有两个事件可以佐证。

2008 年，在以应届毕业生和职场新人为主要调查对象，由《职场》和美世咨询公司联合举办的年度最佳工作场所评选中，米其林获得2008 年度"50 佳第一工作场所"的荣誉称号；2009 年，米其林在上百家企业的角逐中脱颖而出，获得前程无忧颁发的"2009 中国最佳人力资源典范企业"称号。作为汽配商的米其林轮胎，2009 年由于受欧美主要汽车市场销量急剧下滑，主要的汽车厂商大幅削减产能的影响，全球业绩出现下滑。但中国市场一枝独秀，米其林中国投资有限公司也实现了较好的业绩。

"2009 年，在经济危机当中，米其林中国公司的创新项目和主要业务的关键人才不但没有缺失，反而有力地支持了公司全年业绩目标的实现。"米其林中国人力资源总监齐晓峰欣慰地说道，"2009 年我们招聘人数达到 200 人，在压缩办公和出差经费的同时，持续加强培训投入，选送了 22 人去国外工作，40 人参加海外培训，26 人参加了领导力开发项目的培训，继续为未来业务发展输送人才。"招聘并留住优秀员工，米其林是怎样做到的？齐晓峰给我们做了详细说明。

招聘着眼于未来业务需求

面对稀缺和关键人才的招聘，人力资源部门必须站得高，看得远。出现缺口再来应急，是一种低层次的人才运作。重视人才的企业除了从内部选拔、培养人才外，还高度重视从外部提前引进战略性人才、管理型人才，建立企业需要的人才库，为日后发展做准备。米其林就是这一思想的实行者。齐晓峰介绍说,米其林的招聘需求,不是业务部门来提有哪些岗位空缺,人力资源部门就立刻招聘相关人员。他们的招聘分两个部分:一方面着眼于目前需求,满足目前公司运作需求需要补充哪些人员;另一方面着眼于未来需求,招聘高潜力人才,对其进行1~3年的培训,让他们能够担当未来新业务的发展。

作为业务部门的战略合作伙伴,人力资源部会主动参与米其林未来三到五年的战略发展规划,了解公司会投放哪些新产品、建立哪些办公室、生产哪些轮胎以及是否拓展新的工厂等,以此确定未来的企业发展需要怎样的人才,从而提前启动相应的招聘和培训计划。

2009年关键人才的到位就与2007年制定的人力资源三年计划有很大关系。比如2007年米其林沈阳工厂推出卡车轮胎三期扩产计划,米其林未来要为中国客户提供符合其道路需求的节油轮胎、绿色轮胎等创新项目。这些计划和业务项目需要的关键人才就成为重点招聘对象。

米其林公司在人力资源部门,特别设立了战略人力资源储备中心,每年由公司批准下拨几百万人民币的预算,用于这些前瞻项目的人才招聘和储备。齐晓峰说,考虑到业务部门的绩效考核系统,他们一般不愿意提前把未来人才预算计入本部门,而是由人力资源来做,从而避免了这个矛盾。2007年和2008年,米其林每年战略储备人才招聘都达到30多人,并提供培训和职位轮岗,等新业务一旦启动,储备人才就可以在新岗位上发挥关键作用。

招聘技能,更招聘态度

米其林是个很"挑人"的公司,除注重应聘者的知识和技能外,其个人价值观与米其林企业文化的配合度也非常重要。米其林的企业价值观提倡尊重他人,用人的标准是善良、正直、有社会责任感、有敬业精神和专业精神。

齐晓峰告诉我们,相关专业知识是员工的必备素质,如同财务人员应熟悉财务知识及相关法律法规,研发人员要具备相关技术背景,米其林更看重的是与企业文化相近的品格特质:基于个人素质要求的主动性、创新性、适应性;基于团队合作要求的沟通能力、团队精神、能力开发;基于与公司关系的客户导向。讲到创新性,米其林对做市场开拓、产品设计和工程设计的员工,创意的要求更高,侧重于要求他们不断开发和创造更佳的工作方式、更佳的工作方法。而作为服务部门的人力资源部,对员工的创新要求也无处不在,比如米其林现在大量招聘的员工都是80后,他们的特点与70后不同,测试的方式就要有所不同,做到根据时代特点,因人而异。"80后员工更加以自我为中心,不太能吃苦,比较容易放弃,如果是出身比较富裕家庭的孩子,这些情况可能会表现得更加突出。"齐晓峰说,"这就要求我们在面试中,用案例分析和评估中心对其进行测试,按照企业对他们的品德要求去考察,而不是仅仅看他们是哪个学校毕业的,什么学历。"

严格而全面的选拔式招聘

优秀企业对招聘的重视,体现在对招聘标准、招聘程序和招聘工具的精心设计。米其林对于招聘的人员要进行3~6轮的面试。面试官不仅包括用人部门经理和人力资源部门招聘专员,还有将来和其合作的部门经理。招聘面试中除考虑知识结构与岗位的匹配、文化匹配外,还要考虑内在激励匹配和潜力匹配。内在激励匹配是指考察应聘者的个性特点与应聘岗位是否适合;潜力匹配考察应聘者未来5~10年可以成长为怎样的人,可以有怎样的职业发展。四个匹配都可以达到,人力资源部门才会考虑将其招到米其林中国公司。随着公司业务变化,米其林加大了对高潜力人力的招聘力度,以配合公司创新项目的开展和主要业务储备关键人才的需要。比如招聘未来的管理者,米其林更为看重其决策能力、对下属能力的开发、团队管理能力、多元文化包容性、与不同类型员工的协作性以及能否集思广益寻求共同解决方案等。

设定了招聘标准后,招聘渠道的选择就成为关系到招聘成功与否的一个重要因素。米其林选择从校园渠道招聘和与前程无忧、智联招聘等专业人力资源招聘网站合作,就是充分考虑自己需求的人才特点和招聘渠道的优势。米其林校园招聘的对象多是在工业方面的人员,比如工艺工程师、设备工程师、产品工程师、质量工程师。这些岗位如果从市场上招聘,和米其林的要求偏差太大,所以专业类的工程师大多从校园招聘而来。刚从大学毕业的学生就像一张白纸,经过半年到一年的培训,就可以达到米其林对专业人才技能和素质的需要。对于从中选拔出的高潜力的人员,米其林会提供2~3年的培训,使他们适应未来的业务发展需要。而服务型的部门如财务、采购要求多是通用型人才,社会招聘容易获得,米其林就更多地通过前程无忧等专业招聘类的网站获得。

与米其林有合作关系的院校,不仅有国内的大学、工商学院,也包括在欧洲、美国一些有中国留学生生源的大学院校。米其林不是等学生毕业时才到院校去招聘,而是与学院之间建立了长期的合作关系,比如建立米其林员工与母校的校友会关系，给院方提供教学活动的支持等。通过这些活动，米其林在许多大学校园内树立了良好的公司形象，学生对米其林的产品、历史和文化都有一定的了解。

让新员工快速融入公司

与许多企业不同的是，在米其林，新员工进来都必须经过三个月的培训。人力资源部门的招聘专员会在新员工到岗前给用人部门发去工作指导书；部门经理也要为他设计一些成功案例，帮助新员工建立自信度，并且在同级和跨部门同事中，建立自己的信誉。同时，提供一些资源，让他快速学习。

最特别的是米其林的"伙伴制度"。每一个新人进入公司，都会被分配给一位其他部门的老员工，以老带新。伙伴可以帮助新人建立网络关系，新人遇到任何问题和困惑都可以去找他的"伙伴"咨询，伙伴一定会不遗余力地帮助新员工，照顾他。这样新员工会很快消除陌生感，融入米其林的大家庭。

米其林从不在竞争对手那里挖人，而是注重发掘和培养新人。设立了员工—业务经理—职业发展经理的"金三角"体系。"每位员工，不论职位高低，在米其林都有一个职业发展经理跟踪他们的发展，基于他们对个人、职业、培训和工作机会的了解，职业生涯经理承担着员工个人发展与公司业务需求间最佳匹配的责任，是米其林人才系统的中枢环节。"齐晓峰介绍说，"职业发展经理一直会伴随这名员工，并且了解员工三年、五年甚至十年的职业梦想，根据公司未来业务发展需求，按照已有员工的期望和能力为他设计职业生涯路线。"

比如高潜力人员的招聘，米其林的职业发展经理都会参与面试和评估，试用期结束后，和其所在业务部门经理再一次评估他的潜力程度，给予职业生涯规划指引。"米其林鼓励员工为实现自己的职业梦想，在不同行业、不同服务领域，不同部门和不同工作之间的调动。"齐晓峰身边就有这样的例子，"人力资源部门的销售团队的职业发展经理，最初应聘米其林的销售员，成长为销售区域经理，后成为销售团队的培训经理，然后又转过来担任人力资源部的销售团队的职业发展经理。"

在员工职业发展当中，米其林也提供各种培训支持其技能和能力的提升。比如针对中高层经理人的 Bib—Leader 项目，当新聘的高潜力人员被视为未来管理者，就会进入这个项目。这个项目通过与国际商学院合作，引入了测评、360 度反馈、教练式辅导等内容，米其林中国公司安排教授上课,上课之后每个学员会进行测评,根据测评结果每个人写出一个改进方案,在工作中予以改进,从而慢慢把这些知识和技能内化为自己的职业习惯。两年的培训结束后,高潜力人员就可以被放到新的 Leader 职位上。

2009 年,中国已经超过美国,成为米其林的最大市场。2010 年,面对需求迅猛增长的中国轮胎市场,米其林也加大了在中国的拓展步伐,齐晓峰预计 2010 年招聘人数为 2009 年的两倍,达到 400 人。她说招聘合适、有潜力的人,同时让 400 人融入米其林的文化和培训依然是个挑战,但对于喜欢与人打交道,喜欢看到人才成长的齐晓峰,这也是一个快乐成长的过程。

米其林的招聘策略

1. 人力资源部主动参与米其林未来三到五年的战略发展规划,以此确定未来的企业发展需要怎样的人才,从而提前启动相应的招聘和培训计划。

2. 招聘分两个部分:一方面满足目前公司运作需求,另一方面招聘高潜力人才,对其进行 1～3 年的培训,让他们能够担当未来新业务的发展。

3. 不仅仅关注应聘者的知识和技能,还考察其个人价值观与米其林企业文化的配合度。

4. 针对不同的员工采用不同的招聘渠道,面试时采取因人而异的测试方法。

5. 对新员工进行一系列培训,给予有针对性的帮助,实行"伙伴制度",以老带新,帮助新员工消除陌生感。

案例讨论:

米其林招聘体系的特色有哪些? 给我们带来什么启示?

阅读资料

怎样拥有企业所需要的人才？
——从飞龙集团的人才失误谈起

1990年10月，飞龙集团只是一个注册资金75万元、职工几十人的小企业，而1991年实现利润400万元，1992年实现利润6000万元，1993年和1994年都超过2亿元。短短几年，飞龙集团可谓飞黄腾达，"牛气"冲天。您一定还记得这样的广告语："大风起兮龙腾飞，五洲蔽日起飞龙"，"问鼎世界，再铸辉煌"。可自1995年6月飞龙集团突然在报纸上登出一则广告——飞龙集团进入休整，然后便不见踪迹，似乎在逃避所有的热点时间和热点场合，过上一种隐居生活，谁也说不清他们在干什么。1997年6月，消失两年的姜伟突然从地下"钻"出来了。在记者招待会上坦言：这两年，我拒绝任何采访，完全切断与新闻界的来往，过着一种近乎与世隔绝的生活，闭门思过，修炼内功，以求脱胎换骨，改过自新。

姜伟两年的反省和深思，姜伟的复出，为中国企业提供了一笔堪称"宝贵财富"的、他自称为"总裁的二十大失误"。其中特别提到了关于"人才的四大失误"。

1. 没有一个长远的人才战略

市场经济的本质是人才的竞争，这是老生常谈的问题。回顾飞龙集团的发展，除1992年向社会严格招聘营销人才外，从来没有对人才结构认真地进行过战略性设计。随机招收人员、凭人情招收人员，甚至出现亲情、家庭、联姻等不正常的招收人员的现象，而且持续3年之久。外人或许难以想象，作为已经发展成为国内医药保健品前几名的公司，飞龙集团竟没有一个完整的人才结构，竟没有一个完整地选择和培养人才的规章；一个市场经济竞争的前沿企业，竟没有实现人才管理、人才竞聘、人才使用的市场化。人员素质的偏低，造成企业处在一种低水平、低质量的运行状态。企业人才素质单一，知识互补能力很弱，不能成为一个有机的快速发展的整体。人才结构的不合理又造成企业各部门发展不均衡，出现弱企业、大市场、弱质检、大生产、弱财务、大营销等发展不均衡或无法协调发展的局面，经常出现由于人才结构的不合理，造成弱人才部门阻碍、破坏、停滞了强人才部门快速发展的局面,最后造成整个公司缓慢甚至停滞发展。

由于没有长远的人才战略,也就没有人才储备构想。当企业发展到涉足新行业或跨入新阶段时,才猛然发现没有人才储备,所以在企业发展中经常处于人才短缺的状况,赶着鸭子上架,又往往付出惨重的代价。

2.人才机制没有市场化

飞龙集团在人才观上有两个失误:一是人才轻易不流动,二是自己培养人才。长时间忽视了重要部门、关键部门、紧需部门对成熟人才的招聘和使用,导致了目前人员素质偏低、企业难以高质量运行的局面。

3.单一的人才结构

由于专业的特性,飞龙集团从1993年开始,在无人才结构设计的前提下,盲目地大量招收中医药方向的专业人才,并且安插到企业所有部门和机构,造成企业高层、中层知识结构单一,导致企业人才结构不合理,严重地阻碍了一个大型企业的发展。

4.人才选拔不畅

1993年3月,一位高层领导的失误造成营销中心主任离开公司,营销中心一度陷入混乱。这件事反映出飞龙集团的一个普遍现象——弱帅强将。造成这一现象的根本原因在于集团内部竞聘的机制没有解决,强将成不了强帅,弱帅占着位置不下来,强将根本不接受弱帅的管理,弱帅从根本上也管理不了强将。这样一来,实际上就造成了无法管理和不管理,出现军阀割据,占山为王。铁交椅本是国企病,却在飞龙集团这个民营企业蔓延。

如果把人比作水,企业比作舟。很显然,水能载舟,亦能覆舟。难怪有学者说:一切自然灾难并不可怕,因为我们坚信:人定胜天。但是由于人的原因造成的灾难,这其实才是最为可怕的。实际上,世界上任何形式的灾难,大都是"人的灾难",只有人的灾难被化解了,人生的希望、企业的希望,也就会随之降临。

做企业的人,不可能不知道"人才对企业的至关重要性",飞龙集团的创始人亦然。但为什么还有不少的企业因为人才资源的缺乏、不合理,而陷入困境,乃至绝境呢?从其根本上来说,主要有以下几方面的原因:

1.以董事长或总经理为核心的企业决策集体在长期的市场运作中,会因为核心人物的人格特质作用,在企业中形成一种独特的、具有决定性作用的人格化的企业行为风格。如飞龙集团采用的"一套毛泽东式的行军作战"的市场营销策略和教育、管理员工的方案;巨人集团崇尚冒险、个人绝对权威的决策风格等。在企业的发展过程中,都会导致人才结构不合理、缺乏企业所需要的人才、人才素质偏低、人才选拔不畅、所谓的人才只能上不能下、企业人才近亲繁殖等现象。

2. 企业中负责人力资源管理的工作人员缺乏具体、易操作的人力资源招聘、管理、使用方面的科学方法、程序的有效训练。"胡萝卜吃一节开一节",缺乏企业所需要的人力资源战略规划,没有企业所需要的人才结构的有效分析。即使应聘来企业就职的人员,其素质也不能满足企业的需要;或者来企业工作的人员不能认同企业特有的价值观念、目标追求等企业文化精神。如此,企业就会因为较高的人才流失率、人才不能为企业创造利润等,而致使企业极大地提高所需要的人力成本,造成严重损失。

3. 由于企业采用"自我中心式、非理性化家族管理",而不是采用"以人为中心、理性化团队管理",选拔人才的途径只能是从自己所熟悉的人员中物色。这样一来,在企业中工作的各种人才可能都是自己的亲戚朋友。宋代的许洞有言:"将拒谏则英雄散,策不从则谋者去。"强将手下无弱兵,可是,当手下都是强将时,元帅怎么办? 由于某些企业,特别是民营企业从最初创业伊始,就在人才的招聘方面存在不足,导致那些企业的"先到者"普遍对人才存在一种戒备心理。一方面希望明智之人为其效劳,另一方面又担心培养出自己的对手。矛盾的人才观,掩盖不了企业选人、用人机制的漏洞。可想而知,如果不解决这个问题,那企业永远也走不出这一怪圈。当面对激烈的市场竞争时,便极有可能走向困境,乃至绝境。

飞龙集团在人才招聘、管理方面的失误,绝不仅仅是某一个企业的失误,而是我国大部分企业在相当长的一段时期内,将会碰到的一个"致命的问题"。为了解决这一"致命问题",企业在选人、用人的过程中,至少应做好以下三方面的工作:

1. 企业的决策集体应真正树立市场化的选人、用人观念,确立正确的人才选拔标准、原则。

市场竞争是残酷的,只有拥有优秀人才时,才能使企业的市场竞争具有勃勃生机。为了求得优秀人才,避免"武大郎开店"的不良心态作用,树立一种"能者上,平者让,庸者下"的观念是十分必要的。

北京同仁堂鸿日公司从一开始组建就把选人放在首位,并且提出了简单、明确的选人标准：

（1）任人唯贤。不能因为认识某位领导就得到好的差事，要做到唯才是用。

（2）一专多能。尽量发挥人的潜能，使一个人能顶几摊事，既避免了部门繁杂、管理重复，又使得真正有才之人尽显其能，达到提高效率的目的。

（3）严格选拔，加强培训。在选拔人员时，从多角度多侧面选出具有真才实学的人，同时对每一位员工加强职业培训，不断提高业务水平。

（4）增强后备，面向未来。对新一代年轻人培训其对民族文化的兴趣，使之认识到中药品不仅是治病救人的良剂，而且是养身保健的主体。

2.按照科学的程序选拔人才，把人才选拔作为一门科学来对待。

一般来说，人才的选拔主要有三个阶段：

（1）准备阶段。在这一阶段主要是通过调查研究、工作分析、人员分析等，明确某一工作岗位的工作特性及这一工作岗位工作人员应具备的生理、心理品质，确定最佳的人才选拔程序。

（2）选择阶段。这是正式进行人员挑选的阶段。为了保证能从众多的求职者中选择出企业所需要的合格人才，择优录取，需要经过心理测验和测评等技术来进行严格的筛选。国外企业一般把此阶段的选择工作分为六个步骤，即：初步面试、填写申请表、进行心理测验、最后面试、获取证明材料、体格检查等，逐步淘汰不合格者，六个步骤全部通过考核者，录用为新职工。

（3）招聘总结及检验效度阶段。新人员录用后，人力资源管理部门和心理学家还要进行总结，进一步探讨整个选择程序的预测效度。

尽管在实际的人才招聘工作中，这些步骤会有一定的变化，如在我国大部分企业在招聘人才时，就采用筹划与准备阶段、宣传与报名阶段、考核与录用阶段、入厂教育与工作安置阶段等，但本质上是一致的，它能有效地保证人才招聘的科学、准确、客观、合理。

3.作为主管人力资源招聘工作的人员，应熟练掌握人力资源招聘技术，如工作分析、人员分析、面试技巧、心理测试、情景模拟测验等。企业在招聘高级管理人员时，经常使用面试、标准化的心理测试和情景模拟测验等招聘技术。

面试一般由公司的人力资源部主管主持进行，通过双向沟通，使公司方面获得有关应聘者的学业成绩、相关培训、相关工作经历、兴趣偏好、对有关职责的期望等直观信息,同时也使应聘人员对公司的目前情况及公司对应聘者的未来希望有个大致了解。为了保证面试的效果,设计科学的面试提纲、培训面试工作人员和对应聘人员进行科学统一的评价等都是十分必要的。

标准化的心理测试由公司外聘的心理学专家主持进行。通过测试可以进一步了解应聘人员的基本能力素质和个性特征,包括人的基本智力、认识思维方式、动机、人格特征等,也包括管理意识、管理技能技巧,针对性很强,所以基本上能够较全面、客观地勾勒出被测评者是否具有胜任管理岗位的基本素质倾向。目前,这类标准化的心理测试工具主要有《16 种人格因素问卷》、《管理者行为风格测验》、《职业兴趣测验》等。

情景模拟测验是决定应聘人员是否入选的关键。其具体做法是,应聘人员以小组为单位,根据工作中常碰到的问题,由小组成员轮流担任不同角色,以测试其处理实际问题的能力。整个过程由专家和公司内部的高级主管组成专家团监督进行,一般历时两天左右,最后对每一个应聘者作出综合评价,提出录用意见。情景模拟测验的最大特点是应聘者的"智商"和"情商"都能集中表现出来,它能客观反映应聘者的综合能力,使企业避免在选择管理人才时"感情用事",为今后的发展打好基础。情景模拟测验主要有文件处理练习、无主持人讨论和紧张演习等形式。

第 *2* 章

招聘影响因素

　　企业是一个开放系统,其行为方式必然受到外界和内部各种因素的制约和影响。人力资源招聘工作也不例外。企业人员的来源渠道、来源范围、人员招聘方式、人员录用和人员使用权限等均属于人力资源的招聘战略,其主要影响因素有:国家的政策法规、社会经济制度、宏观经济形势和技术、劳动力市场、企业性质、企业文化、用人制度、应聘人员的数量、质量和个人特征等。通过对各种内外部影响因素的分析,我们可以从中发现哪些是组织招聘的优势,哪些是组织在吸引应聘者方面的劣势,进而在多变的环境中采取一定的措施,进行有效的招聘。

重点问题

⇨ **决定招聘成功的因素**
⇨ **影响招聘的外部因素**
⇨ **影响招聘的内部因素**
⇨ **影响招聘的个人因素**

2.1　企业外部因素

　　招聘工作是在一定的外部环境中进行的,影响招聘战略的外部因素有很多。如国家的政策法规规范了招聘的人才结构,社会经济制度规定了人员招聘的方式,宏观经济形势决定了供需比例的关系,社会文化背景影响着人们的职业选择,技术进步对就业者的基本素质提出新的更高要求,劳动力市场的状况直接影响招聘的战略的制定。这些因素对于组织来说虽然是不可控因素,但是其影响作用却是不容忽视的。

2.1.1　国家政策与法律法规环境

国家政策与法规从客观上界定了企业人力资源招聘的选择对象和限制条件，是约束企业招聘和录用行为的重要因素。我国劳动就业方面的法律总则是 1995 年 1 月 1 日开始实施的《中华人民共和国劳动法》(1994 年 7 月 5 日通过)。如该法规规定了企业在招聘员工时必须遵循平等就业、相互选择、公开竞争、照顾特殊群体(如妇女、残疾人等)、禁止未成年人就业、先培训后就业等原则。例如,《劳动法》规定:"妇女享有与男子平等的就业权利。在录用职工时,除国家规定的不适合妇女的工种或者岗位外,不得以性别为由拒绝录用妇女或者提高对妇女的录用标准。"此外还规定"禁止用人单位招用未满十六周岁的未成年人。"在工资方面,规定"用人单位支付劳动者的工资不得低于当地最低工资标准",对于加班工资则明确规定:"安排劳动者延长工作时间的,支付不低于工资的百分之一百五十的工资报酬;休息日安排劳动者工作又不能安排补休的,支付不低于工资的百分之二百的工资报酬;法定休假日安排劳动者工作的,支付不低于工资的百分之三百的工资报酬。"

此外,我国已经颁布了一系列与招聘和录用有关的法律、法规、条例和规定,如《人才市场管理规定》(2001 年 9 月 11 日通过)、《女职工禁忌劳动范围的规定》(1990 年 3 月 16 日通过)、《招用技术工种从业人员的规定》(2000 年 1 月 18 日通过)、《集体合同规定》(1994 年 12 月 5 日通过)、《未成年工特殊保护规定》(1994 年 12 月 9 日通过)、《禁止使用童工规定》(2002 年 10 月 1 日通过)、《中华人民共和国企业劳动争议处理条例》(1993 年 7 月 6 日通过)等等。因此,企业在制定招聘计划和实施招聘录用决策过程中,必须充分考虑现行法律、法规和政策的有关规定,防止出现违背政策法规的行为,避免产生法律纠纷,以免企业人力、物力、财力及企业形象遭受不必要的损失。

另外,我国自 1986 年开始,相继出台了《国务院关于促进科技人员合理流动的通知》、《人才流动争议仲裁试行规定》等法律性文件,打破了员工单位终身所有制的桎梏,使企业招聘的对象有了更大的选择余地,对我国企业的招聘工作起到了有力的促进作用。

尽管改革开放后我国出台了各种有利于劳动力就业的法律法规,但与发达国家相比,我国在人力资源方面的法律体系尚不健全,还缺乏许多重要的配套法律,操作性强的法律法规尚未出台。由于没有具体和有力的法律法规约束,因性别、年龄、户籍等遭到用人单位招聘歧视的现象相当普遍,招聘双方都没有把这种做法视为违法行为。

　　国家政策对企业人力资源招聘起到决定性的作用。改革开放之前,国家对城镇居民劳动力就业实行全面包干,"低工资,高就业";改革开放后,实行"三结合"的就业方针,随后开始进行劳动合同制改革;随着国有企业深化改革,减员增效政策使企业冗余人员分流下岗。与此同时,行政事业单位也深化人事制度改革和机构改革,对人员进行分流,鼓励"双向选择,自由流动"。另外,还有计划生育国策、知识青年上山下乡返城的政策、扩大高等教育招生规模等政策都对招聘工作产生了巨大影响。

　　国家对产业、行业的扶持或限制政策也对产业、行业的就业、招聘产生至关重要的影响。如纺织行业的压锭,钢铁行业的限产政策,使得这些行业人员需求量减少;由于国家对电子通信行业的扶持、大力发展第三产业,人们也由此看好这些产业和行业,努力充实相关知识和技能,纷纷求职于相关企业。此外,政府对经济的宏观调控和干预在许多方面影响企业的招聘活动。例如,政府支持资本市场形成的政策、政府的税收政策与货币政策等会影响到企业的资金周转,从而影响企业生产规模的扩张,必然会影响到企业的招聘需求。

　　各地区制定实施的相关政策和法规在很多情况下也会对招聘工作形成制约。如 1998 年前北京市有关部门对高校毕业生去非国有单位就职采取限制措施;1999年起这一政策有所改变,2000 年北京市又放宽了对高校毕业生的户籍管理,凡是在北京高新技术企业工作可以得到北京户口。南京市也出台了类似政策,鼓励非南京籍学子到南京创业。这种政策方面的变化为用人单位提供了更多的选择。

2.1.2　社会经济制度与经济状况

　　经济制度对招聘工作的影响主要表现在对劳动力供求的调节机制上。计划经济体制下,人事管理实行统包统配制度,企业用人计划、招收范围等都由国家统一计划管理,企业作为经济主体却处在被动的地位,缺乏选人用人的自主权,几乎不存在招聘工作。在市场经济体制下,企业的人力资源调配主要通过市场机制来调节,企业在人力资源调配中具有主动性。我们国家的经济体制从计划经济向市场经济转变的过程中,企业人力资源招聘也从无到有,由计划指导下的招聘向市场配置下的招聘转变。企业人力资源招聘逐步走向科学化、合理化、自主化。

　　经济状况对招聘活动的影响主要表现在以下三个方面:

　　首先,当宏观经济形势处于高速增长的繁荣期时,市场的繁荣会带来对企业的产品(服务)需求的急剧增长,企业的发展机会必然增多,而企业的规模扩张往往需要招聘更多的员工,此时,失业率较低,劳动力市场的供给量相对较少。经济形势处于萧条期时则正好相反,企业需求量减少,而劳动力市场供给量却大增。一般来说,经济繁荣时失业率低,经济萧条时失业率高。以美国为例,据统计资料分析,在

1929—1933 年经济危机时期,美国人口只有 1 亿多,但那时失业率高达 25%,而现在美国人口有 3 亿,失业率只有 5%。

由此可见,组织招聘往往会受到国家和地区宏观经济形势的影响。当经济发展缓慢时,各类组织对人员的需求减弱;而在经济快速发展阶段,对人力资源的需求也呈旺盛的态势。近几年,随着我国经济的持续增长,特别是高新技术产业的迅猛发展,以及随着我国加入 WTO,对各类人才的需求都有所增加,特别是对计算机、信息、通讯、国际金融、经济管理等方面高级人才的需求更是急剧上升。而一些传统专业则由于产业结构的调整,人才的需求相对不足。

其次,通货膨胀率的高低会影响到企业的招聘成本。高通货膨胀对招聘的直接影响体现在招聘过程所涉及的各项开支上。由于通货膨胀的作用,企业人力资源招聘的直接成本呈增长态势,交通费用、招聘者的工资、面谈开支、发布招聘信息的宣传费用等等都呈增长态势。同时员工工资上升,也影响招聘规模。另一方面,通货膨胀使人们对自己的人力资本投资呈增长态势,随即又限制人们的人力资本投资额度,影响人们的人力资本存量。通货膨胀对招聘的影响,尤其明显地表现在对企业高级管理层和技术人员的招聘上。

最后,经济政策也会影响到招聘工作。如果政府采取积极的促进经济增长的政策,为某地区的经济增长给予一系列的优惠,必然会创造更多的发展机遇,为了发展的需要就会增加对人才的需求,企业的招聘工作量将会增加。当然,当地人才的竞争也必然会加剧。如我国实施的西部大开发战略增加了西部地区对人才的需求,因此,当地政府及企业制定了一系列吸引优秀人才到西部创业的政策。这也是当地人才供求矛盾的一种反应。

由此可见,经济状况对招聘活动的影响是巨大的。因而很有必要对其进行综合分析,弄清哪些条件是相关的,相关的这些条件具体会产生哪些影响,企业应采取哪些应对措施。

2.1.3　社会文化环境

社会文化背景及企业所在地的教育状况也会对企业的招聘活动产生影响。长期受社会文化的影响,人们会形成一定的择业观念,这些观念直接影响人们的职业选择甚至对教育的选择。例如,受长期的"官本位"意识、"学而优则仕"等观念的影响,很多家长希望孩子以后成为"劳心"的白领,而不愿成为"劳力"的蓝领,这就导致了技工学校生源的匮乏,反映到企业的招聘活动中则表现为高级技工的招聘难度很大,使得有些企业不得不打出年薪十几万的招牌吸引高级技工,上海市有些企业甚至为高薪引进的高级技工提供了与博士生入沪同样的优惠政策。西安市近年来出现了严重的"技工荒",究其原因,主要是长期以来社会上普遍存在的"重文凭、轻技能,重科技人才、轻技术工人"的现象。由于受这种思潮影响,致使很多年轻人不愿当工人,导致技术工人奇缺的困难局面。同样是由于受"不愿伺候人"、"伺候人低人一等"等传统文化观念的影响,导致很多大城市的下岗职工宁肯从政府领取失业救济金也不愿意从事清洁、家政服务等工作,这就产生了矛盾:一方面大量下岗职工需要重新安置工作,另一方面大量空缺的服务性岗位却难以补充。

一个国家整体的教育水平,尤其是企业所在地的教育水平直接影响到当地劳动力的素质,必然会影响到企业招聘高素质人才的难易程度。

2.1.4　技术因素

企业的生产技术水平、管理手段的现代化程度等,影响着企业对人力资源素质与结构的需求,技术进步必然会对招聘活动产生深刻的影响,主要表现在以下三个方面:

首先,技术进步对就业者素质提出了更高的要求,要求具备更高的受教育水平和熟练的技术水平。现代技术的不断运用改变了传统的生产模式,工作岗位对人们脑力劳动付出的要求越来越高,工作技能的要求越来越高,工作沟通与协调的要求提高,因此,现代企业对既具备熟练的操作技能,又具备一定的管理技能的"灰领"复合型人才的需求量越来越大。对于传统的只具备体力劳动技能或是只具备某方面操作技能员工的需求量在大幅减少。

其次,技术进步对企业人力资源招聘数量的影响。随着新技术的应用,企业的劳动生产率提高,在生产经营规模不变的情况下,企业人力资源需求总量必然会减少,但是质量会提高。

需要注意的是,在单个企业中或范围较小的经济体中,技术的进步有可能导致劳动力需求量的减少,但在范围较大的经济体中,技术进步则很有可能通过收入的增加,带来对商品和服务消费的增长,从而创造出为提供新增消费而产生的劳动力需求。随着社会的发展,人们文化素质的提高以及生活水平的改善,整个社会对工作、生活质量的重视程度也有了很大的提高。在招聘方面的影响表现为一些新兴职业需求的增加,如家庭护理、聊天护士、家政服务等。总之,人类的生活水平的总趋势是上升的,与之相伴,就业人口的总趋势是增加的。

最后,技术进步会对劳动力市场产生深刻的影响。随着技术的进步,在不同的地区、职业和行业,就业职位的破坏和创造非常不平衡,就业职位需求的分布发生了变化。如纺织工、电话接线员、生产和销售煤球人员人数骤减,而工程师、专业护士、电脑程序员人数猛增。如计算机、激光等技术的使用,一方面使美国 1993 年 70% 的现金支取通过自动柜员机实现,银行传统处理业务方式锐减,银行业职位数量削减;另一方面,从事计算机、激光等相关设备生产的职位增加。总的说来,从职位分布和数量来看,技术进步对非熟练工人的负面影响更大,对受过高等教育的人相对有利。

由此可见,技术进步对企业与应聘者双方都将产生很大的影响,企业在进行招聘时应该考虑这些影响因素,预测这些因素的发展变化趋势,在此基础上制定合适的招聘策略。

2.1.5 劳动力市场与产品(服务)市场

劳动力市场是进行招聘工作的主要场所和前提条件。这里讲的劳动力市场主要是指外部劳动力市场。

首先,从劳动力供给的总量角度来看,供不应求的劳动力市场会使招聘活动变得既困难又昂贵,因为不易招募到适当数量的求职者,要完成招聘任务,企业可能会放低招聘标准,提高应聘待遇。与此相反,供过于求的劳动力市场将使招聘活动变得比较容易,因为可以识别并吸引到足够数量的求职者,并且可以以较低的成本达到招聘的目标。

根据中国现有人口的年龄结构和总量分析,在未来的 20—30 年中,我国每年进入劳动年龄的人口数量仍将维持在一个较高的水平。因为 20 世纪 60—70 年代人口出生高峰期的新生人群已进入婚育的高峰期,90 年代我国人口的增长速度没有明显下降,这又会对 21 世纪上半叶产生巨大的就业压力。因此,即使按目前的人口自然增长现状,大约还需要 50 年时间,我国的社会就业压力才可能有所缓和。

其次,从劳动力供给的质量角度来讲,劳动力需求方——企业——会对求职者的素质提出具体要求,对求职者的需求的满足也有一个范围。而劳动力供给一方的素质结构、工作动力等因素在一定时期内是相对稳定的,具有一定的"刚性"。由此可见,劳动力市场供给总量只是使企业招聘任务的完成具有可能性,而劳动力市场劳动力供给的质量与结构则决定其招聘任务完成的必然性。因此,劳动力市场能否满足特定组织招聘的要求,取决于劳动力市场上的劳动力资源的数量、质量与结构。

再次,劳动力市场中劳动力需求竞争程度会影响到招聘活动的效果。即使在劳动力供给很充分的时期,也可能出现这样的情况:某类职位劳动力供给量不足,而需求量很大。为了完成招聘任务,需求方必然会展开人才争夺战,从而会提高招聘成本。因此,企业在招聘时不仅应对劳动力市场进行总量分析,更重要的是对其进行深入细致的结构分析,并据此制定有针对性的招聘策略与计划。

长期以来,由于受传统人事制度及僵化的用人体制的束缚,国内用人单位在人才竞争方面一直处于劣势。现在,国内企业开始与世界知名大公司同台竞争,充分显示了企业的实力。所以组织在制定招聘计划时要尽可能多地了解竞争对手的实力,以及他们的人力资源政策,这样才能在人才竞争中扬长避短。

在劳动力市场上,不同类型人员的供求状况存在很大差异。一般来说,招聘岗位所需的技能要求越低,劳动力市场的供给就越充足,招聘工作相对容易。反之,招聘岗位所需条件越高,劳动力市场的供给就越不足,要吸引并招聘到这类人才就越困难。近几年 IT 业在全球的迅猛发展,出现了全球性 IT 人才的短缺。面对这种状况,不仅 IT 企业在吸引人才方面使出浑身解数,许多国家也打破常规,修改移民法,出台一系列的优惠政策吸引人才,对 IT 人才的争夺已经从跨地区发展到跨国界。

招聘单位所在的地区对人员招聘工作有着很大的影响,特别是由于我国经济发展很不平衡,这在很大程度上造成我国各地区人才分布的极不平衡。一方面,经济发达地区各类人才蜂拥而至;另一方面,经济欠发达地区各类人才纷纷外流,很大程度上又制约了这些地区经济的发展。经济发达地区各类人才相对充足,为人员招聘与选拔提供了更多的机会。而经济欠发达地区环境艰苦,人才匮乏,增加了这些地区人员招聘的难度,由于有些条件限制,有时不得不降低人员的资格层次和要求,退而求其次,可选择的范围也相应缩小。现在有些国家和地区推出一系列政策,鼓励各类人才到经济相对落后的地区工作,那里的企业和单位在吸引人才方面也采取了很多优惠而灵活的政策。这些政策和措施为经济落后地区吸引人才提供了条件。

最后,劳动力市场的发育完善程度也是影响招聘工作的重要因素。在劳动力市场上最关键的是招聘方和应聘者之间进行的双向选择。选择是否成功取决于信息沟通的充分程度。如果劳动力市场发育成熟,供求双方信息充分,中介机构提供职业指导与就业咨询,专业机构提供各种心理测试、人事代理等服务,这样,招聘方与求职者就可以充分地进行信息交流和评估,包括招聘方提供的有关职位机会的信息,求职者提供的关于技能和资格的信息等,从而能够有效地降低交易成本。

此外,企业所涉及的产品(服务)市场条件不仅影响企业的收入与支付能力,也是影响招聘工作的重要因素。在企业产品(服务)市场规模扩大时,市场需求的急剧增长会促使企业将其生产能力和雇佣能力最大化,需要增加员工。市场份额的扩大,也显示了企业的发展潜力,就能吸引大量的人才来应聘,从而使企业能够获得大量可供选择的应聘者。而在企业产品(服务)市场萎缩时,市场会迫使其减少劳动力的使用数量。市场份额缩小,远景欠佳,人们又不愿加入该企业,它就难以有充裕的应聘者进行筛选。

同时,市场份额的大小又会影响企业的销售收入,从而影响企业在工资、福利等方面的支付能力。而员工待遇的多少又会对该职位应聘者的数量与质量有重要影响。

2.2　企业内部因素

　　尽管宏观经济形势、劳动力市场的供求关系等外部因素影响着组织的招聘工作,但是许多内部因素对组织招聘起着决定作用,如企业所提供职位的性质与特点、企业的发展战略与规划、企业文化与形象、企业的用人政策以及企业的招聘成本等。

2.2.1　招聘职位的性质

　　企业人力资源招聘的主要目的,一是为企业未来发展储备人才,二是填补职位空缺,后者较为常见。空缺职位的性质由两方面决定:一是人力资源规划决定的空缺职位的数量和种类;二是工作分析决定的空缺职位的工作职责、岗位工作人员的任职资格要求等。因此,空缺职位的性质就成为整个招聘过程的关键,它决定了企业需要招聘多少人员,招聘什么样的人以及到哪个相关劳动力市场上进行招聘。同时,它可以让应聘者了解该职位的基本概况和任职资格条件,便于进行求职决策。

　　由此可见,职位性质信息的准确、全面、及时,是招聘工作最重要、最为基础的要求,它一方面决定了企业录用人员的数量与素质,另一方面影响着职位对应聘者的吸引力。

2.2.2　企业的发展战略

　　作为企业经营发展的最高纲领,战略对企业各方面的工作都具有重要的指导意义。企业发展战略是用来解决企业在一定时期内的发展方向和发展目标问题。一个企业发展战略的选择会对企业人力资源招聘工作产生很大的影响。反过来,招聘工作质量也会影响企业发展战略的实现。

　　首先,企业的发展战略会影响企业招聘的数量。不同的发展战略对人员的需求量不同,例如,扩张型战略需要加大招聘力度,而紧缩型战略就需要裁减人员。当组织处于快速发展时期,对人力资源会产生更大的需求。网景公司(Netscape)1994年2月成立时只有2名员工,一年后增加到350人,现在的员工总数超过2000人。另一家成长迅速的网络设备生产商思科系统公司(Cisco System)每隔3个月要招聘人员多达1200人,即使如此,仍然有数百个职位出现空缺。与这些快速发展的企业相比,传统企业对人力资源的需求往往相对较弱。全球最大的汽车制造商美国通用汽车公司在2000年底宣布:为适应公司经营战略的调整,公司将在全球范围内裁员工10%。国内的网络公司搜狐在2000年3月收购ChinaRen

后,在年底也宣布了公司的裁员计划,据称这一裁员计划是公司战略调整的一项措施。

其次,企业发展战略的选择决定了企业招聘人员的素质与类型。如选择多元化发展战略的企业需要招聘背景多样化的员工,选择国际化发展战略的跨国企业决定了其招聘来源的国际化。

最后,企业的战略选择决定了选择录用新员工的工作作风与风格。如探索型战略的企业,希望招聘的员工具有开拓性、创新意识与探索精神。如微软公司非常注重应聘者的创新性思维能力。

企业发展战略一般有三种类型:成长战略、稳定战略和收缩战略。成长战略又可分为内部成长战略和外部成长战略。内部成长战略是指企业主要依靠自身的资源和积累来实现经营规模或经营领域的扩大;外部成长战略则是指企业主要依靠外部的资源,借助兼并收购来实现经营规模或领域的扩大。稳定战略是指企业保持目前的经营规模或经营领域,既不扩大也不缩小,以实现企业的稳定运行。收缩战略是指企业缩小自己经营的规模或减少自己经营的领域。

针对不同的外部环境和自身状况,企业应当选择不同的发展战略,而在不同的发展战略下,企业人员招聘配置的活动重点也是不同的。见表2-1。

表2-1　不同发展战略下招聘配置的活动重点

企业的着眼点		成长战略		稳定战略	收缩战略
		内部成长战略	外部成长战略		
		不断增强自身力量	兼并/收购公司	做好目前的事情	紧缩
人力资源管理活动	招聘配置	雇用和晋升	人员重新配置	内部调配	留住核心员工
	培训开发	多样化的培训	冲突的解决	提高现有技能	态度和士气的提高
	薪酬管理	目标激励	管理实践的统一	内部公平	与公司业绩相联系
	绩效管理	结果导向	管理实践的统一	强调工作的质量	行为导向

在内部成长战略下,企业发展的重点是增强自身的实力,要借助内部的资源来实现企业经营规模或经营领域的扩大,为此企业就需要从外部招聘大量的人员,随着大量新员工的进入,原有的老员工要晋升到合适的位置上去;在人员大量变动的情况下,为了使员工更快地适应新的岗位,提供相应的培训就显得非常必要。外部成长战略则不同,它实现企业壮大的途径是兼并或收购其他企业,由于不同的企业具有不同的制度和文化,因此人力资源管理的各项活动都是以消除差别、整合力量

为目标的。在稳定战略下,由于企业的规模要保持不变、企业的运行要维持稳定,因此员工队伍也要保持相应的稳定,人力资源管理活动重点是人员的内部调配。至于收缩战略,由于企业的规模要缩小,可能需要裁减人员,因此人员必然会产生流动,但是为了企业今后的发展,必须稳定住核心的员工队伍。

　　R·迈克斯和C·斯诺也研究了企业战略类型与招聘决策的关系。他们把企业战略分为三种类型,即:防御型战略、探索型战略和分析型战略。这三种类型的战略主要是依据生产/服务方法来划分的。表2-2表明了企业战略不同类型与招聘决策。

表 2-2　企业战略类型与招聘决策

企业特征	防御型	探索型	分析型
生产—市场战略	有限、稳定的生产范围;可预测的市场	广阔的、变化的生产范围;变化的市场	稳定的、变化的生产范围;可预测的、变化的市场
研究与开发	重要局限在产品改进上	广泛的;强调首先打入市场	集中的;强调第二个进入市场
生产	高价值低成本;强调效率和过程管理	强调效率和产品设计	高价值/低成本;强调过程管理
企业特征	防御型	探索型	分析型
市场	主要局限于销售工作	集中于市场研究	广泛的市场活动
人力资源计划	正式的、广泛的	非正式的、有限的	正式的、广泛的
招聘决策	侧重在内部招聘、晋升	侧重从外部招聘	既注意内部招聘,也重视外部招聘

　　——资料来源:R. E. Miles. and C. CSnow:Organzational Strategy,Structure and Process,McGrawHill,C1978,225

　　在三种不同战略类型的企业中,应采用不同的招聘方法。在防御型企业中,倾向于内部调配,在低层次的职位上,采用招聘新员工的办法,对于高层次的职位,则采用从内部提拔的方法。在探索型企业中,倾向于在所有层次的职位上都雇用有经验的员工。在分析型企业中既采用内部提拔,也注意外聘有经验的员工,对高层次的职位更多采用外聘方法。

2.2.3　企业文化与形象

　　企业文化是企业全体员工在长期的生产经营活动中培育形成并共同遵循的最高目标、价值标准、基本信念及行为规范的总和。每个企业都有自己的企业文化。

企业文化影响着招聘人员的态度、行为方式和招聘方式的选用；企业文化也影响着录用新员工所应具备的价值观与行为方式，因为企业总是根据应聘者价值观念和行为方式是否与自己的企业文化相吻合来决定是否聘用。如松下公司对应聘者考察时很注意其忠诚性，华为公司注重应聘者的团队合作精神。星级酒店企业文化特别注重员工的仪表和行为规范标准，而贸易公司企业文化一般对仪表和行为规范要求不高，却对人的行为灵活性要求较高，因此，在招聘过程中不同公司对应聘者行为就有不同的评判。

企业文化影响着企业招聘人员的渠道。当企业的开放程度比较高时，它不会排斥外部的人员，因此在招聘录用时，就可以从内部、外部两个渠道来进行；反之，开放程度低时，由于企业员工不欢迎外部的人员，填补职位空缺尤其是高级职位空缺就要更多地从企业内部来晋升选拔。

企业的社会声誉和企业在求职者心中的形象决定着求职者的择业倾向，决定了企业对求职者是否具有一定的吸引力。因为，每个人都希望自己成为优秀组织中的一员。业绩突出的或名牌的大公司在公众中有良好的声望，容易吸引大量的求职者，因此，企业录用到优秀员工的概率就比较高，从而有利于公司进一步的甄选录用工作。

2.2.4　企业的用人政策

企业高层决策人员的人才观与用人政策不同，对员工的素质要求也就不同。如联想集团总裁柳传志挑选人才有两大标准：第一个标准是有上进心，第二个标准是悟性要强。宝洁公司对人的看法则是：素质比专业知识更重要，因此宝洁公司（中国）更喜欢招收名牌大学应届毕业生，特别是学生党员、学生干部。中国宝洁北京地区人力资源部经理傅旭明介绍说，在中国，宝洁 90％ 的管理级员工是从各大学应届毕业生中招聘来的。1988 年宝洁刚刚进入中国，第二年就开始在高校中招聘应届毕业生。10 年来，宝洁已聘用了 1000 多名应届大学毕业生（不含中专毕业的技术工人）。1997 年报名参加宝洁招聘工作的大学生超过了 2.4 万人。

企业高层决策人员对企业内部招聘或外部招聘的倾向性看法，会决定企业主要采取哪种方法招收员工。有的决策者认为自己人好用、可靠，因此企业采取内部招聘方式；有的决策者认为公开招聘、专家参选的方式能获取优质人才，因此企业采取公开选聘方式；有的决策者认为从职业中介机构获取人才方便快捷、信息量大，因此企业通常采取招聘外包或到人才市场招聘的方式；有的决策者认为熟人介绍的人员可靠且风险小成本少，因此企业采取由熟人介绍的方式；有的决策者认为过去所做的业绩最可靠，因此企业接受猎头公司的推荐或选择有较高知名度的人才。

　　在招人揽人时,不应该忽视物质待遇的作用。人才竞争中形成的工资福利待遇使劳动力市场中人才流动最终达到均衡。但实际招聘中,为了吸引优秀的人才来应聘,很多企业根据自身的条件都提出了诱人的政策,其中就包括较高的工资福利等物质待遇条件,在企业的实践中,用高薪揽才仍然是一种有效的手段。在普通员工招聘过程中,公平、优厚的工资、奖金以及完善的各种福利保障制度也是很实际、很有力的"武器"。因为在大力发展社会主义市场经济的今天,"有劳有得,多劳多得"被人人视为当然的准则。同时待遇也被认为是自身价值的体现。

　　由此可见,企业的报酬及福利待遇水平高低是影响企业招聘工作的一个重要因素,不能忽视。如果企业某岗位空缺很长时间,多次招聘都找不到合适的人选,企业就要检查一下自己的薪酬制度,是否因为提供的薪酬低于同行业平均水平而缺乏吸引力。

📖 阅读资料

麦肯锡公司的用人观

　　麦肯锡公司是美国一家世界著名的企业咨询机构,其管理思想、用人之道一贯受到世人的青睐。麦表锡认为,如果用人时主要考察其工作能力和工作热情两个方面,则可以将人分为四种:①工作能力强,工作热情高;②工作能力低,工作热情高;③工作能力强,工作热情低;④工作能力低,工作热情低。管理者对这四种人,应该采取什么样相应的对策,也可以说,这四类人有不同的使用方法。麦肯锡主张:对于第一种人采取重用,鼓励政策;对于第二种人采取培训或调用的策略;对于第四种人则解雇;对于第三种人是勿留!

　　这种用人观在联想集团高级干部培训班上经常会被提出讨论。第一种人和第四种人大家都觉得好处理,第一种人重用,第四种人不用。在第二种和第三种人的处理上,参加讨论的人产生了分歧。在第二种人和处理上,有人提出不用,理由是企业是追求利润的,没有必要录用没有能力、不创造利润的人。有人提出可以视情况予以录用,企业用人不应太投机,也应该有投入,自己培养出来的人更可靠。在第三种人的处理上,参加讨论的分歧更大。有的人认为如果他遇到这样的人是会录用的,原因是人家有能力、能创造利润,人才难得呀!另外有人认为

坚决不用,原因是不能因小失大,队伍的纯洁性比一个人创造的利润更
重要。

　　《中外管理》杂志总编辑杨沛霆教授的肺腑之言是:宁要能力不强,
顺从公司文化的人,可千万不要留那种能力似乎很强,总想不顺从公司
文化而素质较差的人。

　　　　　　　　——资料来源:http://www.gxhr.com.cn/广西人力资源网 2005-7-18

2.2.5　企业的招聘成本

　　不同的招募渠道、不同的招聘信息发布方式、不同的选拔方法所需要的时间周
期不同,花费的成本差异也很大。因此,企业可用于投入招聘的资金是否充裕将影
响到上述工作的效果,并最终影响到招聘的效率与效果。招聘资金充足的企业在
发布招聘信息时,可以花较大的费用做广告,选择在全国范围内发行的报纸、杂志
等传播媒体上刊登招聘信息,也可以参加大型现场招聘活动;在对应聘者进行筛选
时,可以选择更多或更精细的筛选方法,可以更广泛地调查检查求职者提供的资料
和求职者的背景等。这样就可以在更大范围内更准确地选择所需要的人员,提高
招聘的准确率。

　　除了上述因素以外,招聘新员工的时间紧迫性、企业的承受能力,企业生产对
人才需求的紧迫性、企业招聘人员的专业素质等因素都会对招聘工作产生一定的
影响。

　　不同的招聘方法完成招聘所需要的时间不同,所需时间随着劳动力市场条件
的变化而变化。在市场劳动力供给短缺时,由于求职者减少,企业需要花更多的时
间去比较和选择。因此,人力资源招聘人员应做好预测,以保证企业在预定的时间
内获得所需合格人员。如果时间仓促,招聘人员为完成任务就会降低要求。

2.3　应聘者因素

　　招聘是企业与应聘者双向选择的互动过程。企业自身的因素会对应聘者的选
择产生影响;同样,应聘者的特点对招聘工作也起着至关重要的作用。从应聘者角
度来看,影响企业招聘的因素主要有:应聘者求职动机及强度、应聘者个人的职业
生涯设计、应聘者的职业倾向性、应聘者的个性偏好等。

2.3.1　应聘者的求职动机及强度

　　求职动机是指在一定需要的刺激下,直接推动个体进行求职活动以达到求职
目的的内部心理活动。个人的求职目的与拟任职位所能提供的条件相一致时,个

体胜任该职位工作并稳定地从事该工作的可能性较大。

　　求职动机强度是指应聘者在寻找职位过程中的努力程度,反映其得到应聘职位的迫切程度。一般来讲,家庭经济条件、受教育程度、以往求职成败的经历、求职时是否有工作、个性特点、个人的工作技能与经验等因素都会影响求职动机强度。个人或家庭经济条件很差、教育程度不高、个人的工作技能与经验缺乏的人,如农村进城务工者、大龄下岗女工在求职时,求职动机强度大,对应聘的工作岗位性质及企业的条件等就不会太挑剔。相反,一个接受过高等教育、有一定经济基础的未婚年轻人在择业时求职强度会低些,他(她)往往经过反复比较后再进行选择。

　　显而易见,个人的求职目的与拟任职位所能提供的条件相一致时,求职者与拟任职位的匹配性就强,反之就会弱。求职强度高的应聘者容易接受应聘条件,应聘成功率高。反之,求职强度低的应聘者对应聘条件较挑剔,应聘成功率低。

2.3.2　应聘者个人的职业生涯设计

　　一个人从职业学习到最终退出职业劳动整个过程所经历的历程,就构成其职业生涯。随着个体对职业发展的重视,越来越多的年轻人借助于心理测试等手段确定各自合理且可行的职业生涯发展方向。当然,职业生涯设计伴随着工作经历的丰富会不断调整甚至重新设计。而职业生涯设计对个体的职业选择、职位追求都会产生很大的影响。例如,确立未来的职业目标是成为一名计算机技术专家的计算机专业毕业生,他(她)在择业时往往倾向于计算机软件设计、系统开发、硬件维护等与其职业生涯规划有关的职位。

　　职业锚是指当一个人面临职业选择的时候,他无论如何都不会放弃的职业中至关重要的东西或价值观。职业锚理论产生于美国麻省理工学院斯隆管理学院施恩(Schein)教授领导的专门研究小组,是在该学院毕业生的职业生涯研究中演绎成的。斯隆管理学院的 44 名 MBA 毕业生,自愿形成一个小组接受施恩教授长达12 年的职业生涯研究,包括面谈、跟踪调查、公司调查、人才测评、问卷等多种方式,最终分析总结出了职业锚(又称职业定位)理论。

　　施恩根据自己多年的研究,提出了以下五种职业锚。

　　1. 技术或功能型职业锚

　　具有较强的技术或功能型职业锚的人往往不愿意选择那些带有一般管理性质的职业。他们总是倾向于选择那些能够保证自己在既定的技术或功能领域中不断发展的职业。

　　2. 管理型职业锚

　　有些人则表现出成为管理人员的强烈动机,这种类型职业锚的人将管理作为自己的最终目标,他们具有比较强的分析能力、人际沟通能力和情感控制能力(在情感和人际危机面前只会受到激励而不会受其困扰和削弱的能力,以及在较高的责任压力下不会变得无所作为的能力)。

3. 创造型职业锚

这种类型职业锚的人要求有自主权、管理能力,能够施展自己的特殊才能,创造一种属于自己的东西,如建立或创设某种完全属于自己的东西——一件签着他们名字的产品或工艺,一家他们自己的公司或一批反映他们的成就的个人财富等等。

4. 自主与独立型职业锚

属于这种类型职业锚的人,他们希望摆脱那种因在大企业中工作而依赖别人的境况,追求的是最大限度地摆脱组织的约束,选择能施展自己的职业能力或技术能力的工作环境。典型的职业如教授、自由撰稿人、管理或咨询师、小型零售公司的所有者等等。

5. 安全型职业锚

这种类型职业锚的人极为重视长期的职业稳定和工作基本安全,有体面的收入,退休后有保障。他们倾向于按照别人的指示进行工作,愿意让他们的雇主来决定他们去从事何种职业。如他们可能优先选择到政府机关工作,因为政府公务员看来还是一种终身性的职业。

2.3.3　应聘者的职业倾向性

个体择业偏好决定着其择业倾向以及最终的择业决策。对于这个问题,美国约翰·霍普金斯大学的心理学教授和职业指导专家霍兰德(Holland)于 1959 年提出了具有广泛影响的职业性向理论,即"人职匹配理论"(人格类型——职业类型匹配理论),对此进行了阐述。

霍兰德认为,人的职业性向和社会职业都归为六种类型:它们是现实型(realistic)、调研型(investigative)、艺术型(artistic)、社会型(social)、企业型(enterprising)、常规型(conventional)。霍兰德的职业性向理论认为,每个人的性格和天赋决定了其职业性向,职业性向(包括价值观、动机和需要等)是决定一个人选择何种职业的重要因素,同一类型的劳动者与同一类型的职业互相结合,便达到适应状态,这样劳动者找到了适宜的工作,其才能与积极性才能得以发挥。该理论主要应用于招聘,人们在选择工作时,通过做职业性向测试来帮助了解自己适合做什么类型的工作。

表 2－3　霍兰德六种个性、环境和职业类型特点及匹配

类型	个性特点	职业特点	适合的职业
实际型	非社交的,物质的,遵守规则的,实际的,安定的,缺乏洞察力的,感情不丰富的,不善与人交往的	需要进行明确的,具体的,按一定程序要求的技术性,技能性工作	飞机检修工,动物饲养员,木工,无线电工,汽车驾驶员,建筑工,机械操作工,工地检查员,电工,钳工测量工,船舶驾驶员
调研型	具备从事观察、评价、推理等方面活动的能力,研究科学性	通过观察,科学分析而进行的系统的创造性活动,一般研究对象侧重于自然科学方面,而不是社会科学方面	物理、化学、数学、生物学、经济学等方面的专家或助手,飞机驾驶员,计算机操作人员等
艺术型	想象力丰富,理想的,直觉的,冲动的,独创的,但是无秩序的,感情丰富,缺乏事务性办事能力等特征	通过非系统化的,自由的活动进行艺术表现,但精细的操作能力较差	诗人,作家,乐队指挥,作曲家,演员,商品设计师,记者,导演,画家,雕刻家,工艺设计师
社会型	喜欢从事与人打交道的活动,人道主义,同情心强	从事更多时间与人打交道的说服、教育和培训等工作	社会科学、历史、体育等方面的教师,教育行政人员,社会群众团体工作者,咨询者,思想工作者等
企业型	支配的,乐观的,冒险的,冲动的,自我显示的,自信的,精力旺盛的,好发表意见和见解的,但有时是不易被人支配的,喜欢管理和控制别人等特征	从事需要胆略,冒风险且承担责任的活动,主要指管理、决策方面的工作	各级管理者,政治家,推销员,批发商,调度员,广播员角色等
常规型	自我抑制的,顺从的,防卫的,缺乏想象力的,持续稳定的,实际的,有秩序的,回避创造性活动等特征	严格按照固定的规则,方法进行重复性、习惯性的活动,如各种办公室事务性工作	会计员,统计员,出纳员,办公室职员,税务员,秘书,保管员,打字员,法庭速记员等

霍兰用六边形图简明地描述了六种类型之间的关系(见图 2－1)。

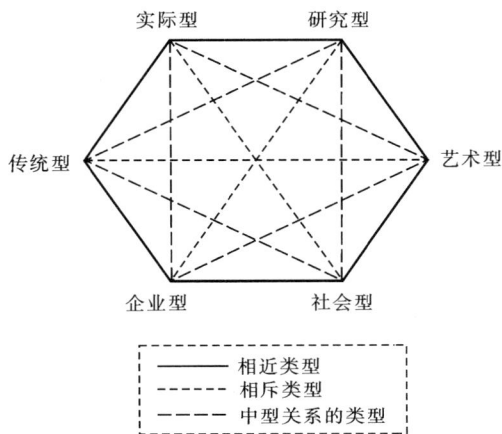

图 2-1　个性类型关系图

　　求职者个性特征各异,与个性特征相关程度高的职位会被认为是理想职位而努力求之,而且在相关程度高的职位上工作容易感到乐趣和内在满足,降低流动率。

2.3.4　应聘者的个性偏好

　　不同求职者对同一因素存在不同偏好,不同的偏好影响了求职者应聘行为。如在个人财富总量相等、市场工资水平一致、职业技能相同的条件下,有的求职者选择闲暇,减少劳动时间的供给,选择轻松但报酬低的职业,而有些求职者则对货币收入的追求程度较高,则倾向于选择劳动强度、责任重的全职工作以获取较多的收入。另外有的求职者偏重于选择劳动环境,表现出不同的偏好。

　　应聘者的家庭背景如家长的职业、家庭的经济状况、家庭教育等在很大程度上会影响其择业偏好,进而影响其职业选择,如教师之家、艺术之家、医生世家等都是家庭背景对择业影响的很好例证。

本章思考题

1. 简述企业招聘的内、外部影响因素。
2. 试描述一下我国劳动力市场供应关系的状况。
3. 简述影响企业招聘的应聘者因素。
4. 企业发展战略如何影响企业的招聘工作?

5. 企业招聘工作与企业文化与形象存在怎样的关系？请举例分析。

6. 请列举若干知名企业的用人政策的特点，说明他们采用这些用人政策的原因。

案 例 分 析

余杭有机玻璃厂招人策略

上海发明家谢建平卧薪尝胆几度寒暑，在自己的私人实验室里创造出"聚烯耐热防缩剂配方及工艺"，据此开发了"聚硅氧聚丙烯薄膜电缆隔离层和绕包带"的新产品，并于 1986 年 4 月获得了专利权。顿时，络绎不绝的来客相继登门求购这项专利，一位美商愿出 300 万美元，谢建平拒绝了；许多财大气粗的国营企业也给了高价，也被婉言谢绝。

余杭有机玻璃厂厂长陈锦松也闻讯找上门来。他坦率地告诉小谢，自己的厂是一个乡镇小企业，真心邀请小谢到自己的厂去当厂长，他愿以自己的全部精力服务于小谢的科研和生产实验。他们从国内外电缆生产中以价格昂贵的镀锡作中间层的不经济性，谈到生产一种既节约又保险的新型绝缘材料的迫切性；从农村因打稻机电缆龟裂而漏电死人的惨状，谈到办厂时因车间电缆破损而致工人触电的情况；从一个企业家的社会责任感，谈到这个新产品的广阔前景。发明家为厂长的赤诚热心所感动，两人的心相通了，小谢欣然应允，来到了坐落在乡村的余杭有机玻璃厂出任副厂长。陈锦松为他腾出了最好房子，为他买来补养身体的食物，并专程从上海接来谢建平的妻子和孩子。小谢在工作上和生活上遇到什么，厂里就设法为他解决。厂长的理解、支持和无微不至的关怀，深深地打动着发明家的心。他毅然将自己的专利运用生产，并夜以继日地工作。不到三个月，新型绝缘材料诞生了，其性能超过了国际标准。许多大型企业纷纷采用这种新型材料，余杭有机玻璃厂从此走上振兴之路。1987 年 4 月，这个发明家和企业家联姻的新产儿，被送到日内瓦国际发明展览会公展。

在人才竞争越来越激烈的今天，哪个组织能发挥招聘的优势，充分吸引应聘者，它就越可能成功地实现有效的招聘，从而在市场竞争中获胜。

案例讨论：

1. 在人才竞争激烈的环境下，一个乡镇小企业为何可以吸引到发明家谢建平？

2. 谈谈你对余杭有机玻璃厂招人与用人政策的看法。

第 *3* 章

招聘的基础

　　随着信息技术和知识经济的迅速发展,人员、职位、组织三者的匹配关系越来越趋向动态化。如何建立更加有效的人力资源管理系统,来获取企业的竞争优势,是研究者与管理者共同关注的课题。现代人力资源部门越来越关注企业的未来,以求为企业的发展提供战略性支持,这种战略性支持主要体现在人力资源规划方面。对组织招聘来说,人力资源规划规定了招聘和挑选人才的目的、要求及原则,企业的招聘工作正是基于人力资源规划的框架而开展的,人力资源规划是招聘的基础,招聘是人力资源规划相关流程的具体运用。工作分析专注于收集、分析、整合工作的相关信息,其结果是为组织招聘提供具体要求。合理平等的招聘必须以健全的、综合的职位分析为基础,进而建立正确的招聘和挑选标准,倘若对工作没有进行系统的调查,在招聘中,就有可能提出与工作相左的标准。因此,人力资源规划和工作分析是招聘的基础。

重点问题

⇨ **人力资源规划概念**

⇨ **人力资源规划与组织招聘的关系**

⇨ **人力资源规划的制定程序**

⇨ **工作分析的含义**

⇨ **工作分析与组织招聘的关系**

⇨ **工作分析的方法**

3.1　人力资源规划

　　人力资源规划又称人力资源计划,它是企业计划的重要组成部分,在整个人力资源管理活动中占有重要地位,是各项具体人力资源管理活动的起点和依据,它直接影响着企业整体人力资源管理的效率。

3.1.1　人力资源规划的含义与战略作用

1. 人力资源规划的含义和类型

　　从狭义的角度来讲,人力资源规划是指根据组织的发展战略、组织目标及组织内外部环境的变化,预测未来的组织任务和环境对组织的要求,为完成这些任务和满足这些要求而提供人力资源的活动过程。从广义的角度来讲,人力资源规划是指具体的提供人力资源的行动计划,如:招聘计划、薪酬计划、培训计划、晋升计划、考核计划、退休计划等。

　　人力资源规划的目标,是确保组织在适当的时间获得满足业务发展需要人员的数量、质量、层次及结构。一方面能够满足变化的组织对人力资源的需求,另一方面能够最大限度地开发利用组织内现有人力资源的潜力,使组织及其员工的需求得到充分满足,因此人力资源规划需要满足组织与员工个人两方面的需要。

　　人力资源规划的类型:①按规划的时间可以将人力资源规划分为短期(半年至一年)规划、中期规划与长期规划(三年以上)。短期规划适合面临不确定性和不稳定多变的内外环境中的组织,长期规划适合面临着确定和稳定的内外部环境中的组织。②按规划的范围可以将人力资源规划分为企业整体人力资源规划、部门人力资源规划、某项任务或工作的人力资源规划。③按规划的性质可以将人力资源规划分为战略性人力资源规划与战术性人力资源规划。战略人力资源规划是企业总体的长期人力资源规划,涉及企业长远发展的宏观问题,战术性人力资源规划是企业局部的短期人力资源规划,涉及企业的运行问题,是具体细致的规划。

2. 人力资源规划的战略作用

　　人力资源规划具有前瞻性、战略性和指导性,是组织目标与组织人力资源管理活动的纽带和依据。组织战略决策、人力资源战略决策和人力资源规划关系见图3-1。其主要作用有以下几点:

　　第一,保障企业发展所需的人力资源,即在充分研究企业现有劳动力机构和规模、社会人力市场供求关系和发展趋势、企业发展对未来人力资源要求的基础上,制定相应的政策和措施,及时满足企业不断变化的人力资源需求。

第二,提高人员使用效益。人力资源规划可以不断改善人力分配上的低效状态,即实现人尽其才、才尽其用,避免盲目引进与下岗分流的恶性循环。

第三,促进人力资源开发。人力资源规划可以为企业人力资源开发与管理提供依据和指南,其制定、执行过程又可以引导企业管理层及基层清楚地了解人力资源开发上的现有问题、努力目标、相应的政策、程序与方法。

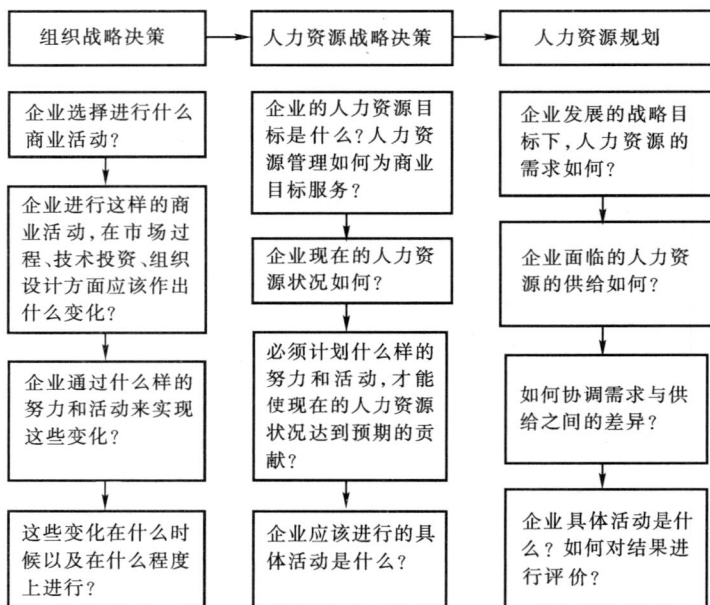

组织战略决策	→	人力资源战略决策	→	人力资源规划
企业选择进行什么商业活动?		企业的人力资源目标是什么?人力资源管理如何为商业目标服务?		企业发展的战略目标下,人力资源的需求如何?
企业进行这样的商业活动,在市场过程、技术投资、组织设计方面应该作出什么变化?		企业现在的人力资源状况如何?		企业面临的人力资源的供给如何?
企业通过什么样的努力和活动来实现这些变化?		必须计划什么样的努力和活动,才能使现在的人力资源状况达到预期的贡献?		如何协调需求与供给之间的差异?
这些变化在什么时候以及在什么程度上进行?		企业应该进行的具体活动是什么?		企业具体活动是什么?如何对结果进行评价?

图 3-1　组织战略决策、人力资源战略决策和人力资源规划关系图

3. 人力资源规划工作的责任归属

在企业人力资源实践中,人力资源部门对于人力资源规划负有主要责任。但是其他部门管理人员必须为人力资源部门提供必要的数据以供其进行分析,同时其他部门管理人员也需要关注人力资源规划的过程,因为人力资源规划与组织整体目标实现密切相关。在制定人力资源规划过程中人力资源部门和其他部门管理人员具体责任分工见下表 3-1:

表 3 - 1　人力资源规划过程中部门责任分工

人力资源部	其他部门管理人员
参与组织整体战略规划过程	了解部门员工的供需情况
识别人力资源战略	与人力资源专家探讨人力资源规划信息
设计人力资源信息系统	整体人力资源规划与各部门规划
分析管理人员提供的需求信息	监控人力资源规划,并做出必要的变动
贯彻通过的人力资源规划	注意与人力资源规划相关的员工岗位延续计划的实施

3.1.2　人力资源招聘规划与组织招聘的关系

对组织招聘来说,人力资源规划规定了招聘和挑选人才的目的、要求及原则,企业的招聘工作正是基于人力资源规划的框架而开展的。人力资源规划中必须解决相关招聘问题,即岗位出现空缺是否招聘、何时招聘、需要什么样员工、从何处来等,因此人力资源规划是企业实施招聘的前提条件,招聘是人力资源规划的一个具体运用,即招聘计划,其内容包括:招聘的人数、种类和层次;招聘的时间和地点;确定的招聘方式;组建招聘小组;指定招聘负责人;招聘程序;招聘的财务预算;等。

3.1.3　人力资源规划的制定

通常在实施人力资源招聘时,往往遵循着系统化的过程或模式。在这一过程中有三个关键的要素,它们分别是人力资源的需求预测、人力资源的供给预测和人力资源供需平衡。在人力资源招聘规划中,通常将这三种要素全面考虑,以确定人力资源招聘规划是否做,以及如何做。如图 3 - 2 所示:

1. 人力资源的需求预测

人力资源需求预测主要是以企业的战略目标、发展规划与工作任务为出发点,综合考虑各种因素的影响,对企业未来人力资源的数量、质量和时间等进行估计的活动。在进行需求预测时需考虑如下因素:第一,企业外部环境因素,主要包括宏观经济发展趋势,本行业发展前景与国家产业政策导向的变化,主要竞争对手的动向,相关技术的革新与发展,人力资源市场的变化趋势,人口及其变化趋势,劳动力市场变化趋势等。第二,企业内部因素,包括目标任务、市场与产品组合、经营区域、生产技术、竞争重点、财务及利润指标等企业的战略决策信息、组织结构与岗位位置、管理体制与管理风格、新技术采用等未来影响生产率变化的因素。第三,企业现有人力资源状况,包括人力资源的数量、质量、素质结构、人员流动、晋升和降

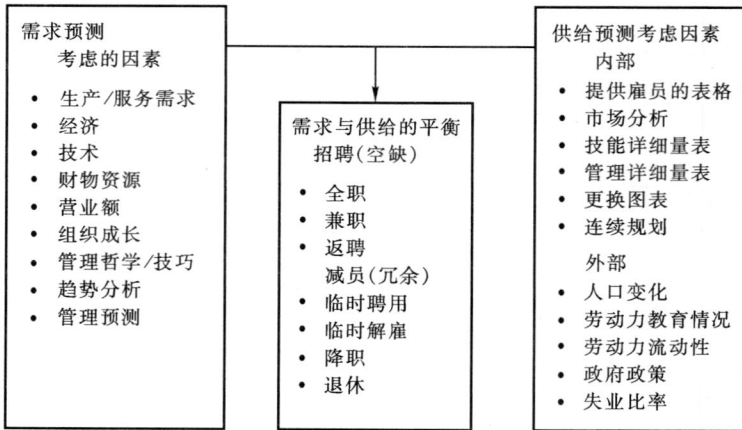

图 3-2　人力资源规划的模式

职、员工价值观、员工需求、现有员工人岗匹配情况等。人力资源需求预测有两方面：数量与质量。组织的需求最终由采用的技术决定。企业进行人力资源需求预测时常用的预测技术有：

（1）德尔菲法。德尔菲法是一种有反馈函询调查方法，由负责组织预测的人员（通常由人力资源部门负责）将要解决的问题（预测人力资源供求）及相关信息以调查问卷的方式发给各位预测专家，由他们进行预测，并将预测方案在规定时间内收回。负责组织预测的人员将专家的建议汇总起来再发给各位专家二次预测，如此反复，直到最终取得专家基本达成共识的方案为止。具体步骤：第一步，拟定预测相关主题（如战略调整下人员需求、企业并购人员需求），设计调查表，并附上背景资料；第二步，确定有关专家名单，选择在专业知识、工作经验、预见分析能力等方面与预测课题相关的人员；第三步，将调查表分发给选定的专家，由他们填写相关问题；第四步，对于第一轮调查表进行综合整理，汇总成新的调查表，再发给专家征求意见。在征求过程中每个专家并不知道其他专家的具体姓名和每个人的具体意见，如此反复几轮（一般是 3 轮到 5 轮），便可形成比较集中的意见，从而获得预测结果。

（2）经验预测法。经验预测法是根据以往的经验对人力资源进行预测规划的方法。现实中具体步骤是：组织的基层管理人员根据以往的经验将未来一段时间的活动转为本部门人员的需求增减量，提出本部门各类人员的需求预测量；再由上一级管理层对其所属的部门，进行人力的估算和平衡；通过层层估算，最后由最高管理层进行人力资源的规划和决策。采用本方法有相当的主观因素，还受到各部门自身利益等因素的影响,有可能使预测规划过程转变为部门与组织之间的谈判与审批过程。比较适合短期预测,简单易行,成本低,在中小企业中经常采用。

（3）趋势分析法。趋势分析法是确定组织中与劳动力数量和构成关系最大的因素,然后找出该因素与人力需求变化的函数关系,由此推测将来人力资源的需求情况。这种方法适合于经营环境比较稳定、人员变动比较有规律的企业使用。具体方法:首先,选择适当的商业要素作为人力资源需求的预测因素,通常会选用销售额和毛利;其次,绘制该商业要素与员工人数关系的历史趋势的图表,其比值可以提供劳动生产率(如人均销售额);第三,计算过去至少五年的生产率;第四,用商业要素的值除以生产率计算出人力资源需求;最后,设定目标年份对员工的需求。这一过程可参见表 3 - 2。

表 3 - 2　人力资源需求的趋势分析范例

年份	商业要素 （销售额 万元）	÷	劳动生产率 （销售额/员工数）	=	人力资源需求 （员工的数量）
1997	2351		14.33		164
1998	2613		11.12		235
1999	2935		8.34		352
2000	3306		10.02		330
2001	3613		11.12		325
2002	3748		11.12		337
2003	3880		12.52		310
2004 *	4095		12.52		327
2005 *	4283		12.52		342
2006 *	4446		12.52		355

*——预计数

（4）工作负荷法。按照行业或企业历史数据,先计算出对某一特定工作每单位时间(如每天)的每人工作负荷(如产量),再根据未来的目标生产量测算出要完成总的工作量,然后根据前一标准折算出所需要的人力资源数量。如:某生产型企业拟建一条新的生产线,新的生产线设计生产能力为每天 3200 件产品,每生产一个产品平均需要 0.5 小时,每天两班(每班 8 小时),问需要多少工人? 每班生产能力为 1600 件产品,每人每天生产(8÷0.5)=16 件产品,每班需要总人数为(1600÷

16)＝100 人,新生产线总共需要(100×2)＝200 人。

2. 员工的供给预测

在确定人员需求预测后,必须有足够的合适人员满足需求。供给分析可以从两方面满足人员需求,一个是企业内部供给,另一个是企业外部供给。

企业内部人力资源供给预测时,需要对企业现有人力资源状况和人员流动分析进行预测。预测的方法主要有:技术调查法,马可夫分析法,人员置换图解表。

(1)技术调查法。主要是对企业现有人力资源状况进行调查分析,利用企业档案资料和人力资源信息库,对于人员的数量、知识、技能和需求进行分析,为人员的调配和管理做好准备。结合人力资源需求预测,建立人员配置表,即用图画显示组织的所有工作岗位、每个工作岗位上的现有员工数目及未来员工需求。如果企业建立了人力资源信息系统,这项工作很容易借助计算机来进行。人力资源部每年的人力资源盘点就是运用此种方法。下面是一个典型的人力资源信息系统在进行调查分析时应提供的信息:工作信息,包括职位名称、薪金范围、目前空缺的数目、替代的候选人、所需要的资格、流动比率、职业阶梯中的位置、员工信息、岗位、工作经历、出生月年、职业目标/兴趣、专业技能、教育/培训、入职时间、所受奖励、薪金和福利(历史信息、现在信息)、绩效评价、出勤情况、发展需要、流动原因。

(2)马可夫分析法。主要是对企业人员流动分析进行预测,显示每一工作岗位的员工留任、升职、降职、调迁或辞职的比率及人数。这一方法也可以用来追踪各类人员的变动模式,建立变化模型,预测劳动力的供给情况,并结合员工的数量预测。以下是某一区域性零售超市人力资源部 2003 年底对 2014 年企业内部人员变动进行的分析,见表 3-3。

表 3-3 对一家零售公司假设的马可夫分析

	2014 年商店管理者人数	2014 年商店管理者助理人数	2014 年地区管理者人数	2014 年部门管理者人数	2014 年销售员工人数	退出
2013 年商店管理者 (n＝24)	92% 22					8% 2
2013 年商店管理者助理(n＝72)	11% 8A	83% 60				6% 4

	2014 年商店管理者人数	2014 年商店管理者助理人数	2014 年地区管理者人数	2014 年部门管理者人数	2014 年销售员工人数	退出
2013 年地区管理者 (n＝96)		11％ / 11A	66％ / 63	8％ / 8B		15％ / 14
2013 年部门管理者 (n＝288)			10％ / 29A	72％ / 207	2％ / 6B	16％ / 46
2013 年员工 (n＝1440)				6％ / 86A	74％ / 1066	20％ / 288
2014 年预测的供给	30	71	92	301	1072	354

图例

```
占岗位人数的
百分比％
        员工的实际数量
```

注:含 A 为晋升人员、含 B 为降级人员

（3）人员置换图解表。人员置换图解表是对各现有岗位人员进行考核评价,分析其可能流动的方向,从而对人员的流动情况实现控制和测量的一种图示法。它是由员工技能量表为基础,显示着每一位员工的教育程度、工作经验、职业兴趣、特殊才能、工资记录和工作年限,它也可在预测中使用。当然,在建立这种量表时,必须格外关注其机密性。一份优质的最新的技能量表可以使组织迅速找到与空缺职位相匹配的员工。下图是某公司建立的提升人员置换图解表,它提供了现有的工作表现和升职可能性等信息,可以与其他信息一起应用于接班规划——确定、发展、监测关键个人并最终确定高层职位人选的过程见图 3 - 3。

当一个组织缺乏内部提拔的劳动力供给时,企业人力资源部必须关注外部劳动力的供给。企业在如下情况下需要增加人员(包括人员更换和岗位增加):因企业发展的需要增加人员;因企业技术或设备更新需要增加人员;企业转型或多种经营需要增加人员;因人员自然磨损(退休或死亡等)需要增加人员;因人员的内外流动需要增加人员。

许多因素会影响劳动力供给,包括国家和地区经济、劳动力的教育水平、特殊技能的需求、就业观念、招聘范围、人口流动性和政府政策等。目前我国劳动力市场尚未成熟,许多人力资源信息难以准确掌握,这给外部人力资源的供给预测带来

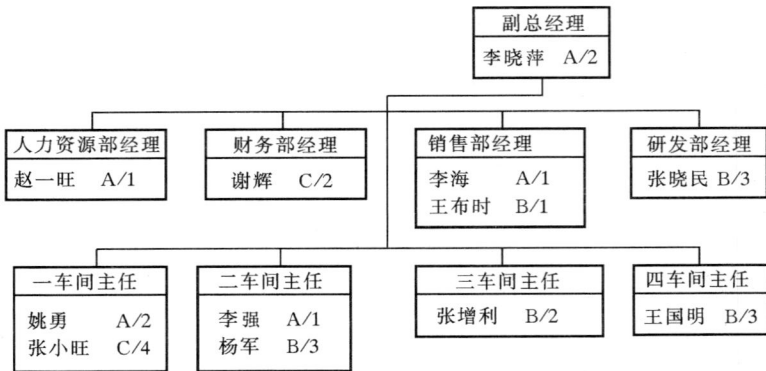

所提供的名单是可替换的候选人
A. 目前可能提升；B. 有潜力进一步发展；C. 没有固定的职位
1. 最优业绩；2. 平均业绩之上；3. 认可的业绩；4. 糟糕的业绩

图 3-3　一个副总经理候选人名单

了很大的难度。

3. 人力资源综合平衡

人力资源规划应该保持预测技术与应用之间、需求与供给之间的适当平衡，需求的考虑建立在商业活动的预测趋势基础之上，供给的考虑包括用恰当的方式找到恰当的人选来填补空缺。如果出现人力资源空缺，我们可以用增加人员或通过培训提高工作效率两种方式满足空缺。为了满足劳动力需求，企业在制定人力资源规划时要注意，招聘会给企业增加营运成本，会对原来的相关岗位形成影响，因此越慎重越好。在一些管理先进的企业里，在评价企业人力资源管理质量时，需评价人力资源数量和产出之间的关系，如人均产值、人均利润率等。因此，在人力决策中，增加人力资源的数量是应该尤其慎重的。企业高层管理者和人力资源管理者在考虑招聘岗位时，应该先问一下自己下列问题：

- 设立这个岗位的目的是什么？
- 为了达到这些目的，有没有其他方法？
- 如果这个新岗位要有人来填补，那么未来 5 年的成本是多少？
- 这个岗位对维持或改善销售的影响如何？对维持和改善收入的影响如何？对改善人的使用的影响如何？
- 现在是谁在进行该岗位的工作？
- 现在从事该岗位工作的人超时工作已经多久了？
- 这个"超载"岗位的部分工作职责能否转移到该部门的其他地方进行？

- 在劳动力市场上招聘这个岗位的人员的可能性有多大?
- 该岗位能够维持存在至少两年吗?
- 其他部门和雇员是否都认为这个岗位是必需的?
- 这个新岗位对其他岗位的影响如何?尤其是对那些被它"抢走"了职责的相关岗位的影响如何?
- 如果不设置这个新岗位,最坏会发生什么情况?

在人力资源招聘规划中我们需要注意动态性。在许多对人力资源招聘需求的预测进行评价的研究中,人们关注的焦点是招聘预测的准确性。但令人遗憾的是,这些研究结果都不尽如人意。人力资源招聘预测应该与企业所面临的环境、企业发展战略等相适应,否则就会成为空中楼阁。人力资源预测的假设前提是稳定性,现在市场的不确定性和动荡性特征,使得用各种方法预测的人力需求准确性降低。

3.2 工作分析

组织的招聘工作离不开各项职能的支持,其中工作分析是人力资源管理的一项重要职能,它专注于收集、分析、整合工作的相关信息,为组织招聘提供了具体依据。合理平等的招聘必须以健全的、综合的职位分析为基础,进而建立正确的招聘和挑选标准。倘若对工作没有进行系统的调查,在招聘中,就有可能提出与工作相左的标准。

3.2.1 工作分析的内涵与目的

工作分析是企业有关人员依据组织发展的目标,通过观察和研究,全面收集企业某一工作的基本活动信息,明确每一工作在组织中的位置及相互关系,然后确定组织最必要的工作职位及其权责、任职条件的过程。通过这一过程,我们可以确定某一工作的任务和性质,以及哪些类型的人适合被聘用来做这样工作。换句话说,工作分析的任务是确定公司的组织机构及其职数,认定每个职位的责任与权力,以及提出每个职位的任职人员必须具备的条件,最终把分析结果进行科学分析、系统描述,作出规范的书面化记录。

工作分析作为一种活动,其主体是工作分析者,客体是整个组织体系,对象是工作,包括战略目标、组织结构、部门职责、岗位中的工作内容、工作责任、工作技能、工作强度、工作环境、工作心理及工作方法、工作标准、工作时间等组织中的工作关系。

工作分析是人力资源管理工作者的一项基础性和常规性的工作,但并不是一件一劳永逸的事,应当适时根据情况的变化,对工作做出动态的调整。在下列情况下,组织需要工作分析:①建立新的组织或出现新的岗位。新的组织由于目标的分解、组织的设计与人员招聘需要进行工作分析。②由于战略的调整、业务的发展使工作内容、工作性质发生了变化,需要进行工作分析。③建立制度的需要。比如绩效考核、晋升、培训机制研究的需要。

一个组织的工作分析涉及人员、职位和环境三方面的因素。有关工作人员的分析包括工作能力、工作条件等方面;有关工作职位分析包括工作范围、工作程序、工作关系等内容;有关工作环境分析包括工厂的环境、使用的设备等范畴。职位分析又包括分析工作所涉及的人员、事务、物质三种因素,并形成经济有效的系统,以便于提供就业资料、编定训练课程及解决人与机械系统的配合,以发挥人力资源的有效利用为目的。

职位分析分别涉及有关工作人员、工作职务及工作环境,所以工作人员的分析包括人员条件、能力等,经分析而编制成职业资料(occupation information),有助于职业辅导(vocation guidance)工作的发展,达到人尽其才的目的。工作职位分析包括工作任务、工作程序步骤及与其他工作的关系,对于员工工作上的任用、选调、协调合作有所帮助,使组织发挥系统的功能,达到适才适职的目的。至于工作环境的分析包括工作的知识技能、工作环境设备,使员工易于应付工作的要求,并使人与机器系统相互配合,从而达到才尽其用的目的。由以上分析可知,工作人员的分析乃"人与才"的问题;工作职务的分析乃"才与职"的问题;而工作环境的分析乃"职与用"的问题。"人与才"、"才与职"、"职与用"三者相结合乃是人力资源的运用,通过组织行为以达到组织目的。

1. 工作分析能给人力资源工作带来如下价值

价值之一:工作说明书

工作说明书又称职位描述。工作说明书的编写是在工作信息的收集、比较、分类的基础上进行的,是工作分析的最后一个环节。工作说明书是职位性质类型、工作环境、资格能力、责任权限及工作标准的综合描述,用以表达职务在单位内部的地位及对工作人员的要求。它体现了以"事"为中心的职务管理,是考核、培训、录用及指导员工的基本文件,也是职位评价的重要依据。事实上,表达准确的职位规范一旦编写出来,该职位的能级水平层次就客观地固定下来了。

价值之二:工作岗位设置

工作岗位的设置科学与否,将直接影响一个企业的人力资源管理的效率和科学性。在一个组织中设置什么岗位、多少岗位、每个岗位上安排多少人、什么素质的人员,都将直接依赖工作分析的科学结果。一般来说,工作岗位的设置主要考虑以下几点:

①因事设岗原则:设置岗位既要着重于企业现实,又要着眼于企业发展。按照

企业各部门职责范围划定岗位,而不因人设岗,岗位和人应是设置和配置的关系,而不能颠倒。

②规范化原则:岗位名称及职责范围均应规范。对企业脑力劳动岗位规范不宜过细,应强调创新。

③整分合原则:在企业组织整体规划下应实现岗位的明确分工,又在分工基础上有效地综合,使各岗位职责既做到明确清晰又能上下左右之间同步协调,以发挥最大的企业效能。

④最少岗位数原则:既考虑到最大限度地节约人力成本,又尽可能地缩短岗位之间信息传递时间,减少"滤波"效应,提高组织的战斗力和市场竞争力。

⑤人事相宜的原则:根据岗位对人的素质要求,选聘相应的工作人员,并安置到合适的工作岗位上。

价值之三:通过岗位评价确定岗位等级

通过工作分析,提炼评价工作岗位的要素指标,形成岗位评价的工具,通过岗位评价确定工作岗位的价值。根据工作岗位的价值,便可以明确求职者的任职实力。根据岗位价值或任职实力发放薪酬、确定培训需求等。

价值之四:工作再设计

利用工作分析提供的信息,面对新建组织,要设计工作流程、工作方法、工作环境条件等,而对一个已经在运行的组织而言,可以根据组织发展需要,重新设计组织结构,重新界定工作范围,改进工作方法,提高员工的参与程度,以及员工的积极性、责任感和满意度。前者是工作设计,后者则是工作再设计,改进已有工作是工作再设计的目的之一。工作再设计不仅要考虑组织需要,并且要兼顾个人需要,重新认识并规定某项工作的任务、责任、权力在组织中与其他工作的关系,并认定工作规范。

2. 工作分析的责任分工

在大多数企业中,一般情况下均是由直线经理而不是人力资源专家来完成工作分析,对于需要进行工作分析的岗位而言这是最好的方法,因为由直线经理来完成工作分析会比纯粹的人力资源专家来完成效率要高得多。

(1) 直线经理在工作分析中有两项主要工作:一是协助完成工作分析;二是在日常的管理活动中执行工作分析的结果。

①协助完成工作分析。直线经理最急于把工作分析的最终结果在日常工作中予以运用,这种现象普遍存在。这很容易导致两种极端,一个极端是直线经理可能包揽下所有的工作分析工作,例如,一些经理被要求撰写所属管理范围内所有岗位的工作描述;另一个极端就是直线经理只提供一些无关紧要而又难以界定的信息给人力资源部,所有的工作分析工作都由人力资源部门来完成,例如,直线经理可

能会被要求明确每项工作的评估标准和人员所具备的要求。直线经理应该检查和评估职位描述的准确性。当岗位的工作内容、范围或人员具备的素质要求发生较大变化时,直线经理应通知人力资源部要求对该岗位重新进行工作分析。

②执行工作分析结果。我们讨论过工作分析的信息可能会以多种形式运用于企业的管理活动,其中直线经理的运用是最普遍的一种。通过使用工作分析的信息来协助确定某岗位的人员甄选标准,并把它与职员的工作责任感联系起来,确定岗位的人员标准。

在为岗位挑选职位申请者时,直线经理都会认真评估工作内容、范围及人员的素质要求,以便对适合岗位的职位申请者有一个清晰的认识。这些信息为在面试时提出针对性强的问题提供参考。

与工作责任感相联系。根据这一观点,工作分析的结果应运用于新员工的工作方向与定位。直线经理应认真向新员工解释岗位说明,以便传达岗位工作的责任感。一旦新员工接受培训,直线经理应时常传达工作的绩效标准,以便职员能始终明白自己的工作责任与上司的期待。

(2)人力资源部在工作分析中主要有两项工作:一是取得企业管理高层的支持;二是计划和实施工作分析的目标。

①取得企业管理高层的支持。并非所有的企业高级管理层都能够认识到工作分析对于获取企业竞争优势的重要性。普遍认为工作分析的价值与效用并不是想象中的那样高,有些则认为执行工作分析只会造成一些副作用。企业管理高层一般都持后一种观点,认为运用工作分析只会束缚他们管理的判断力。因为工作分析并不为他们大多数所认可,所以经常被马马虎虎应付了事,或凭自己在人力资源管理实践上的直觉与猜测来完成人力资源管理中最基础的工作。

为了避免这种方式带来的消极结果,人力资源部必须努力得到管理高层对工作分析的支持。他们必须持续地向管理高层强调执行工作分析对提高企业工作效率的重要性,同时必须强调目前工作分析信息对基础管理的必要性。

②计划和执行工作分析目标。在大多数企业,计划和执行工作分析的首要责任落在人力资源部。人力资源部必须做好如下工作:确定目标与对象;选择收集和记录工作分析信息的方式;收集数据;选择专业的主题;确定工作分析岗位的次序;把收集的数据进行整理归档;发布相关信息;控制工作分析的进行过程。

3.2.2　工作分析的步骤和方法

企业在进行工作分析过程中要由适当的管理部门采取合理步骤来完成。不管采用哪种方法,都分几个步骤,并因方法的不同而步骤不同。下面介绍工作分析中最基本的步骤,如图 3-4 所示:

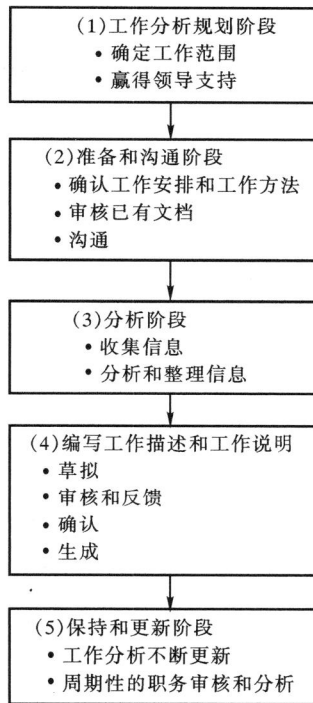

图 3-4 工作分析的步骤

1. 工作分析规划阶段

在开始进行数据信息收集前的规划工作是极其重要的。确定工作分析的目标是最重要的,明确所分析的资料用来干什么,解决什么管理问题,目的也许是工作描述,也许是修改薪酬制度的结果,也许是为了重新设计岗位,也许组织为了更好地适应战略规划进行部分调整。在实践中不管目的如何,首先要获得高级管理人员的支持。当涉及工作的改变或组织结构的变化时,高级管理人员的支持是必需的,当员工的忧虑、抵触情绪增长时,来自最高层的支持是非常有用的。

2. 准备和沟通阶段

确认工作安排和工作方法,包括组建工作分析小组、分配任务与确定权限、时间进度、选择工作分析方法等。过去的工作描述、组织结构图、工作分析的资料和其他有关企业的信息都可以用来参考,从而节约以后过程中的时间。

最重要的一步是向管理人员、职员和其他相关人员就这一程序进行解释、沟通,侧重于对调查中他们可能产生的担心、想法进行解释。解释内容通常包括工作分析的目的、步骤、时间安排、参加人员、执行人员、联系人员等。当有工会时,工会代表要参与到审阅以往资料的工作中去,以减少未来矛盾发生的可能性。

3. 分析阶段

准备工作结束后,就进入工作分析的过程。根据选用的分析方法列出进程表,要有充足的时间分配给信息收集。如果采用问卷法,最好让员工将填好的问卷在交给分析人员前,先交给他们的主管看一下。问卷表要附带有关对完成此表的方法的解释。一旦相关数据收集好了,要按照工作种类、工作组类别、部门类别进行分类。最后要对数据再审查一遍,有可能还要就有关问题再会见或提问部分员工。在对收集信息进行确认后开始分析、分解、比较、衡量、综合归纳与分类。

4. 编写工作描述和工作说明

先前的工作分析是为起草工作描述和工作说明做准备的,在后面将讨论如何写工作描述和工作说明。

不让管理人员和员工自己写工作描述和工作说明而设专人的理由如下:首先,不易形成固定的格式和内容,二者对工作描述的合法性很重要。其次,管理人员和员工的写作能力各不相同,并且他们所写的内容有可能反映了他们能够完成的事情和个人的资格能力而不是工作的要求。当工作描述起草好了,现有管理人员要审阅一遍,而是否交由员工再审阅决定于管理风格和企业文化。

所有工作完成后,人力资源部门将工作描述交给管理人员、主管、员工。主管和员工一起讨论最终的工作描述成果,这有助于对它形成一致的理解,有助于业绩评估和其他人力资源活动。

5. 保持和更新阶段

工作描述完成后,还要建立一个系统去维持它的正确性。由于企业的不断变化,整个分析的系统过程应几年重复一次。

人力资源部门的相关人员要承担确保工作描述和工作说明准确性的责任。在这个过程中,员工和管理人员扮演了重要角色,因为他们清楚地知道什么时候发生了变化。另一个有效的办法是在其他人力资源活动中使用工作描述和工作说明。例如,当出现了职位空缺时,招募新人之前要重新修改工作描述和工作说明。类似的,一些企业的管理人员在业绩评估时要参阅工作描述和工作说明,从而可以识别工作描述是否能充分说明工作、是否需要修改。另外,人力资源规划通常要开展综合的、系统的复审。许多企业每三年或当技术发生变化时就开展一次彻底的审查活动,更普遍的是当发生了组织性的变化时,审查活动也随之展开。

工作分析的信息可以通过多种方式收集到,首先考虑的是由谁来执行工作分析,通常情况下是由人力资源管理部门的一位人员来协助完成,还有直线人员参与,对于较复杂的分析,还会有相关行业的专家或人力资源专家参与。要编制一份科学、完善、实用的工作分析表,必须收集进行工作分析所必需的信息。收集信息的方法主要有观察法、访谈法、问卷调查法、工作日志法、实践法和综合法等。工作分析的方法和特点见表 3-4 和表 3-5。

表 3-4 工作分析方法

方法名称	内容说明
观察法	观察法是指有关人员直接到现场,亲自对一个或多个工作人员的操作进行观察、了解,并记录有关工作的内容、工作之间的相互关系、人与工作的相互作用,以及工作环境、条件等信息。为了及时准确获取需要信息,这种观察具有结构性,事先应做好充分准备,并取得工作者的支持与配合
访谈法	访谈法是指调查者通过与被调查者面对面交流的方式收集工作岗位分析资料的方法。有三种面谈的形式可用来收集工作分析资料:(1)个别面谈,即与每个员工单独面谈;(2)集体访谈,即与同一职业的员工集体讨论;(3)管理人员访谈,即与一个或几个管理人员就如何进行工作分析座谈讨论
问卷调查法	问卷调查法指将事先设计好的问卷,提供给被调查者,要求被调查者按照要求填写,以获取有关其工作信息的一种快速而有效的方法。一般要求被调查者对各种行为、工作特征和工作人员特征的重要性或频率评定等级
工作日志法	工作日志法是指按时间顺序详细记录工作内容与工作过程,然后归纳提炼,取得所需工作信息的一种信息提取方法。
实践法	实践法是指工作分析者从事所研究的工作,通过实际参与工作,掌握有关工作要求的第一手资料。这种方法适用于短期可以掌握的工作
综合法	综合法是以上所说明的各种方法中,任何两种以上的方法合并使用而收集信息的方法。因为任何方法均有其优缺点,所以依据所需工作数据与数据内容及数量,分析人员选择以上各种方法加以综合应用,可以获得最佳的结果

表 3 - 5　工作分析各方法优缺点比较

方法名称		优/缺点
观察法	优	根据工作者自己陈述的内容,再直接至工作现场深入了解状况
	缺	1. 干扰工作正常行为或工作者心智活动 2. 无法感受或观察到特殊事故 3. 如果工作本质上偏重心理活动,则成效有限
面谈法	优	1. 可获得完全的工作数据以免去员工填写工作说明书之麻烦 2. 可进一步使员工和管理者沟通观念,以获取谅解和信任 3. 可以不拘形式,问句内容较有弹性,又可随时补充和反问,这是填表法所不能办到的 4. 收集方式简单
	缺	1. 信息可能受到扭曲——因受访者怀疑分析者的动机、无意误解或分析者访谈技巧不佳等因素而造成信息的扭曲 2. 分析项目繁杂时,费时又费钱 3. 占去员工工作时间,妨碍生产
问卷法	优	1. 最便宜及迅速 2. 容易进行,且可同时分析大量员工 3. 员工有参与感,有助于双方计划的了解
	缺	1. 很难设计出一个能够收集完整数据之问卷表 2. 一般员工不愿意花时间正确地填写问卷表
实践法	优	可于短时间内由生理、环境、社会层面充分了解工作。如果工作能够在短期内学会,则不失为好方法
	缺	不适合须长期训练者及高危险工作。
工作日志法	优	1. 对工作可充分地了解,有助于主管对员工的面谈 2. 采用逐日或在工作活动后即记录,可以避免遗漏 3. 可以收集到最详尽的数据
	缺	1. 员工可能会夸张或隐藏某些活动,同时掩藏其他行为 2. 费时、费成本且干扰员工工作

3.2.3　工作分析的结果

工作说明书是用文件形式来表达的工作分析的结果,基本内容包括工作描述和任职者说明。工作描述一般用来表达工作内容、任务、职责、环境等。任职者说明则用来表达任职者所需的资格要求,如:技能、学历、接受的训练、经验、体能等。

工作说明书主要由基本资料、工作描述、任职资格说明、工作环境四大部分组成。

基本资料包括工作名称、直接上级职位、所属部门、工资等级、工资水平、所辖人员、定员人数、工作性质。

工作描述内容包括工作概要,即用简练的语言说明工作的性质和中心任务。工作活动内容包括各项工作活动基本内容、各项活动内容占工作时间的百分比、权限、执行依据和其他。工作职责要逐项列出任职者的工作职责。工作结果,要说明任职者执行工作应产生的结果,以量化为好。工作关系,包括工作受谁监督、工作的下属、职位的晋升与转换关系、常与哪些职位发生联系。工作人员使用的设备和信息说明,主要指所使用的设备名称和信息资料的形式。

任职资格说明,主要包括所需最低学历,接受培训的内容和时间,从事本职工作以及相关工作的年限和经验,一般能力,兴趣爱好,个性特征,职位所需要的性别和年龄规定,体能要求,其他特殊要求。

工作环境包括工作场所,指在室内、室外还是其他特殊场所。工作环境的危险性说明,指危险存在的概率大小、对人员可能造成伤害的程度、具体部位、已发生的记录、危险性造成原因等。职业病即从事本工作可能患上的职业病的性质说明及轻重程度表述。工作时间要求。工作的均衡性指工作是否存在忙闲不均的现象及发生的频率。工作环境的舒适程度即是否在恶劣的环境下工作,工作环境给人带来的愉快感如何。

相关链接 3-1

工作分析方法范例

工作分析观察提纲(部分)

被观察者姓名:＿＿＿＿＿＿＿　　　　　　日期　＿＿＿＿＿＿＿

观察者姓名:＿＿＿＿＿＿＿　　　　　　　观察时间　＿＿＿＿＿＿＿

工作类型:＿＿＿＿＿＿＿　　　　　　　　工作部门　＿＿＿＿＿＿＿

观察内容：

1. 什么时候开始正式工作？_____ 。

2. 上午工作多少小时？_____ 。

3. 上午休息几次？_____ 。

4. 第一次休息从 到 _____ 。

5. 第二次休息从 到 _____ 。

6. 上午完成产品多少件 _____ 。

7. 平均多长时间完成一件产品 _____ 。

8. 与同事交谈几次 _____ 。

9. 每次交谈约 _____ 分钟。

10. 室内温度 _____ 度。

11. 抽了几支香烟？_____ 。

12. 喝了几次水？_____ 。

13. 什么时候开始午休？_____ 。

14. 出了多少次品？_____ 。

15. 搬了多少原材料？_____ 。

16. 噪音分贝是多少？_____ 。

相关链接 3-2

一个企业销售部经理的工作描述

职务名称：销售经理

职务代号：X-1

工作活动和工作程序。通过对下级的管理和监督，实施企业产品的销售、计划、组织、指导和控制；指导销售部的各种活动；就全面的销售事务向分管的销售副总汇报；根据对销售区域、销售渠道、销售定额、销售目标的初步认可，协调销售分配功能；批准对销售员的区域分配；评估销售员的业务报告；组织销售员的培训等。审查市场分析，以确定顾客需求、潜在的销售量、价格一览表、折扣率、竞争活动；亲自与大客户保持联系；可与其他管理部门合作，建议批准用于研发的预算开支；

可与广告机构就广告事宜进行谈判；可根据有关规定建议或实施对本部门员工的奖惩；可以调用小汽车两辆、送货车十辆。

工作条件和物理环境。65%以上时间在市内工作，一般不受气候影响；湿度适中，无严重嘈音，无个人生命或严重受伤危险，无有毒气体。有外出要求，一年中 30%～35% 的工作日出差在外；工作地点：本市。

社会环境。有副手一名，销售部工作人员 50～60 人，直接上级是销售副总；需要经常交往的部门是生产部、财务部。

聘用条件。每周工作 40 小时，法定假休息；基本工资每月 3500 元，职务津贴 500 元，每年完成任务奖金 10000 元，超额部分按千分之二提取奖金；本岗位是企业的中层干部岗位，可晋升为销售副总。每月的通信费、因公请客出差按级别标准报销，每三年有一次出国考察机会。

相关链接 3-3

同一个企业销售部经理的任职资格说明

职务名称：销售部经理。

年龄：26～35 岁。

性别：男女不限。

学历：大学本科以上。

工作经验：从事相同或相近产品销售四年以上。

生理要求：无严重疾病；无传染病；能胜任办公室工作，有时需要站立和走动；平时以说、听、看、写为主。

心理要求标准：A——全体员工中最优秀的 10% 之内。以总经理为 100 分，即 90 分以上，下类同。B——70～89 分；C——30～69 分；D——10～29 分；E——9 分以下

心理要求：

一般智力：A

观察能力：B

记忆能力：B

理解能力：A

学习能力：A

解决问题能力：A

创造力：A

知识面：A

数学计算能力：A

语言表达能力：A

决策能力：A

性格：偏外向。

气质：多血质或胆汁质。

兴趣爱好：喜欢与人交往，爱好广泛。

态度：积极、乐观。

事业心：十分强烈。

合作性：优秀。

领导能力：卓越。

相关链接 3-4

发货员工作说明书（表 3-6）

职　务	发货员
部　门	货品收发部门
地　点	仓库 C 大楼
职务概况	听从仓库经理指挥，根据销售部门递来的发货委托单据，将货品发往客户。和其他发货员、打包工一起，徒手或靠电动设备从货架搬卸货品，打包装箱，以备卡车、火车、空运或邮递。正确填写和递送相应的单据报表，保存有关记录文件
教育程度	高中毕业
工作经历	可有可无

续表 3 - 6

岗位责任	一、花 70％ 的工作时间干以下工作： 　　1. 从货架上搬卸货品，打包装箱 　　2. 根据运输单位在货运单上标明的要求，磅秤纸箱并贴上标签 　　3. 协助送货人装车 二、花 15％ 的工作时间干以下的工作： 　　1. 填写有关运货的各种表格(例如装箱单、发货单、提货单等) 　　2. 凭借键控穿孔机或理货单，保存发货记录 　　3. 打印各类的表格和标签 　　4. 有关文件的整理归档 三、剩余的时间干以下的工作： 　　1. 开公司的卡车去邮局送货，偶尔也搞当地的直接投递 　　2. 协助别人盘点存货 　　3. 为其他的发货员或收货员核查货品 　　4. 保持工作场所清洁，一切井井有条
管理状态	听从仓库经理指挥，除非遇到特殊问题，要求独立工作
工作关系	与打包工、仓库保管员等密切配合，共同工作。装车时与卡车司机联系，有时也和订销部门的人接触
工作设备	操纵提货升降机、电动运输带、打包机、电脑终端及打字机
工作环境	干净、明亮、有保暖设备。行走自如，攀登安全，提货方便。开门发货时要自己动手启门

相关链接 3-5

某公司职位说明书及填写说明(表 3-7)

职位名称：人力资源部经理 所属大部门：人力资源部 所属小部门：人力资源部 职位设立时间：□一年前 □一年内 拟定人签名： 上级部门主管审批： 生效日期：

职位目的:(简要的介绍该职位的主要目的,突出该职位对组织独一无二的贡献)

　　　　深入挖掘企业内、外部人才优势,兼顾收集外部先进经验,创建具有本企业
特色的人力资源管理,为企业赢得竞争优势

部门职责(请描绘该职位所属的最小部门的主要职责):

1. 制订公司人力资源战略规划
2. 制订合理的人才引进计划和相关制度流程,为公司业务发展及时提供优秀的人才
3. 制订完善的培训规划和制度,为员工设计合理的个人发展规划
4. 建立并完善公司的考核、激励以及福利机制
5. 协助其他部门的工作

工作关系:

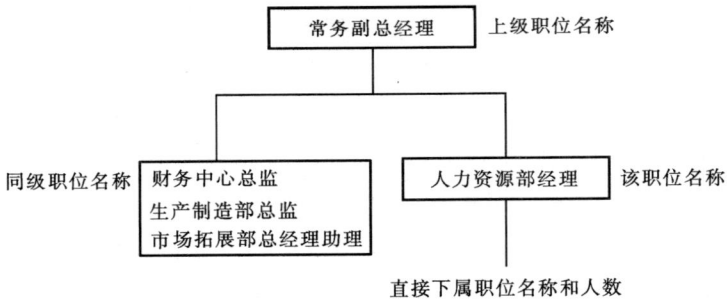

上级职位名称：常务副总经理

同级职位名称：财务中心总监　生产制造部总监　市场拓展部总经理助理

该职位名称：人力资源部经理

直接下属职位名称和人数

业务相关职位

研发院院长

财务部经理

办公室主任

招聘专员 1

福利专员 1

培训专员 1

人力专员 1

行政秘书 1

职位范围：

　　请列出与该职位工作之范围与程度有关的资料,例如,下属数目、直接控制的预算额,与直接负责或做出建议的开支项目。

　　该单位(所属小部门)总人数：　　　　6

　　该职位下属(直接,间接)：　　　　　5

　　下属人员类别:管理人员:人　　专业人员:4人　　　　其他人员:1人

　　直接控制的预算额：

　　主要应负责任：

　　请描述职位 4～6 项应负责任,包括主要活动和要达到的结果,每一应负责任请依其重要性排列,从(1)开始,而(1)代表最重要

　　衡量标准可以是数量、质量、成本、时间、人员反映等等,应尽可能是客观、量化数据

重要性	应负责任	衡量标准
1	引进公司发展所需的人才,并进行有效的培训;在考核中发现和推荐人才	及时引进高级管理人才;完成公司当年的招聘任务;每年向公司推荐10%左右的优秀员工
2	组织制订合理的人力资源管理制度:高级人才引进制度、招聘制度、培训制度、考评制度、薪酬制度、奖惩制度等	合理而可行
3	福利方面适应公司发展的需要:户口、保险的办理要及时;薪资、房贴保密费等的发放要及时;员工急需的事情办理要及时	公司和员工满意率80%以上
4	配合其他部门开展工作	部门满意度80%以上
5	组织建设和接班人的培养	组织氛围团结而高效;至少培养一名有潜力的接班人

任职要求：

　　请列出此职位最低需要的任职专业资格、学历、特殊训练、经验、素质等。

　　学历:大学本科以上

　　专业:专业不限,管理类优先

　　工作经验:有人力资源管理、市场营销经验尤佳

　　必备的知识与技能：

- 熟悉人力资源的招聘、培训、福利、考核与薪酬设计等工作
- 具备管理和领导才能
- 具备较强的沟通、协调能力

　　素质要求：

- 诚信
- 很强的服务意识
- 强烈的责任心和事业心
- 坚持原则、大局观强
- 团队精神创新意识强

工作依据：

　　主要填写编写本职务说明书所依据的任命文件、规章制度、部门职责、业务流程等，应包括文件签发日期、签发部门、签发文号和文件名

《职位说明书》填写说明

　　1. 职位名称：该公司该职位的标准名称。如："办事处主任"，"检验科科长"，"客户服务中心销售秘书"。

　　2. 所属大部门：本系统内最大的部门。如："市场拓展指挥部"，"研究院"，"财务中心"，"人力资源部"，"产品制造部"，"行政部"。

　　3. 所属小部门：本人直属小部门，或是本人所管理的部门。小部门所属关系如图 3-5 所示：

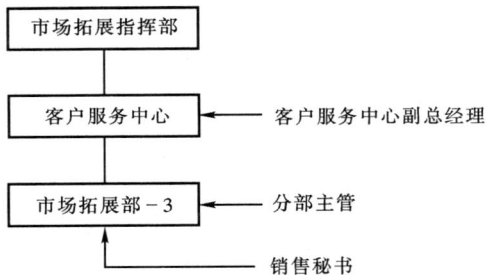

图 3-5　小部门所属关系

　　销售秘书所属大部门为市场拓展指挥部，小部门为市场拓展部-3。

　　分部主管所属大部门为市场拓展指挥部，小部门为市场拓展部-3。

　　客户服务中心副总经理所属大部门为市场拓展指挥部，小部门为客户服务中心。

　　4. 职位目的：对一个职位期望"达到什么"和"如何达到"做简短准确的描述，并且突出该职位对部门组织"独一无二"的贡献。如："通过对市场的拓展，资源与组织的管理，确保公司在办事处总目标的实现"。

　　5. 部门职责：根据公司的相关章程条款，如各部门职能，进行说

明。

　　6. 工作关系:"上级职位名称"指该职位的直接主管职位;"同级职位名称"指在本部门内或其他部门与该职位工作相关的同级别职位;"业务相关职位"指与该职位工作有业务关系的其他部门职位,包括上一级的、下一级的职位。

　　7. 职位范围:如图 3-5 所示,以客户服务中心副总为例,"该单位总人数"为 130 人,"该职位直接下属"为 129 人,"下属人员类别"中"管理人员"(分部主管、秘书处主管等)为 4 人,"专业人员"(销售秘书、秘书处秘书等)为 125 人,"其他人员"为 0 人。

　　8. 直接控制预算额:该职位能控制的预算费用。

　　9. 衡量标准:是数量、质量、成本、时间、人员反映,应尽可能用客观、量化的数据来表示。

　　10. 必备知识与技能:"知识"是指对某个领域的了解或所学到的东西,"技能"是指实际应用某种知识的能力。如销售秘书必备的知识有市场营销学,必备的技能有电话销售,电脑文字处理。

　　11. 素质要求:是对员工内在的要求,如诚信、敬业等。

　　12. 工作依据:是编写本职务说明书所依据的任命文件、规章制度、部门职责、业务流程等,应包括文件签发日期、签发部门、签发文号和文件名。

3.2.4　工作分析与招聘的关系

　　工作分析在组织招聘中发挥着举足轻重的作用:

　　(1)合理平等的招聘要求必须以健全的、综合的职位分析为基础。合理平等的招聘要求必须以健全的、综合的职位分析为基础,进而建立正确的招聘和挑选标准。例如,一家医院要招聘一名医药记录员,就需要正确判断具有什么程度的教育背景的人能胜任这份工作,而且必须能证明这份工作所需的知识、技能和能力只能通过这种教育水平才能获取。否则就会造成人才的浪费,或是人不适岗。

　　(2)工作分析在一定程度上可以节约招聘成本,提高员工积极性。企业使用工作分析来确定工作说明是为了计划如何、在哪里能得到适合空缺岗位的人员,究竟是在外部还是在内部招聘。例如,一份小型电器设备制造厂的工作分析显示,过去由具有大专学历的人完成的助理会计一职,可以由受过账簿记录培训、有几年工作经验的高中生就可胜任。于是企业从内部挑选一名人员担任助理会计,而前任助理会计得到了提拔。这样一来,不仅可以节约一笔招聘费用,而且对员工的行为也产生了积极的影响。

（3）依据工作分析做出的招聘广告可以为企业和应聘者带来益处。依据工作分析做出的招聘广告逻辑清晰、表述准确、信息丰富、方向感强烈。它给招聘双方都带来益处：节省双方的时间；降低了招聘和应聘成本；增加了应聘者的工作满意度，应聘者一旦认定这正是他所要寻找的工作，就会从心底里喜欢这项工作，进而更加珍惜工作机会、更努力地工作。

恰如其分的岗位介绍，可以使敏锐的应聘者清晰地决定是否前来应聘，从而有助于管理者免于面临过量候选人或者不足候选人这两种尴尬局面。

本章思考题

1. 简述工作分析的步骤。
2. 谈谈工作分析方法中最基本的三种方法，它们的优缺点各是什么？
3. 工作分析说明书、工作描述、任职资格说明三者之间的关系是什么？
4. 工作分析在组织招聘中的作用是什么？

案例分析 3-1

苏澳玻璃公司的人力资源规划

近年来苏澳公司常为人员空缺所困惑，特别是经理层次人员的空缺常使得公司陷入被动的局面。苏澳公司最近进行了公司人力资源规划。公司首先选派四名人事部的管理人员，负责收集和分析目前公司生产部、市场与销售部、财务部、人事部四个职能部门的管理人员和专业人员的需求情况以及劳动力市场的供给情况，并估计在预测年度，各职能部门内部可能出现的关键职位空缺数量。

上述结果用来作为公司人力资源规划的基础，同时也作为直线管理人员制定行动方案的基础。但是在这四个职能部门里制定和实施行动方案的过程（如决定技术培训方案、实行工作轮换等）是比较复杂的，因为这一过程会涉及不同的部门，需要各部门的通力合作。例如，生产部经理为制定将本部门 A 员工的工作轮换到市场与销售部的方案，则需要市场与销售部提供合适的职位，人事部作好相应的人事服务（如财务结算、资金调拨等）。职能部门制定和实施行动方案过程的复杂性给人事部门进行人力资源规划也增添了难度，因为有些因素（如职能部门间的合作的可能性与程度)是不可预测的,它们将直接影响到预测结果的准确性。

　　苏澳公司的四名人事管理人员克服种种困难,对经理层的管理人员的职位空缺作出了较准确的预测,制定详细的人力资源规划,使得该层次上人员空缺减少了 50%,跨地区的人员调动也大大减少。另外,从内部选拔工作任职者人选的时间也减少了 50%,并且保证了人选的质量,合格人员的漏选率大大降低,使人员配备过程得到了改进。人力资源规划还使得公司的招聘、培训、员工职业生涯计划与发展等各项业务得到改进,节约了人力成本。

　　苏澳公司取得上述进步,不仅仅是得益于人力资源规划的制定,还得益于公司对人力资源规划的实施与评价。在每个季度,高层管理人员会同人事咨询专家共同对上述四名人事管理人员的工作进行检查评价。这一过程按照标准方式进行,即这四名人事管理人员均要在以下 14 个方面作出书面报告:各职能部门现有人员;人员状况;主要职位空缺及候选人;其他职位空缺及候选人;多余人员的数量;自然减员;人员调入;人员调出;内部变动率;招聘人数;劳动力其他来源;工作中的问题与难点;组织问题及其他方面(如预算情况、职业生涯考察、方针政策的贯彻执行等)。同时,他们必须指出上述 14 个方面与预测(规划)的差距,并讨论可能的纠正措施。通过检查,一般能够对下季度在各职能部门应采取的措施达成一致意见。

　　在检查结束后,这四名人事管理人员则对他们分管的职能部门进行检查。在此过程中,直线经理重新检查重点工作,并根据需要与人事管理人员共同制定行动方案。当直线经理与人事管理人员发生意见分歧时,往往可通过协商解决。行动方案上报上级主管审批。

案例讨论:

　　1. 苏澳公司是如何制定人力资源规划满足人员需求的?

　　2. 制定人力资源规划过程中,直线经理与人事管理人员如何进行分工?

　　3. 苏澳公司的人力资源规划还存在什么问题?如何改进?

案例分析 3-2

A 公司招聘中的问题

A 公司是淄博一家大型制药上市企业。该公司在 1997 年高薪招聘 80 名本科以上技术型人才,其中包括 20 名硕士、8 名博士。招聘时 A 公司人力资源部承诺为他们提供良好的工作环境、优越的工作条件和具有挑战性的薪水。然而工作不到一年,各类问题接踵而至:有的人抱怨专业不对口,技术优势无法发挥;有的人认为自己的才能远远超过岗位工作的要求;有的人反映工作条件并不能满足岗位工作的需要,而其他条件资源却没有被充分利用。更有甚者,在一次偶然的技术事故中,当事人以岗位说明书未注明工作风险的可能性为由,推脱责任。不满情绪和换岗要求搞得 HR 经理非常迷惑,而且有几位出类拔萃的优秀员工已选择离开公司。看来,工作环境、工作条件和具有挑战性的薪水并不是促使员工安心高效工作的唯一保证。

案例讨论:

A 公司的人员配置存在什么问题?

阅读资料 3-1

某企业人力资源部年度工作计划(部分内容)

一、根据本年度工作情况与存在不足,结合目前公司发展状况和今后趋势,人力资源部计划从十个方面开展 2003 年度的工作:

1. 进一步完善公司的组织架构,确定和区分每个职能部门的权责,争取做到组织架构的科学适用,三年不再做大的调整,保证公司的运营在既有的组织架构中运行。

2. 完成公司各部门各职位的工作分析,为人才招募与评定薪资、绩效考核提供科学依据。

3. 完成日常人力资源招聘与配置。

4. 推行薪酬管理，完善员工薪资结构，实行科学公平的薪酬制度。

5. 充分考虑员工福利，做好员工激励工作，建立内部升迁制度，做好员工职业生涯规划，培养雇员主人翁精神和献身精神，增强企业凝聚力。

6. 在现有绩效考核制度基础上，参考先进企业的绩效考评办法，实现绩效评价体系的完善与正常运行，并保证与薪资挂钩。从而提高绩效考核的权威性、有效性。

7. 大力加强员工岗位知识、技能和素质培训，加大内部人才开发力度。

8. 弘扬优秀的企业文化和企业传统，用优秀的文化感染人。

9. 建立内部纵向、横向沟通机制，调动公司所有员工的主观能动性，建立和谐、融洽的企业内部关系。集思广益，为企业发展服务。

10. 做好人员流动率的控制与劳资关系、纠纷的预见与处理。既保障员工合法权益，又维护公司的形象和根本利益。

二、在实现以上目标时我们应该注意如下内容：

1. 人力资源工作是一个系统工程，不可能一蹴而就，因此人力资源部在设计制订年度目标时，按循序渐进的原则进行。如果一味追求速度，人力资源部将无法对目标完成质量提供保证。

2. 人力资源工作对一个不断成长和发展的公司而言，是非常重要的基础工作，也是需要公司上下通力合作的工作，各部门配合共同做好的工作项目较多，因此，需要公司领导予以重视和支持。自上而下转变观念与否，各部门提供支持与配合的程度如何，都是人力资源工作成败的关键。所以人力资源部在制定年度目标后，在完成过程中恳请公司领导与各部门予以协助。

3. 此工作目标仅为人力资源部 2003 年度全年工作的基本文件，而非具体工作方案。鉴于企业人力资源建设是一个长期工程，针对每项工作人力资源部都将制订与目标相配套的详细工作方案。但必须等此工作目标经公司领导研究通过后方付诸实施，如遇公司对本部门目标的调整，人力资源部将按调整后的目标完成年度工作。同样，每个目标项目实施的具体方案、计划、制度、表单等，也将根据公司调整后的目标进行具体落实。

三、完成目标具体措施：

2003 年度人力资源部工作目标之一：完善公司组织架构。

第一，目标概述：

公司迄今为止的组织架构严格来说是不完备的。而公司的组织架构建设决定着企业的发展方向。鉴于此,人力资源部在 2003 年首先应完成公司组织架构的完善。基于稳定、合理、健全的原则,通过对公司未来发展态势的预测和分析,制定出一个科学的公司组织架构,确定和区分每个职能部门的权责,使每个部门、每个职位的职责清晰明朗,做到既无空白、也无重叠,争取做到组织架构的科学适用,尽可能三年内不再做大的调整,保证公司的运营在既有的组织架构中运行良好、管理规范、不断发展。

第二,具体实施方案:

1. 2003 年元月底前完成公司现有组织架构和职位编制的合理性调查和公司各部门未来发展趋势的调查;

2. 2003 年二月底前完成公司组织架构的设计草案,并征求各部门意见,报请董事会审阅修改;

3. 2003 年三月底前完成公司组织架构图及各部门组织架构图、公司人员编制方案。在去年基础上,公司各部门配合公司组织架构,对本部门职位说明书、工作流程进行改造。人力资源部负责整理成册归档。

第三,实施目标注意事项:

1. 公司组织架构决定于公司的长期发展战略,决定着公司组织的高效运作与否。组织架构的设计应本着简洁、科学、务实的方针。组织的过于简化会导致责权不分,工作负荷繁重,中高层管理疲于应付日常事务,阻碍公司的发展步伐;而组织的过于繁多会导致管理成本的不断增大,工作量大小不均,工作流程环节增多,扯皮推诿现象,员工人浮于事,组织整体效率下降等现象,也同样阻碍公司的发展。

2. 组织架构设计不能按现有组织架构状况来记录,而应是综合公司整体发展战略和未来一定时间内公司运营需要而进行设计。因此,既不可拘泥于现状,又不可妄自编造,每一职能部门、每一工作岗位的确定都应经过认真论证和研究。

3. 组织架构的设计需注重可行性和可操作性,因为公司组织架构是公司运营的基础,也是部门编制、人员配置的基础。组织架构一旦确定,除经公司董事会研究特批以外,人力资源部对各部门的超出组织架构外增编、增人将有权予以拒绝。

第四,目标责任人:

第一责任人:人力资源部经理;

协同责任人:人力资源部经理助理。

第五,目标实施需支持与配合的事项和部门:

　　1. 公司现有组织架构和职位编制的合理性调查和公司各部门未来发展趋势的调查,需各职能部门填写相关调查表格,人力资源部需调阅公司现有各部门职务说明书;

　　2. 组织架构草案出台后需请各部门审阅、提出宝贵意见并必须经公司董事会最终裁定。

　　2003 年度人力资源部工作目标之二:各职位工作分析。

　　第一,目标概述:

　　职位分析是公司定岗、定编和调整组织架构、确定每个岗位薪酬的依据之一。通过职位分析既可以了解公司各部门各职位的任职资格、工作内容,还可以使公司各部门的工作分配、工作衔接和工作流程设计更加精确,也有助于公司了解各部门、各职位全面的工作要素,适时调整公司及部门组织架构,进行扩、缩编制。也可以通过职位分析对每个岗位的工作量、贡献值、责任程度等方面进行综合考量,以便为制定科学合理的薪酬制度提供良好的基础。详细的职位分析还给人力资源配置、招聘和为各部门员工提供方向性的培训提供依据。

　　第二,具体实施方案:

　　1. 2003 年 3 月底前完成公司职位分析方案,确定职位调查项目和调查方法,如各职位主要工作内容,工作行为与责任,所必须使用的表单、工具、机器,每项工作内容的绩效考核标准,工作环境与时间,各职位对担当此职位人员的全部要求,目前担当此职位人员的薪资状况等等。人力资源部保证方案尽可能细化,表单设计合理有效。

　　2. 2003 年 4 月完成职位分析的基础信息搜集工作。4 月初由人力资源部将职位信息调查表下发至各部门每一位职员;在 4 月 15 日前完成汇总工作;4 月 30 日前完成公司各职位分析草案。

　　3. 2003 年 5 月人力资源部向公司董事会提交公司各职位分析详细资料,分部门交各部门经理提出修改意见,修改完成后汇总报请公司董事会审阅后备案,作为公司人力资源战略规划的基础性资料。

　　第三,实施目标注意事项:

　　1. 职位分析作为战略性人力资源管理的基础性工作,在信息搜集过程中要力求资料翔实准确。因此,人力资源部在开展此项工作时应注意员工的思想动员,争取各部门和每一位员工的通力配合,以达到预期效果。

　　2. 整理后的职位分析资料必须按部门、专业分类,以便工作中查询。

　　3. 职位分析必须注意:搜集的信息可能仅局限于公司现有编制内

职位信息。但向董事会提交的公司职位分析资料必须严格参照公司组织架构对架构内所有职位进行职位分析。未能从职位信息调查中获取到的职位信息分析由人力资源部会同该职位所属部门进行撰写。

4. 该目标达成后将可以与公司组织架构配合在实际工作中应用，减少人力资源工作中的重复性工作，此目标达成需公司各部门配合，人力资源部注意做好部门间的协调与沟通工作。

第四，目标责任人：

第一责任人：人力资源部经理；

协同责任人：人力资源部经理助理。

第五，目标实施需支持与配合的事项和部门：

1. 职位信息的调查搜集需各部门、各职位通力配合填写相关表单。

2. 职位分析草案完成后需公司各部门经理协助修改本部门职位分析资料，全部完成后需请公司董事会审阅通过。

2003 年度人力资源部工作目标之三：人力资源招聘与配置

第一，目标概述：

2003 年人力资源部需要完成的人力资源招聘配置目标，是在保证公司日常招聘与配置工作基础之上，基于公司搬迁至××工业区以后、公司成立营销二部以后的现实情况，基于公司在调整组织架构和完善各部门职责、职位划分后的具体工作。因此，作为日常工作中的重要部分和特定情况下的工作内容，人力资源部将严格按公司需要和各部门要求完成此项工作（人才需求数据各部门尚未提供）。人力资源的招聘与配置，不单纯是开几场招聘会。人力资源部要按照既定组织架构和各部门各职位工作分析来招聘人才、满足公司运营需求。也就是说，尽可能地节约人力成本，尽可能地使人尽其才，并保证组织高效运转是人力资源的配置原则。所以，在达成目标过程中，人力资源部将对各部门的人力需求进行必要的分析与控制。考虑到公司目前正处在发展阶段和变革时期，人力资源部对人事招聘与配置工作会做到三点：满足需求、保证储备、谨慎招聘。

第二，具体实施方案：

1. 计划采取的招聘方式：以现场招聘会为主，兼顾网络、报刊、猎头、推荐等。其中现场招聘主要考虑：××地区（含××、××）人才市场、××人才市场。必要时可以考虑广州、南京等。还可以在 2、3 月份考虑个别大型人才招聘会，6、7 月份考虑各院校举办的应届生见面会等;网络招聘主要以本地××人才网、××人才网、海峡人才网、前程无忧人才网、卓博人才网等(具体视情况另定);报刊招聘主要以专业媒体和有针对性媒体如中国服饰报、服装时报、厦门日报、南方都市报等;猎头荐才与熟人荐才视具体需求和情况确定。

2.具体招聘时间安排:

1—3 月份,根据公司需求参加 5 至 8 场现场招聘会;

6—7 月份,根据公司需求参加 3 至 5 场现场招聘会(含学校供求见面会)。平时保持与相关院校学生部门的联系,以备所需;

根据实际情况变化,人力资源部在平时还将不定期参加各类招聘会。

长期保持××人才网、××人才网的网上招聘,以储备可能需要的人才。海峡人才网及其他收费网站,届时根据需求和网站招聘效果临时决定发布招聘信息。

报刊招聘暂不做具体时间安排。猎头、熟人推荐暂不列入时间安排。

3.为规范人力资源招聘与配置,人力资源部元月 31 日前起草完成《公司人事招聘与配置规定》。请公司领导审批后下发各部门。

4.计划发生招聘费用:1.2 万元。

第三,实施目标注意事项:

1.招聘前应做好准备工作:与用人部门沟通,了解特定需求;招聘广告(招聘职位与要求)的撰写熟悉;公司宣传品;一些必需的文具;招聘用表单。招聘人员的形象。

2.安排面试应注意:面试方法的选定;面试官的选定;面试题的拟定;面试表单的填写;面试官的形象;面试结果的反馈;

第四,目标责任人:

第一责任人:人力资源部经理;

协同责任人:人力资源部经理(人事专员)。

第五,目标实施需支持与配合的事项和部门:

1.各部门应在 2002 年目标制定时,将 2003 年本部门人力需求预测报人力资源部,以便人力资源部合理安排招聘时间。

2.行政部应根据公司 2003 年人力需求预测数量做好后勤保障的准备。

(后部分省略)

阅读资料 3 - 2

某企业工作分析操作手册

第一部分　工作分析的目的

　　本次工作分析的总目的是：为与工作分析有关的管理和人事政策奠定坚实的基础，使员工充分了解所从事工作对行为的要求。

一、改善组织行为

　　1. 组织设计

　　组织设计，是帮助组织实现组织目标的有关信息沟通、权利、责任的正规体制。通过工作分析，可以明确现存的部门、人员的分工、职责之间的关联、权责的划分制约等信息。根据工作分析结果，可以了解具体的日常任务和责任的说明，掌握管理控制的紧密程度和每个职位的实际权利和责任水平，检讨存在的问题，发现不足，进一步理顺组织关系，进而达到以下三个目标：

- 促进信息和决策的沟通，减少不确定性
- 在组织内部明确职位和单位，提高组织效率
- 在职位和部门之间，帮助达成期望的合作

　　2. 工作设计

　　工作设计，就是对工作进行周密的、有目的的计划和安排，包括工作本身的结构和社会各方面对员工的影响。它既指工作的某个部分，也指工作各部分的总体。它是改善员工工作生活质量的主要方法。每当领导发出指示、分配任务、检查某项工作是否执行时，就是工作设计。通过工作分析，可以明确员工的日常工作内容和工作程序，根据工作分析的结果，加上前瞻性的设计，可以精心设计员工的工作结构，达到以下目的：

- 工作内容明晰化
- 工作程序制度化
- 工作内容丰富化

二、科学资源管理

　　1. 严格聘用

通过工作分析,明确组织的人员编制、岗位定编方案,明确每个岗位的选用标准,并以此为前提选聘人员。

2. 科学考核

通过工作分析,必须明确每个岗位的工作任务、工作内容和工作程序,并以此为前提和依据,对员工进行考核。

3. 合理薪资

依据工作分析结果,进行工作评价,对每个岗位的重要性、所需技能、经验的高低进行排列和评价,以此作为评定员工技能、薪资的等级的依据。

4. 有效的监督激励

工作分析结果提供了员工从事岗位的全面的信息,为管理人员根据工作内履行监督职能提供了条件;通过员工现存信息与要求信息之间的差距,可以找出培训、激励的重点,有效地全方位地激励员工。

第二部分　工作分析的方法和程序

一、工作分析的内容

简而言之,工作分析就是根据工作的事实,分析执行任务所需的知识、技能与经验,以及所负责任的程度,进而确定工作所需的资格条件。一般来讲,工作分析就已确定工作内容(what)、指派负责人(who)、制定工作岗位(where)和工作时间(when),分析工作方法和工作程序(how)、说明为什么这样做(why)。

二、工作分析的工具

1. 访谈法

就是工作人员与在职人员面对面的交谈,来收集工作的信息数据的方法。

2. 量表法

由部门主管和专家填写调查问卷来获取职位信息的方法。详见《工作分析问卷》。

三、工作分析结果的应用

1. 新的组织设计和权责划分方案

根据工作分析结果并充分考虑组织未来发展的需要,将各主要管理职位和组织机构的职责、分工明晰化,力求权责明确、高效协调。

2. 组织的三定方案

组织的三定方案,是实现科学管理的基础。根据组织的工作分析结果,明确组织现存的工作岗位和岗位的职责与任务,通过归类、分析并参考未来发展的需要,编订《岗位定编方案》和《岗位职责方案》,并依据这些方案进行人员管理和考核。

3. 员工 ksao 评价体系的建立

员工的 ksao 指数,是科学评定员工技能的基础。依据工作分析结果,明确判定员工的技能等级和行为等级,明确规定每个岗位必备的最低的 ksao 指数要求,并根据两者之间的吻合与差异,进行人力资源的开发工作。

4. 工作分析动态管理体系的建立

通过本次工作分析的实践,积累必要的分析材料,随后建立动态的工作分析体制。通过定期或者不定期地对技术发展或者市场变化的调研,及时变更员工的职责、工作的程序以及组织设计,督促员工改进和提高管理技能和业务技能。

第三部分　准备阶段工作计划

一、准备阶段持续的时间

　　一周

二、准备阶段的主要工作目的

　　1. 征得公司管理层的统一支持;

　　2. 取得公司全体员工的支持和参与;

　　3. 成立并理顺工作分析的机构,从组组织上保证工作分析的顺利开展;

　　4. 讨论完善工作分析实施方案。

三、准备阶段的主要工作内容

　　1. 讨论和完善工作分析方案

　　主要讨论分析的工具、方法和程序,使其完善可行。

　　2. 成立组织机构

　　(1) 领导机构

　　职责:负责各小组之间的工作协调,最终审核工作分析结果。

　　组成:各部门主管。

　　(2) 执行机构

　　· 人力资源部负责工作分析的整体协调

　　· 技术分析组

　　　　a) 职责:负责技术人员的工作分析和工作评价;

　　　　b）组成：公司副总经理、软件部经理、项目部经理、技术骨干。
　　• 行政分析组
　　　　a）职责：负责管理和行政系列员工的工作分析和工作评价；
　　　　b）组成：副总经理、人力资源部经理、行政部经理、骨干员工。
　　3. 宣讲
　　宣讲工作分析对组织的重要性和对员工的重要性。
　　（1）宣讲对象：公司主要领导；
　　宣讲主题：工作分析对组织设计、日常管理的重要性；工作分析的
主要程序和方法；
　　实施方式：专题报告会。
　　（2）宣讲对象：公司全体员工；
　　宣讲主题：工作分析对员工的重要性、工作分析的主要方法，需要
员工配合和注意的事项；
　　实施的方式：专题报告会。
　　4. 培训
　　对参与工作分析的人员进行必要的培训，使其对工作分析有比较
深入的了解。

第四部分　　收集信息阶段工作计划

一、收集信息阶段持续的时间
　　一周
二、收集信息阶段的主要工作任务
　　1. 选择具有代表性的、典型性的工作岗位，保障分析结果的正确；
　　2. 选择分析人员；
　　3. 确定分析对象；
　　4. 利用各种工具采集岗位信息。
三、收集信息阶段的工作安排
　　为确保工作分析所需数据的完整和准确，拟通过以下方式进行采
集分析数据：
　　1. 初步采集工作分析信息
　　填写《分析问卷》，说明发生和职责、任务和条件。
　　2. 审核初步采集的信息
　　人力资源收集公司全体员工的工作信息；
　　召开协调会，对工作分析结果进行确认。

3. 整理工作分析信息

人力资源对收集到的工作分析材料进行分析和整理,形成初步的工作分析说明书。

第五部分　分析阶段

一、组织分析

1. 组织分析的内容

(1) 工作分工

(2) 部门设置

(3) 授权与分权

(4) 管理复苏和管理层次

2. 组织分析的重点

(1) 组织的目标性:各项职能的设置是否为达成组织目标所必需;

(2) 权责明确性:各部门的权责是否清楚明白,有无重叠现象;

(3) 权责对应性:权利与责任是否行之有效、密切配合;

(4) 组织的简单性:组织机构是否为所需要的最简单的状态;

(5) 组织的均衡性:组织是否均衡,有无一人管辖太多单位的状况存在;

(6) 指挥的统一性:有无一人接受多人指挥的现象,产生无所适从的感觉;

(7) 授权与分权:职责与权限是否适当地下放与授予,使各级主管的决定能够适时、适地、适人的要求;

(8) 监督与控制:内部控制与联系制度是否健全有效。

3. 组织分析的程序

(1) 整理、归类

  • 将各种任务用明确的工作目的统一起来,形成职责;

  • 将各种职责合理拼接,形成工作岗位;

  • 将各种岗位组成部门或者岗位;

  • 将各种工作岗位排成水平或者垂直的次序,构成完整的组织机构。

(2) 讨论完善

  • 仔细了解现存的组织机构

  • 探讨组织未来发展的需要

  • 检讨组织现存的问题

- 对现存组织形式作必要的调整

二、岗位分析

1. 岗位分析的内容

(1) 一般性资料分析

- 工作名称：促使工作名称和含义在整个组织中表示特定的含义，实现工作名称的标准化；
- 工作代码：按照公司统一的标准，确定岗位代码；
- 工作地点。

(2) 工作规范分析

- 工作的主要目的：全面认识工作主体；
- 工作任务分析：明确规范工作行为，如工作的中心任务、工作内容、工作的独立性、工作的多样化程度、完成工作的方法和步骤；
- 工作责任分析：通过对工作相对重要性的认识，配备相应的权限，保证权利与责任的对应；
- 工作量分析：目的在于确定标准工作量。

(3) 督导与组织关系分析

- 工作的协作关系与隶属关系；
- 与其他岗位、职务的制约与反制约关系；
- 命令链的传达程序。

(4) 工作环境分析

- 工作的物理环境：温度、湿度、噪音、粉尘等因素以及这些因素对员工的影响及其影响时间；
- 工作的安全环境：工作的危险性、劳动安全卫生条件；
- 工作的社会环境：工作群体的人数，完成工作要求的人员及相应的数量、各部门之间的关系等。

2. 岗位分析的程序

(1) 人力资源整理

人力资源对收集到的工作分析材料和素材，按照工作分析的内容要求和规范，形成岗位说明书；

(2) 分析小组讨论

各分析小组召开会议，讨论岗位说明书，发现不足，找出缺点，并根据组织发展进行完善；

(3) 人力资源编制工作说明书

人力资源根据各小组的意见,编制正式的岗位说明书;

（4）分析小组审核工作说明书

各分析小组对人力资源编制的岗位说明书进行再次的审核,形成最终的意见。

三、任职条件分析

1. 任职条件分析的内容

（1）教育状况分析:受教育程度、培训经历;

（2）必备知识:从事本职位所必备的专业知识和专业技能;

（3）经验:完成规定职务所需的专业工作经验和熟练程度;

（4）心理素质:完成规定任务的性格趋向。

2. 任职条件分析的程序

与岗位分析一并进行。

第六部分　工作分析结果的应用

一、公司机构职责分工制度

要点:将公司主要部门和机构的职责给以明确化,充分考虑到现实和未来需要,力求高速协调。

二、公司权责划分方法

明确划分各层人员的权限,加强管理,提高工作效率。

三、公司岗位定编方案

明确公司的岗位总额编制和人员增长方案,在保证现实需要的同时满足未来发展的需要。

四、公司岗位职务规范

详细说明各种角色的特点和预期的职务行为,以及任职条件,从整体上协调这些角色之间的关系。

五、公司岗位评价方法

根据工作分析得来的员工的工作行为,判断行为等级,并以此作为薪资、技能资格评定的依据之一。

阅读资料 3-3

封闭式工作分析调查问卷(表 3-8)

姓名		职称		现任职务 (工作)		工龄	
性别		部门		直接上级		进入公司时间	
年龄		学历		月平均收入		从事本工作时间	

工作时间要求	1. 正常的工作时间每日由_____时开始至_____时结束。 2. 每日午休时间为_____小时,_____%的时间可以保证。 3. 每周平均加班时间为_____小时。 4. 实际上下班时间是否随业务情况经常变化(总是,有时是,偶尔是,否)。 5. 所从事的工作是否忙闲不均(是,否)。 6. 若工作忙闲不均,最忙时常发生在哪段时间_____。 7. 每周外出时间占正常工作时间的_____%。 8. 本地出差情况每月平均_____次,每次平均需要_____天。 9. 本地外出情况平均每周_____次,每次平均需要_____天。 10. 外地出差时所使用的交通工具按使用频率排序: 11. 本地外出时所使用的交通工具按使用频率排序: 12. 其他需要补充的问题:

	主要目标:	其他目标:
工作目标	1.	1.
	2.	2.
	3.	3.

工作概要	用简练的语言描述一下您所从事的工作:

工作活动程序	活 动 名 称	作 业 程 序	依 据	管 制 基 准

工作活动内容	名　称	结果或形成的文档	占全部工作时间的百分比(%)	权　限		
				承办	需报审	全权负责
	1.					
	2.					
	3.					
	4.					
	5.					
	6.					
	7.					
	8.					

失误的影响	经济损失	1. 2. 3.		
	公司形象受损	1. 2. 3.	说明	
			1　　2　　3　　4　　5 轻　较轻　一般　较重　重	
	经济管理损害	1. 2. 3.	其他情况	
	其他损害（请注明）	1. 2. 3.		

	若您的工作出现失误，会发生下列哪种情况？ 1. 不影响其他人工作的正常进行。 2. 只影响本部门内少数人。 3. 影响整个部门。 4. 影响其他几个部门。 5. 影响整个公司	说明： 　　如果出现多种情况，请按影响程度由高到低依次把编号填写在下面括号中。 　　（_____）

内部接触	1. 在工作中不与其他人接触。 2. 只与本部门内几个同事接触。 3. 需要与其他部门的人员接触。 4. 需要与其他部门的主管接触。 5. 需要同所有部门的主管接触。	( ) ( ) ( ) ( ) ( )	将频繁程度等级填入左边的括号中 偶尔　　经常　　非常频繁 　1　　2　　3　　4　　5
外部接触	1. 不与本公司以外的人员接触。 2. 与其他公司的人员接触。 3. 与其他公司的人员和政府机构接触。 4. 与其他公司、政府机构、外商接触。	( ) ( ) ( ) ( )	将频繁程度等级填入左边的括号中 偶尔　　经常　　非常频繁 　1　　2　　3　　4　　5
监督	1. 直接和间接监督的人员数量。(　　　　) 2. 被监督的管理人员数量。(　　　　) 3. 直接监督人员的层次：一般职工、基层管理人员、中层管理人员、高层管理人员。 (　　　　)		
	1. 只对自己负责。 2. 对职员有监督指导的责任。 3. 对职工有分配工作、监督指导的责任。 4. 对职工有分配工作、监督指导和考核的责任。		
工作基本特征	1. 不需对自己的工作结果负责。 2. 仅对自己的工作结果负责。 3. 对整个部门负责。 4. 对自己的部门和相关部门负责。 5. 对整个公司负责。		
	1. 在工作中时常做些小的决定,一般不影响其他人。 2. 在工作中时常做一些决定,对有关人员有些影响。 3. 在工作中时常做一些决定,对整个部门有影响,但一般不影响其他部门。 4. 在工作中时常做一些大的决定,对自己部门和相关部门有影响。 5. 在工作中要做重大决定,对整个部门有重大影响。		
	1. 有关工作的程序和方法均由上级详细规定,遇到问题时可随时请示解决,工作结果须报上级审核。 2. 分配工作时上级仅指示要点,工作中上级并不时常指导,但遇困难时仍可直接或间接请示上级,工作结果仅由上级大概审核。 3. 分配任务时上级只说明要达成的任务或目标,工作的方法和程序均由自己决定,工作结果仅受上级原则审核。		
	1. 完成本职工作的方法和步骤完全相同。 2. 完成本职工作的方法和步骤大部分相同。 3. 完成本职工作的方法和步骤有一半相同。 4. 完成本职工作的方法和步骤大部分不同。 5. 完成本职工作的方法和步骤完全不同。		

工作基本特征	在工作中您所接触到的信息经常是： 1. 原始的、未经加工处理的信息。 2. 经过初步加工的信息。 3. 经过高度综合的信息。	说明： 　如出现多种情况，请按"经常"的程度由高到低依次填写在下面括号中。 （　　　　　　　）
	在您做决定时一般依据以下哪种资料： 1. 事实资料。 2. 事实资料和背景资料。 3. 事实资料、背景资料和模糊的相关资料。 4. 事实资料、背景资料、模糊的相关资料和难以确定是否相关的资料。	说明： 　如出现多种情况，请按"依据"的程度由高到低依次填写在下面括号中。 （　　　　　　　）
	在工作中，您需要做计划的程度： 1. 在工作中无需做计划。 2. 在工作中需要做一些小的计划。 3. 在工作中需要做部门计划。 4. 在工作中需要做公司整体计划。	说明： 　如出现多种情况，请按"做计划"的程度由高到低依次填写在下面括号中。 （　　　　　　　）
	在您的工作中接触资料的公开性程度： 1. 在工作中所接触到的资料均属公开性资料。 2. 在工作中所接触到的资料属于不可向外公开的资料。 3. 在工作中所接触到的资料属于机密资料，仅对中层以上领导公开。 4. 在工作中所接触的资料属于公司高度机密，仅对少数高层领导公开。	说明： 　　如出现多种情况，请按"公开性"的程度由高到低依次填写在下面括号中。 （　　　　　　　）
	您在工作中所使用的资料属于哪几种，使用的比例约为多少？ 1. 语言的　　　　　　（　　　％） 2. 符号的　　　　　　（　　　％） 3. 文字的　　　　　　（　　　％） 4. 形象的　　　　　　（　　　％） 5. 行为的　　　　　　（　　　％）	

工 作 压 力	1. 在每天工作中是否经常要迅速做出决定？ 　　□ 没有 □ 很少 □ 偶尔 □ 许多 □ 非常频繁 2. 您手头的工作是否经常被打断？ 　　□ 没有 □ 很少 □ 偶尔 □ 许多 □ 非常频繁 3. 您的工作是否经常需要注意细节？ 　　□ 没有 □ 很少 □ 偶尔 □ 许多 □ 非常频繁 4. 您所处理的各项任务彼此是否相关？ 　　□ 完全不相关 □ 大部分不相关 □ 一半相关 □ 大部分相关 □ 完全相关 5. 您在工作中是否要求高度的精神集中，如果是，占用工作时间的比重大约是多少？ 　　□ 20% □ 40% □ 60% □ 80% □ 100% 6. 在您的工作中是否需要运用不同方面的专业知识和技能？ 　　□ 否 □ 很少 □ 有一些 □ 较多 □ 非常多 7. 在您的工作中是否存在一些令人不愉快、不舒服的感觉（非人为的）？ 　　□ 没有 □ 有一点 □ 能明显感觉到 □ 较多 □ 非常多 8. 在工作中是否需要灵活地处理问题？ 　　□ 不需要 □ 很少 □ 有时 □ 较需要 □ 很需要 9. 您的工作是否需要创造性？ 　　□ 不需要 □ 很少 □ 有时 □ 较需要 □ 很需要 10. 您在履行工作职责时是否有与员工发生冲突的可能？ 　　□ 否 □ 很可能

任 职 资 格 要 求	1. 您经常起草或撰写的文件资料有哪些？	等级	频率
	(1)通知、便条、备忘录 (2)简报 (3)信函 (4)汇报文件或报告 (5)总结 (6)公司文件 (7)研究报告 (8)合同或法律文件 (9)其他		1　　2　　3　　4　　5 极小　偶尔　不太经常　经常　非常经常

2. 您常用的数学知识	等级	频率
(1) 整数加减 (2) 四则运算 (3) 乘方、开方、指数 (4) 计算机程序语言 (5) 其他		1　　2　　3　　4　　5 极小　偶尔　不太经常　经常　非常经常

<table>
<tr><td rowspan="20">任职资格要求</td><td colspan="3">

3. 学历要求

　　☐ 初中 ☐ 高中 ☐ 职业高中 ☐ 大学专科 ☐ 大学本科 ☐ 硕士研究生 ☐ 博士研究生

</td></tr>
<tr><td colspan="3">

4. 为顺利履行工作职责,应进行哪些方面的培训?需要多少时间?

</td></tr>
<tr><td>培训科目</td><td>培训内容</td><td>最低培训时间(月)</td></tr>
<tr><td></td><td></td><td></td></tr>
<tr><td colspan="3">5. 一个刚刚开始从事本职的人,要多长时间才能基本胜任您所有从事的工作?</td></tr>
<tr><td colspan="3">6. 为顺利履行您所从事的工作,需具备哪些方面的工作经历?约多长时间?</td></tr>
<tr><td colspan="2">工作经历要求</td><td>最低时间要求</td></tr>
<tr><td colspan="3">7. 在工作中您觉得最困难的事情是什么?您通常是怎样处理的?</td></tr>
<tr><td colspan="2">困难的事情:</td><td>处理方法:</td></tr>
<tr><td colspan="3">

8. 您所从事的工作有何体力方面的要求?

　　1　　2　　3　　4　　5
　　轻　较轻　一般　较重　重

</td></tr>
</table>

	9. 其他能力要求	等级	需要程度
任职资格要求	（1）领导能力 （2）指导能力 （3）激励能力 （4）授权能力 （5）创新能力 （6）计划能力 （7）资源分配能力 （8）管理技能 （9）组织人事技能 （10）时间管理能力 （11）人际关系能力 （12）协调能力 （13）群体技能 （14）谈判能力 （15）冲突管理能力 （16）说服能力 （17）公关能力 （18）表达能力 （19）公文写作能力 （20）倾听敏感能力 （21）信息管理能力 （22）分析能力 （23）判断、决策能力 （24）实施能力 （25）其他		说明： $\dfrac{1 \quad 2 \quad 3 \quad 4 \quad 5}{低 \quad 较低 \quad 一般 \quad 较高 \quad 高}$

10. 请您详细填写从事工作所需要的各种知识和要求程度

知识内容 如：计算机知识	等级 4	需要程度 说明： $\dfrac{1 \quad 2 \quad 3 \quad 4 \quad 5}{低 \quad 较低 \quad 一般 \quad 较高 \quad 高}$

对于您所从事的工作,您认为应从哪些角度进行考核？基本标准是什么？

	考核角度	考核基本标准
考核		

建议	您认为您从事的工作有哪些不合理的地方？应如何改善？并写出改进建议。	
	不合理处	改进建议
	您还有哪些需要说明的问题？	
备注	直接上级确认符合事实后,签名: （如不符合,请说明并更正）	

阅读资料 3 - 4

开放式工作调查表（表 3 - 9）

填表日期：　　　年　　月　　日

工作部门		职务名称	
一、职责内容: 　（一）概述: 　（二）所任工作:			
工作项目	处理方式及程序		所占每日工作时数
二、职责程度:			
（一）工作复杂性:			

（二）所受监督：	
（三）所循规章：	
（四）对工作结果的负责程度：	
（五）所需创造力：	
（六）与人接触：	
（七）所予监督：	
填表人	（签名盖章）
以上所填均属正确	
所属部门上一级主管	（签名盖章）	所属部门直接主管	（签名盖章）

阅读资料 3 - 5

工作分析面谈提纲

1. 岗位的目标是什么？

　　具体问题如下：

　　这一岗位最终要取得怎样的结果？

　　从公司角度来看，这一岗位具有哪些重要意义？

　　为何设置这一岗位？

　　为这项工作投入经费会有何收益？

2. 工作的意义何在？

具体问题如下：

计算用于这一岗位的一年经费，比如：经营预算，销售额，用于员工本身的开销。

此岗位主管能否为部门或机构节省大笔开支？且能否年年如此？

岗位主管能否为公司创造不菲的收益？且能否保持业绩？

3. 岗位在机构中具体问题如下：

具体问题如下：

他直接为谁效力？

哪些职位与他同属一个部门？

他最频繁的对内对外联系有哪些？

他在哪个委员会供职？

他出差吗？去何处？因何故？

4. 他一般有哪些助手？

具体问题如下：

他主管哪些工作？

简要说明每位下属的工作范畴：规模、范围，及存在原因。

他的下属是何种类型的员工？是否称职？是否经验丰富？

他如何管理下属？

使用何种信息管理系统？

经常与哪些下属直接接触？

他是否需具备和下属同样丰富的专业或技术知识？因何如此？

5. 需具备何种技术、管理及人际关系的协调能力？

具体问题如下：

岗位的基本要求是什么？

岗位主管（他）的工作环境在技术、专业，以及经济方面的状况如何？

需要哪些专业技术，按重要程度列出。按事件发生的先后顺序，请他举出工作中的实例来说明。

如何掌握技术知识，脱产培训还是在职培训？

公司是否有其他渠道提供类似的技术知识？他能否有机会接触这些知识？

他对下属工作士气的影响如何？

　　下属是否拥护他的管理和指导？是否需要他的配合？

　　他在说服别人——级别相同抑或更高的人——接受他对本领域或其他领域的意见时，是否要颇费口舌？

　　他与下属的工作程度如何？

　　他可向谁寻求帮助？

　　他的自主权限有多大？

　　他向哪级主管负责？

　　他大部分时间在做什么？

　　日常工作中，与技术知识相比，处理人际关系的技巧重要程度如何？

6. 管理工作中需解决的关键问题是什么？涉及哪些方面？

　　具体问题如下：

　　他认为工作中最大的挑战是什么？

　　最满意和最不满意的地方是什么？

　　工作中最关切或最谨慎的问题是什么？

　　在处理这些棘手或重要问题时，以什么为依据？

　　其上司以何种方式进行指导？

　　他是否经常请求上司的帮助？或者上司是否经常检查或指导他的工作？

　　他对哪类问题有自主权？

　　哪类问题他需要提交上级处理？

　　解决问题时，他如何依据政策或先例？

　　问题是否各不相同？具体有哪些不同？

　　问题的结果在多大程度上是可预测的？

　　处理问题时有无指导或先例可参照？

　　以先例为依据和对先例进行分析解释，是不是解决问题的唯一途径？

　　他能否有机会采取全新的方法解决问题？

　　他是否能解决交给他的问题，或者说他是否知道该如何解决这些问题？

　　着手解决问题之前需对问题做的分析工作是由他本人还是他的上司来完成？

　　要求他举例说明问题是谁、以何种方式解决的？

7. 他的行为或决策受何种控制？

具体问题如下：

他依据怎样的原则、规章制度、先例和人事制度办事？

他是否经常会见上司？

他与上司讨论什么问题？

他是否改变自己部门的结构？

要求他举例说明曾做出的重大决定或举措。

在以下几方面他有何种权力：

A. 雇用和解雇员工

B. 动用资金

C. 决定近期开支

D. 确定价格

E. 改变方法

F. 改变岗位设计、政策和薪金。

8. 管理工作最终要取得什么重要成果？

具体问题如下：

除能圆满解决问题之外，他还直接负责什么工作？

他是具体负责处理某事还是负责监督别人来处理此事？

用何种标准衡量事情的结果？

是由他来确定任务还是由他来组织完成任务？

他对事情的成败是否有决定性作用？

第*4*章

招聘计划

任何重要的行动都要从计划开始,招聘也不例外。一个考虑周全的招聘计划可以使企业组织充满优秀人才。一个完善的招聘计划包括招聘人数、招聘标准、招聘经费预算等,还需对招聘过程做出合理的安排。招聘策略是招聘计划的具体体现,是为实现招聘计划而采取的具体策略,主要包括招聘地点策略、招聘时间策略、招聘渠道和方法的选择等等。

重点问题

⇨ **招聘计划的制定**
⇨ **招聘计划的实施与评估**

4.1 招聘计划制定

招聘是能及时地、足够多地吸引具备资格的个人并鼓励他们申请一个组织中的工作的过程。根据工作分析确定工作任务、人员要求、工作规范等,这只是工作分析第一层次的目标。招聘需求确定后,还需结合具体岗位的工作分析和组织总体人力资源规划来制定详细的招聘计划。招聘计划是把对职位空缺的需求变成一系列目标,并把这些目标具体为相关的应聘者的数量和类型。

人员招聘计划的主要功能是通过定期或不定期地招聘录用组织中所需要的各类优秀人才,为组织人力资源系统充实新生力量,实现企业内部人力资源的合理配置,为企业扩大生产规模和调整生产结构提供人力资源上的可靠保证,同时弥补人力资源的不足。更重要的是,人员招聘计划作为组织人力资源规划的重要组成部分,为组织人力资源管理提供了一个基本框架,为人员招聘录用工作提供了客观依据、科学规范和实用方法，能够避免人员招聘录用过程中的盲目性和随意性。

4.1.1　招聘计划的制定步骤

　　招聘计划是用人部门根据组织的发展要求、人力规划的人力净需求、工作说明的具体要求，对招聘的岗位、人员数量、时间限制等因素做出的详细计划。招聘计划应由用人部门制定，然后由人力资源部门对它进行复核，特别是对人员需求量、费用等项目进行严格复查，签署意见后交上级主管领导审批。编制招聘计划，需要进行调研分析和预测，需要对招聘渠道、招聘方法和招聘费用等事项做出决策。制定一个完善的招聘计划，关键在于招聘的各项决策，主要有以下几方面，如图 4-1 所示。

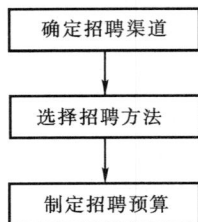

```
┌──────────────┐
│  确定招聘渠道  │
└──────┬───────┘
       ↓
┌──────────────┐
│  选择招聘方法  │
└──────┬───────┘
       ↓
┌──────────────┐
│  制定招聘预算  │
└──────────────┘
```

图 4-1　招聘计划的制定步骤

1. 确定招聘渠道

　　组织首先要确定通过何种渠道招聘人员。如果选择内部招聘，就要从现有员工中发现那些能够满足新岗位工作需要的人，以补充岗位空缺；如果选择外部招聘，学校、劳动力市场、劳动服务和中介机构、猎头公司等都是人员招聘的渠道。

2. 选择招聘方法

　　在确定招聘渠道后，就应有针对性地选择最合适的招聘方法。招聘的人员不同，采用的招聘方法也就不同。招聘方法不同，招聘成本也不同。组织要以最低的成本在有限的时间内招聘到所需的人员，因此要根据招聘的人员类型、招聘渠道，科学选择招聘方法。

3. 招聘费用预算

　　随着人才争夺的日趋激烈，招聘方法和手段不断翻新，很多招聘单位都面临着招聘费用的不断提高。用于招聘活动的费用支出主要包括：招聘广告和宣传册等在内的招聘信息成本、招聘会或联谊会的费用等。有些招聘活动已经不局限在本地区进行，跨地区招聘还包括差旅费和通信费用等。招聘单位可用于招聘的费用多少，在一定程度上决定了他们可以采用的招聘方法。

4.1.2　招聘计划的内容

　　招聘计划是公司对某一阶段招聘工作所做的具体安排，包括招聘目标、信息发布的时间和渠道、招聘人员、甄选方案及时间安排等等。

1. 招聘计划的主要内容

根据企业发展状况与人力资源规划,招聘计划的内容具体包括:

- 人员需求清单,包括拟招聘的职务名称、人数、任职资格要求等内容;
- 招聘信息发布的时间和渠道;
- 招聘团人选,包括人员姓名、职务、各自的职责;
- 应聘者的考核方案,包括考核的场所、时间、题目设计者姓名等;
- 招聘的截止日期;
- 招聘费用预算,包括资料费、广告费、人才交流会费用等;
- 招聘工作时间表,尽可能详细,以便他人配合;
- 招聘广告样稿。

2. 制定招聘计划的注意事项

完整而详细的招聘计划有利于招聘工作的顺利开展。在制定招聘计划时,除对各项内容的描述力求具体明确、对时间及资金的安排要充分考虑到企业的实际情况外,还应注意:

(1)"部门本位主义"与人力的综合平衡。在实际中可能会出现某些部门经理为了本部门或个人的利益,为了提高本部门在单位中的地位和其本人加薪升职的机会,有意虚报职位需求,使本部门人才需求量超出其实际的人才需求,而获取更多的既定利益。这些都需要人力资源管理部门在对各部门进行职位分析、需求预测的基础上,考虑了成本利益后,对各部门传递来的职位需求进行综合平衡。经人力资源管理部门综合平衡后的招聘计划是企业的一项重要决策,应由企业领导根据企业的发展战略规划、财务成本收益来最后定夺。

(2)"招聘录用金字塔"。一些招聘者采用一种称为"招聘录用金字塔"的模型来帮助他们确定为聘用一定数量的新职员需要吸引多少人来申请工作。这种金字塔(见图 4-2)显示出一个经验数据:为聘用一定数量的合格新职员,有必要通过招聘活动网罗更多的求职者。即为了能够邀请 200 名可能的工作候选人到公司接受面试,事先就必须有 1200 名求职者。在接到企业所发出的面试邀请的 200 个人中,大约会有

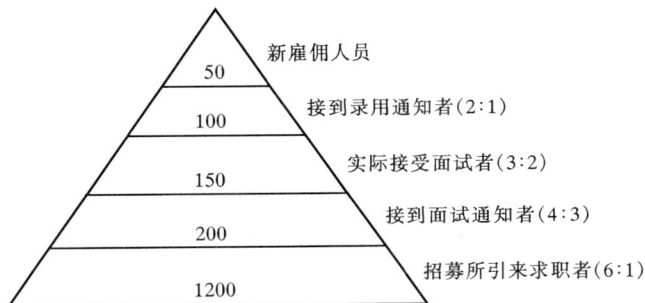

图 4-2　招聘录用金字塔

150 人来接受面试,而企业将会向这 150 人中的 100 人发出录用通知,但最后实际只会有约 50 名被聘用。

相关链接 4-1

××公司年度招聘计划

一、招聘目标(人员需求)

职务名称	人员数量	其他要求
软件工程师	5	本科以上学历,35 岁以下
销售代表	3	本科以上学历,相关工作经验 3 年以上
行政文员	1	专科以上学历,女性,30 岁以下

二、信息发布时间和渠道

1.××日报　　　　　　　　　××月×日
2.××招聘网站　　　　　　　××月×日

三、招聘小组成员名单

组长:某某(人力资源部经理)对招聘活动全面负责

成员:某某(人力资源部薪酬专员)具体负责应聘人员接待、应聘资
　　　料整理
　　　某某(人力资源部招聘专员)具体负责招聘信息发布、面试、
　　　笔试安排

四、选拔方案及时间安排

1.软件工程师

资料筛选	开发部经理	截止到 1 月 25 日
初试(面试)	开发部经理	1 月 27 日
复试(笔试)	开发部命题小组	1 月 29 日

2.销售代表

资料筛选	销售部经理	截止到 1 月 25 日
初试(面试)	销售部经理	1 月 27 日
复试(笔试)	销售部副总	1 月 29 日

3.行政文员

资料筛选	行政部	截止到 1 月 25 日
面试	行政部经理	1 月 27 日

五、新员工的上岗时间

预计在 2 月 1 日左右

六、招聘费用预算

1. ××日报广告刊登费　　　　　　　4000 元

2. ××招聘网站信息刊登费　　　　　　800 元

合计：4800 元

七、招聘工作时间表

1 月 11 日：起草招聘广告

1 月 12 日—1 月 13 日：进行招聘广告版面设计

1 月 14 日：与报社、网站进行联系

1 月 18 日：报社、网站刊登广告

1 月 19 日—1 月 25 日：接待应聘者、整理应聘资料、对资料进行筛选

1 月 26 日：通知应聘者面试

1 月 27 日：进行面试

1 月 29 日：进行软件工程师笔试（复试）、销售代表面试（复试）

1 月 30 日：向通过复试的人员通知录用

2 月 1 日：新员工上班

人力资源部

年　　月　　日

相关链接 4-2

招聘广告样例

招聘广告的编写要真实、合法和简洁，内容一般包括广告题目、公司简介、审批机关、招聘岗位、人事政策和联系方式等。样例如下：

××公司诚聘

××公司是注册于高新技术产业开发区、主要从事计算机网络工程师、数据库和应用系统开发的系统集成公司。因发展需要，经高新区人才交流服务中心批准，特诚聘优秀人士加盟。

1. 软件工程师

20 名，35 岁以下，硕士以上学历，计算机、通信及相关专业，特别优秀的本科毕业生亦可。

2. 网络工程师

3 名,男性,本科以上学历,一年以上网络工作经验,熟悉 TCP/IP 协议集,有独立承担大中型网络集成经验。经过专业培训及取得认证者优先。

3. 销售代表

2 名,27 岁以下,本科以上学历,计算机、通信及相关专业,口齿伶俐、仪表大方、举止得体、勤奋好学。一年以上工作经验,本市户口优先。

以上人员,待遇从优。有意者请将个人简介、薪金要求、学历证明复印件及其他能证明工作能力的资料送至公司人力资源部。本招聘长期有效。

公司地址:

电话:

传真:

邮编:

4.1.3　确定招聘策略

许多从事招聘工作的人都会有这样的感受,那就是越来越不容易获得那些优秀的人才,而且人员的流失也很快;尽管花掉庞大的招聘费用,但招聘效果仍然不能令人满意。今天的招聘工作面临越来越大的挑战,因此招聘工作已经被人们看作是一项具有战略意义的市场性工作,而不是传统意义上的事务性工作。企业无论规模大小,在招聘工作开始之前都必须做出下列相关决定:

企业需要招聘多少人员?

• 企业将涉足哪些人才市场?

• 企业应该雇佣固定员工,还是应利用其他灵活的雇佣方式?

• 在企业内外同时招聘时,企业应在多大的程度上侧重从内部招聘?

• 什么样的知识、技能、能力和经历是必须的?

• 在招聘中应注意哪些法律因素的影响?

• 企业应怎样传递关于职务空缺的信息?

• 企业招聘工作的力度如何?

对以上这些问题的回答其实就是招聘的策略。招聘策略是招聘计划的具体体现,是为实现招聘计划而采取的具体策略。制定招聘策略首先需要了解求职者的需求和决策行为。吸引一个人接受一份工作可能会有各种各样的原因,作为招聘者必须非常了解求职者接受一份工作是如何决策的,下表 4 - 1 是一份关于《影响求职者接受一份工作的决策因素》的调查结果。

表 4 - 1 影响求职者接受一份工作的决策因素

因素		具体描述
招聘活动	宣传推广效果	公司的招聘广告或招聘推广活动吸引力如何
	招聘者的行为	招聘者的职业素养、专业水准和对待求职者的态度将会影响到求职者的工作决策
公司的吸引力	薪金	公司提供的薪金与其他公司提供的薪金水平相比吸引力如何
	福利	是否有求职者非常渴望得到的福利项目
	提升的机会	求职者在公司里晋升前景如何
	地理位置	公司的地理位置是否在求职者认为方便的范围内
	人员和文化	公司的人员素质和文化氛围是否被求职者所喜欢
	公司的名气和声誉	公司的知名度和声誉如何
工作的吸引力	工作内容	工作的内容是不是让求职者感兴趣,工作内容的挑战性和新颖性如何
	工作环境条件	工作时间和强度如何,是否经常出差,是否经常加班,工作的物理环境如何
	职位	求职者得到的职位是否吸引人,是否是管理职位或专家职位

在了解影响求职者接受一份工作的决策因素后,需要对各项具体招聘策略进行研究,包括招聘的规模、招聘标准、招聘地点策略、招聘时间策略、招聘渠道与方法的选择、招聘时的组织宣传策略等。

1. 招聘的规模

招聘的规模是指企业准备通过招聘活动吸引多少数量的应聘者。招聘活动吸引的人员数量既不能太少也不能太多,而应控制在一个合适的规模。一般来说,企业是通过招聘录用金字塔模型(见图 4 - 2)来确定招聘规模的。使用这一模型确定的招聘规模,取决于两个因素:一是企业招聘录用的阶段,阶段越多,招聘的规模相应的就越大;二是各个阶段通过的比例,这一比例的确定需要参考企业以往的历史数据和同类企业的经验,每一阶段的通过比例越低,招聘的规模就越大。

2. 招聘标准

设置招聘标准,可以将资格要求分为两大类:必备条件和择优条件。所谓必备条件,就是对候选人最低限度的资格要求,不能依靠学习新的技能或从其他途径获得帮助等加以弥补。例如,如果要求汽车司机能驾驭复杂的路况,那么他的基本驾驶能力则必不可少。一旦必备条件确定以后,与此对应的要求也需要确定,即带有倾向性的资格要求,也就是所谓的择优条件。在候选人其他方面都相当的情况下,择优条件可以帮助组织比较候选人的相对优劣。只有掌握了招聘标准,招聘人员才能用这把"尺"去衡量每一位应聘者。

3. 招聘时间策略

招聘过程中一个重要的问题是在保证招聘质量的前提下,确定一个科学合理的时间花费。寻找高质量的应聘者并做出一个好的招聘决定所应花费的时间经常被许多雇主所低估。招聘截止日期的压力连同企业日常运行的压力综合发生作用,迫使雇主降低自己的招聘标准,雇佣第一个可以雇佣到的人填补空缺职位。时间的紧迫也会使招聘的整个过程大打折扣,一些必需的口头审查和背景核查往往被忽略,甚至连必要的条件要求也会改变。降低雇佣标准,缩短招聘过程,会对企业的长期运行产生十分不利的影响。在招聘过程中需要掌握并运用好时间策略,企业在招聘时必须对整个过程的时间有一个准确的规划,可以用一个公式计算出招聘所需时间:招聘时间 ＝ 用人时间－(招聘设计＋培训时间)。

对招聘时间的把握有助于维持组织经营的正常运转。经理和职能部门主管要想使人员得到及时补充、保证招聘要求的方法之一,就是按照各种工作的要求,对整个劳动力的情况进行检查。对于每个工作族,人力资源部门应该与代表该工作族的经理合作,检查过去几年的雇佣、提升、调动和离职情况,对未来的用人情况做出预测,做到"未雨绸缪"。在出现工作空缺以前,必须仔细确定每一个招聘步骤能占用的时间,以便决定填补空缺职位需要花费的全部时间,设置一个实际的时间线。从你希望雇员实际在职和从事生产的那一天开始进行倒算。

在条件允许的情况下,招聘信息应尽早向人们发布,这样有利于缩短招聘进程,有利于使更多的人获取信息,使应聘人数增加。这就需要我们对招聘过程中各阶段所需时间有一个比较准确的了解,以此准确估算信息发布的时间,及时进行招聘信息的发布。如某企业欲招聘30名推销员,根据预测招聘中每个阶段的时间占用分别为:征集个人简历10天,邮寄面谈邀请信需 4 天,做面谈准备安排需 7 天,企业聘用与否的决定需 4 天,接到聘用通知的候选人在 10 天内做出接受与否的决定,受聘者21天后到企业参加工作,前后需耗费 56 天时间。那么招聘广告必须在活动前两个月登出,即如果希望招聘的 30 名推销员能在 6 月 1 日上班,则招聘广告必须在 4 月 1 日左右登出。有经验的企业,一般都预先编制好招聘工作流程图,然后按照招聘工作的进行逻辑和时间顺序一步一步地实施。

雇佣一个符合质量要求的雇员的时间目标一经确定,就要将这种时间与空缺岗位可以等待的时间进行比较。在有些情况下,招聘所要花费的时间比等待的时间要长。在这种情况下,不要迫于完成雇佣目标的压力,轻易而草率地降低雇佣标准。在这种人员转换期,要寻找相关对策加以弥补。对付这种职位空缺的典型方法有:将其他部门的人员调配过来;现有人员加班;将某些工作外包;工作的重新设计;雇佣临时工人。

4. 招聘地点策略

招聘地点策略是指企业要在多大的地域范围内、什么类型的劳动力市场上进行招聘活动。从招聘的效果考虑,地域范围越大,相应的效果也会越好;但是随着范围的扩大,企业的招聘成本也会增加。因此,对于理性的企业来说,招聘的范围应当适度,既不能太大也不能太小。企业在确定招聘范围时的总原则是在待聘人员直接相关的劳动力市场上进行招聘。在考虑人才分布规律、求职者活动范围、企业位置、劳动力市场状况及招聘成本等因素的基础上,招聘地点的选择策略是:

- 在全国乃至世界范围内招聘企业的高级管理人才或专家教授。
- 在跨地区的市场上招聘中级管理人员和专业技术人员。
- 在招聘单位所在地区招聘一般工作人员和技术工人。

企业之所以在这样的地理范围内选择,是因为在不同的范围内,劳动力的供给是不同的,尤其是不同的市场倾向于提供不同素质的劳动力。

5. 招聘渠道和方法的选择

任何一个确定的招聘方案中,招聘渠道和方法的选择都是最重要的组成部分。采用哪一种方式招聘人员,应根据供求双方不同情况而定。例如:是采用简单的还是繁杂的方式;是采用主动出击还是等人上门;是大张旗鼓还是悄悄进行。

可供企业选择的招聘渠道有雇员引荐、招聘广告、就业机构、校园招聘、直接求职者、内部招聘、网上招聘等等。企业可以根据招聘计划中所要求的候选人数量和类型来选择不同的招聘方法和渠道。每一种招聘方法和招聘渠道都有利有弊,在选择时,应对这些利弊进行权衡。

如果企业进行大规模招聘,往往使用一种招聘渠道是不够的,这时需要采用不同招聘渠道的组合,才能保证企业在确定的时间内招聘到足够的、合适的雇员。

6. 组织宣传策略

招聘工作不仅受到企业形象和声誉的影响,其本身也是直接影响企业形象和声誉的过程之一。因此,在招聘过程中,企业一方面需要尽可能地吸引应聘者,另一方面还必须利用招聘的机会进行企业形象或者声誉的宣传活动。

(1)人员招聘是组织向社会展示形象的机会,因此首先应该密切与人才及媒介的沟通。招聘单位应与人才的来源单位,如大专院校、职业介绍中心、人才交流中心等媒介保持密切的联系,把所需人才的类型和数量告知对方,并从供方了解与掌握可提供人才的种类、层次及数量。近年来,很多著名的国内外大公司直接到各大院校设立专项奖学金、开招聘会,从而密切与院校间的关系,增进毕业生对公司的了解,为公司吸引储备人才。

(2)组织在招聘过程中应创造尊重知识、重视人才的氛围,给社会以良好的印象,增强组织的吸引力。怜才惜才的行动常常会使人才不招自来,美国在这方面做得尤其出色,美国以其人才政策吸引了世界各国各方面的人才,为其带来了可观的经济效益,并促进了科技的进步和国民素质的提高。

(3)不断提高招聘人员的素质,委派企业优秀骨干人员担当招聘人员。许多研究表明,企业派出去的招聘人员对应聘者的影响非常直接。许多时候,由于招聘者衣着大方、言谈举止得当而给应聘者很好的印象,从而使应聘者决定申请该公司或企业的工作。相反,由于招聘者衣着不当、对应聘者失礼而造成申请者停止申请该企业职位的情形也不少见。因此,招聘者的选派对组织形象的树立,乃至对招聘的成功都是至关重要的因素。

(4)在推销企业提供的职位时,应该向求职者传递准确、有效的企业信息。一般说来,职位的薪水、工作类型、工作安全程度等,是影响求职者选择工作职位和工作单位的最直接因素;晋升机会、企业的声誉等等是影响求职者选择的重要因素;企业的管理方式、企业文化、工作条件、同事、工作时间等等也对求职者的选择产生不小影响。企业在传递信息时,应该根据影响择业的因素以及求职者的类型,有针对性地提供信息,而不要把这些信息平等看待。当然,这不是说招聘者可以过高地宣传职位好的一面,而过低地反映职位不足的一面。招聘者传递信息时,应该是诚实和讲道德的,否则,不仅不能给企业带来好处,反而可能给企业带来负面影响。

(5)组织一定要处理好与未录用者的关系,这关系到整个招聘能否善始善终。对未录用人员发一封情真意切的感谢函,说明未录用原因并进行致歉,还可赠送公关小礼品,以维系感情。这样未录用人员还会为本单位做正面宣传,而不至于有负面影响。

7. 招聘备择方案

当前诸多企业的招聘成本一直保持在一个很高的位置上。即使人力资源计划表明有追加员工和替换员工方面的需求,企业也不必急切地投入到招聘工作中去。尽管选择决策并不是不可逆转的,但辞退一名业绩平平的员工会导致很高的退出成本,做出轻率的招聘决定往往是不明智的。因此,公司在开始招聘之前应认真考虑它的备择方案。招聘的备择方案一般包括临时工、加班、雇员租赁和策略性外包等方面。

(1)兼职雇员和临时工。专门雇员由主要核心管理人员和技术人员组成,他们是企业不可缺少的。但专业雇员的维持成本是很高的,如果企业负担不起雇佣一个专职雇员的费用或开支,或不能确定增加一名专职雇员对企业来说是否是最好的选择,那么就应该考虑选择兼职人员或临时工,或者干脆将工作向外发包给其他人。在核算了停工时间和加班时间的成本后,很多企业发现,雇佣一名临时工或兼职人员,比雇佣一名专职雇员或让专职雇员加班工作在经济上要合算得多。

一般来说,使用临时工填补空缺职位适合在某一特定的时期。临时工的使用在这样一些情况下尤其管用:季节性需要、特别的项目、雇员缺席和举家搬迁,以及一些需要特殊技艺而又没有配备的工作。如顾客服务代理、数据录入人员、营销代理、调查人员、远程销售代理、产品设计人员等等。

(2)雇员租赁。用人单位使用这样一种方式,其实是将企业管理中的大块人力资源管理部分用租赁方案代替,雇员也同样是租赁活动中的赢家。由于租赁公司为许多公司提供员工,所以他们常常得到规模经济的好处。规模经济能够给他们带来较优的、低成本的福利方案,另外使得流动就业的机会更多。若某客户的组织在商场上遭到失败,租赁公司则可以将员工转租给另一家客户,从而使这些员工免遭解雇,同时也避免了其工龄上的损失。雇员租赁也存在不利因素,由于员工的报酬和福利均来自于租赁公司而使工的忠诚度受到侵蚀。但不管怎样,租赁员工的使用在不断地增长。这为企业提供了一批训练有素的长期雇员,并且可以根据企业状况自主扩充或削减。

(3)策略性外包。当转包商在生产某些商品或服务方面更具有专长时,这种方法特别具有吸引力。策略性外包也就是雇佣独立的承包人来完成自己所不能完成的特殊的工作或任务,这种形式下的雇员都只是针对某种不能完成的特殊的工作或项目在短期内进行工作,企业不需要承担病假日、休假日、医疗福利或社会保障等成本。向外转包给他人,可以腾出精力增强自己应付一些不常出现的任务和问题的能力。

管理和财务方面的咨询经常需要由外来的专业人员提供,尤其在一个小企业中,为某一工作雇佣一个外面的专家,比自己培训一位雇员要容易得多。对于某些工作,向外发包给他人,可以在更合理的价格基础上得到一个更好的质量保证,因为这样不需要更多的管理介入就可以保证工作的完成。

　　招聘工作就像市场营销,明确公司的优势在人员招聘中非常重要。在招聘过程中,招聘人员必须确定适当的各项招聘策略,明确公司要向求职者推销自身的什么优势,然后将重点介绍给那些能被公司优势所吸引的潜在应聘者身上,在招聘中扬长避短,以鲜明的自身优势吸引潜在的应聘者。只有正确的招聘策略才能保证我们招聘工作的有的放矢,百发百中。

4.1.4　招聘工作职责划分与招聘团队组建

　　确定了拟招聘人员的数量与类型,选择好招聘渠道与招聘方法,划分清楚招聘工作职责后,要想顺利实施招聘还必须组建优秀的招聘团队。

　　1. 招聘工作职责的划分

　　在了解了人员招聘分为招募、选拔、录用、评估四个阶段后,还必须对各阶段各项职责进行分工,划分责任归属。传统的人事管理与现代人力资源管理的工作职责是不同的。在过去,员工招聘的决策与实施完全由人事部门负责,用人部门的职责仅仅是负责接受以及安排人事部门所招聘的人员。而现代组织中,起决定作用的是用人部门,它直接参与整个招聘过程,并在其中拥有计划、初选与面试、录用、人员安置与绩效评估等决策权,处于主动地位。人力资源部门只在招聘过程中起组织与服务的功能。表 4 - 2 是招聘中用人部门与人力资源部门的工作职责分工。

　　2. 招聘团队的组建

　　在招聘过程中,求职者与组织的招聘者直接接触,招聘者的表现将直接影响着组织的形象,也直接影响求职者是否愿意接受组织提供的工作岗位。因此,招聘者的选择是非常关键的。

　　(1)招聘团队组建的原则。对个体招聘者要求要有突出能力和良好素质,如果他们能够按照知识、气质、能力、性别、年龄和技能互补原则互相组合在一起的话,可以起到增值的效果,以更好地达到招聘目的。

　　(2)招聘团队的领导责任。在大型企业中,一般都有专门的人力资源管理部门,企业的人力资源管理决策基本由该部门做出。但现在有一些人力资源管理的决策必须由企业的部门管理决策者做出,主要包括提出增补员工、审阅申请表、与应聘者面谈、培训员工和帮助上层管理人员制定职业生涯发展规划等。在现代企业中,部门经理的人力资源管理职能在逐渐扩大,人力资源管理越来越依赖于全体经理的合作。

表 4 - 2　招聘过程中用人部门与人力资源部门的工作职责分工

用 人 部 门	人 力 资 源 部 门
1. 招聘计划的制定 2. 招聘岗位的工作说明书及录用标准的提出 3. 应聘者初选,确定参加面试人员名单	1. 招聘信息的发布 2. 应聘者申请登记,资格审查 3. 通知参加面试的人员
4. 负责面试、考试工作 5. 录用人员名单、人员工作安排及试用期间待遇的确定	4. 面试、考试工作的组织 5. 个人资料的核实、人员体检
6. 正式录用决策 7. 员工培训决策 8. 录用的员工绩效评估与招聘评估 9. 人力资源规划修订	6. 试用合同的签订 7. 试用人员报到及生活方面的安置 8. 正式合同的签订 9. 员工培训服务 10. 录用员工的绩效评估与招聘评估 11. 人力资源规划修订

　　(3)招聘者个人素质要求。招聘者需具备以下素质要求:①良好的个人品质与修养。招聘者的品质代表着组织文化的特征,热情、公正、认真和诚实是对招聘者的基本要求。②具备多方面的能力:表达能力、观察能力、协调和交流的技巧、自我认知能力。③广阔的知识面和相应的技术要求。招聘者需要了解多方面的知识,如心理学、社会学、管理学、经济学、法学、组织行为学等等。相应的招聘技术也要具备,如人员测评技术、策略性谈话技术、设计招聘环境的技术和设计问题的技术。

4.1.5　基本招聘表格的设计

　　在制订招聘计划的各项工作中,准备好各种招聘表格十分必要。招聘表格包括人员需求申请表、求职申请表、面试通知、面试记录表、录用通知书等等,其中人员需求申请表和求职申请表是最基本的招聘表。

1. 人员需求申请表

　　人员需求申请表是招聘需求的基层书面资料。各部门根据自己所需人员缺口提出申请,经人力资源部门和相关领导审核通过后开始其所需人员的招聘。常用的人员需求申请表如表 4 - 3 所示:

表 4 - 3　人员需求申请表(招聘申请表)

申请部门			部门经理(签字)			
申请原因	□ 员工辞退	□ 员工离职	□ 业务增量		□ 新增业务	□ 新设部门
	说明:					
需求计划	使用时间		职务名称与人数			上岗时间
	临时使用(小于 30 天)·□		职务	1	人数	
	短期使用(小于 90 天)□			2		
	长期使用(小于 180 天)□			3		
聘用标准	利用现有《职务说明书》		□ 可以利用　□ 不能利用　□ 局部更改 □ 尚无《职务说明书》需编写			
	工作内容	1				
		2				
		3				
	工作经验	1				
		2				
		3				
	专业知识	1				
		2				
		3				
	语言表达			性格要求		
	开拓能力			写作能力		
	电脑操作			外语能力		
其他标准						
薪酬标准	基本工资		其他收入		其他津贴	
中心总监批示				签字: 日期:		

行政中心批示	签字： 日期：
总经理批示	签字： 日期：

2. 求职申请表

求职申请表是招聘工作初选的依据，一张好的求职申请表可以帮助企业减少招聘成本，提高招聘效率，尽快招聘到理想的人选。通过它可以使招聘人员了解到四个方面的信息：申请人的教育背景和工作经验；对申请人过去的成长与进步进行评价；申请人的工作稳定性（工作单位更换的次数多少）；运用申请表判断哪些候选人会在工作中干得比较好，哪些人干不好。所以，求职申请表的设计十分重要。

求职申请表内容的设计要根据职务说明书来定，每一栏目均有一定的目的，不要烦琐重复。要着眼于对应聘者进行初步的了解而设计，通过对求职申请表的审核可以剔除一些明显的不合格者。设计时还要注意有关法律、政策和规定，种族、性别、肤色、宗教等信息不得列入表内。

求职申请表的内容大致包括以下几个方面（见表 4 - 4）：

①个人情况，如姓名、年龄、性别、婚姻、地址及电话等。

②工作经历，包括目前的任职单位和地址、现任职务、工资、以往工作简历及离职情况。

③教育与培训情况，包括本人最终学历、学位、所接受过的培训。

④生活及个人健康情况，包括家庭成员，同本企业职工有无亲属关系，健康情况（须医生证明）。

⑤其他。

3. 面试记录表与录用考试成绩汇总表

面试记录表（见表 4 - 5）与录用考试成绩汇总表（见表 4 - 6）能全面地反映各个候选人在应聘测试中的各项表现和排名，企业可以依此作出科学客观的录用决策。

表 4 - 4　求职申请书

应聘（岗位）职务：　　　　　　　　　　　　　　　　　　年＿＿月＿＿日　NO.＿＿＿＿＿

姓名		性别		民族		出生日期		照片
籍贯	省（市）　　县（区）			身份证号码				
文化程度			所学专业		健康状况			
婚姻状况								

家庭详细住址		联系电话	
户口性质		邮政编码	

学业经历	起止年月	学校名称	所学专业	外语语种及程度	毕业/肄业	
					毕业	肄业
					毕业	肄业
					毕业	肄业
					毕业	肄业

工作经历	起止年月	工作单位	工作内容	职务	月薪	离职原因

家庭成员	姓名	与本人关系	工作单位	职务	电话

何时何地受过何种奖励或处分：

个人特长及自我鉴定：

能否出差		能否加班		期望薪资	
请提供两位友人姓名及电话以便联络	姓名		电话		
	姓名		电话		

以上所填各项均属事实，若有不实或虚构，愿受取消申请资格或受雇后除名之处分。

人事员意见	主管意见	总经理意见

表 4 - 5　面试记录表

面试编号		姓名		年龄		面试考官	
				面试者分类	□转职者	面试时间	年　月　日
					□应届毕业生		
居住地					籍贯		

时间	毕业学校	专业	备注

时间	就职经历	职务	备注

面试记录　希望什么工作（　　　）

问题	回答	评价（分数）	
		5　4　3　2　1	
		理由	
		5　4　3　2　1	
		理由	
		5　4　3　2　1	
		理由	
		5　4　3　2　1	
		理由	
综合评价（分数） A. B. C. D. E	考官评语	分数总计	（25分为满分）

表 4 - 6　录用考试成绩汇总表

汇总人：

编号	姓名	年龄	毕业学校	专业	应聘者资料库				笔试			第一次面试			第二次面试			综合评价	录用结果	成绩排序	备注
					履历表	就职申请	成绩单	综合	各项成绩		平均成绩	各项成绩		平均成绩	各项成绩		平均成绩				

4.2　招聘计划实施和评估

4.2.1　招聘的准备

　　首先,根据人力资源计划提供的信息明确以下几个问题:是否一定要进行招聘活动? 如果是,则必须明确:需要招聘什么岗位? 要招聘多少人? 是通过内部招聘、外部招聘还是两者结合? 等等。弄清楚这些问题有利于制定合理可行的招聘计划和招聘策略。

　　其次,根据工作分析及相关信息资料,弄清楚待招聘的工作岗位具有什么特征和要求,明确这些岗位对应聘者的知识、技能等方面的具体要求和所能给予的待遇条件。只有这样,招聘计划的制定与实施才能有针对性有成效。

　　最后,在上述两方面的基础上,企业结合对外部环境的分析考虑,制定具体的、可行性高的招聘计划和招聘策略。同时,拟定招聘工作的组织者和执行者,并明确各自的分工。再做好其他必要的准备工作,如后勤保障,招聘计划即可实施了。

4.2.2　招聘计划的实施

企业招聘计划的实施是整个招聘活动的核心,也是最关键的一环,包括招募、筛选和录用三个步骤。

1. 招募阶段

在这一阶段,企业和求职者都想借招募活动识别对方、吸引对方。企业的招募手段包括招聘广告、派出招聘人员到大专院校、召开招聘信息发布会、向企业内部员工公开招募信息等,用以识别求职者中的合格者,并把他们吸引过来。与此同时,求职者也想识别有合适工作机会的企业,他们采取的手段包括阅读大量的招聘广告、与招聘机构联系、大量发送个人简历和求职信等等。通过这些手段,求职者向潜在雇主企业发出信号,特别是在精心策划和准备的个人简历和求职信中,求职者介绍自己的知识、技能和专长,以便吸引招聘者的注意。

2. 筛选阶段

企业通过招募活动识别和筛选出一定数量的初步合格求职者,即形成"求职者蓄水池"后,招聘工作就进入筛选阶段,工作重心转移至测试和评估方面。企业可以通过面试、笔试、模拟测试等,评判求职者的知识、技能及其激励因素;再结合这些评判,对照工作岗位的匹配程度,对求职者进行筛选。求职者也会依据自己从各种渠道收集到的信息,对有关组织进行评估。然后,求职者依据这些评估,结合个人素质和激励因素方面的自我鉴定,再来衡量感兴趣的工作岗位同自己的匹配程度,从而对工作岗位进行筛选。招聘者和求职者两方面都在进行筛选和评估。

3. 录用阶段

做完筛选评估之后,企业的招聘工作就进入了录用阶段。在这个阶段,企业和求职者都要做出决策,以便达成个人和岗位的最终匹配。企业不可能把所有的求职者都留下来,必须排除其中的一大部分,留下的是经过层层筛选过关的一小部分。对这部分人,企业还必须排出先后次序,最终决定向谁发出聘用通知。一旦求职者接受了企业的聘用条件,雇佣关系就正式成立了。

这里有必要指出,无论是外部求职者流入企业(即外部招聘)或是企业内部人员调配(内部招聘),一般来说都要经过以上程序。明显不同的是,内部招聘不涉及外部劳动力市场,申请者是企业现有的员工。企业将根据自身的需要和员工的表现,对某些员工的工作予以调整,或升迁、或转移、或降职使用。另一方面,企业内部部分员工也会基于自身发展计划,向企业提出变更工作岗位的请求,这样便有了内部劳动力市场。一般地说,处于激励现有员工等方面的考虑,内部招聘往往要优先于外部招聘。

另外,由于外部招聘而来的新员工对企业的内部环境和工作的具体操作要求不是很了解,必须在上岗前进行多种形式的岗前培训,以使他们充分了解相关的情况,尽快较好地适应新的工作。

招聘计划实施过程可形象地如图 4-3 所示:

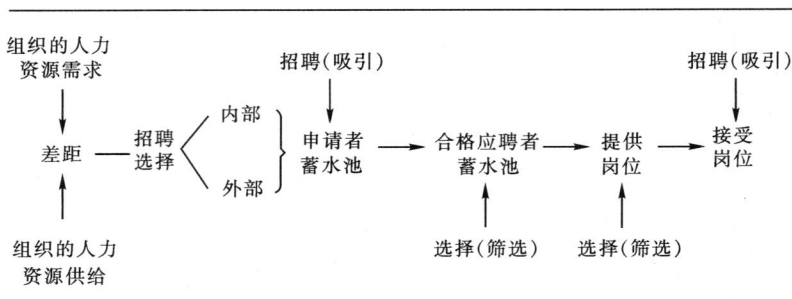

图 4-3　招聘计划的实施过程

——资料来源:Mikovich, G., and Glueck W., Personnel: Human Resource Management, A Diagnostic Approach, Buainess Publications, INC. 1985

4.2.3　招聘计划的评估

招聘录用工作结束后,应对招聘活动的整个过程进行评估,这是很容易被忽视的一个环节。对招聘活动的评估主要有两个方面:一是对招聘计划实际聘用的结果(数量和质量两方面)进行评价总结;二是对招聘工作的效率进行评估,主要是指时间效率和经济效率(招聘费用)。进行招聘评估可以及早发现问题,分析原因,寻找解决问题的对策,有利于及时调整有关计划,并为下次招聘提供经验教训。

本章思考题

1. 制定招聘计划的步骤是什么? 一个完整的招聘计划包括哪些内容?
2. 招聘策略包括哪些内容? 招聘策略与招聘计划是什么关系?
3. 求职申请表应包括哪些基本内容?

案例分析 4-1

朗讯公司程序化的快速招聘

朗讯是这样一个公司:她的历史很多,她的面孔很新,她喜欢各种不同类型的人,她十分渴望人才,她对待人才的方式是:抢!

朗讯招聘人才的速度用一个"抢"字毫不为过。人力资源部接到命令,迅速组织了一个招聘"快速反应部队",25人分成5个小组,同时进入5个地区,散布到16所院校。5个小组由3名技术专家、1名人力资源专家和1个秘书组成。到校第一天开招聘会,组织学生来看来谈,筛选收集的简历,到晚上就公布面试名单。第二天,招聘小组全天面试,确定录用人选。第三天,签录用合同。

"闪电行动"需要充分的前期准备工作,选择学校,准备招聘袋(包括面试日程、问卷、公司资料等)。朗讯对自己的招聘资料要求是:一旦学生看完公司的资料,就不需要问任何的问题,非常清楚。

案例讨论:

　　1. 朗讯的招聘有什么特点?
　　2. 朗讯的招聘程序是什么?

案例分析 4 - 2

协调好部门　招聘才有效

某公司正处在成长期,业务不断拓展,市场部提出急需增加人手。公司决定招聘一批市场营销人员,人力资源部按照职位说明书的描述进行招聘准备工作,开展了一系列的招聘活动。

在面试之前,人力资源部提出是否让市场部的管理人员参加面试,可市场部的人实在太忙了,即使是管理人员也难得在公司露面,用手机联系上他们后的回答是:"我们哪里顾得上这些事啊,面试是人力资源部的事,叫我们干什么呀!"

所招聘的人员到位一段时间后,市场部管理人员开始抱怨:"人力资源部招聘来的人不好用,不适合干市场,安排的指标任务完不成。"

"究竟要什么样的人,从你们那里听不到一点意见,面试也不参加。"人力资源部的人觉得也很委屈,"想要什么样的人,你们自己最清楚,招聘过程不参与,不配合,人来了,又抱怨我们。"

案例讨论：

1. 问题到底出在哪里呢？
2. 如何处理人力资源部门和业务部门的关系，使招聘更有效呢？

案例分析 4-3

松下的"选材需度势不拘一格"

松下认为，人才可遇不可求，人才的鉴定，不能单凭外表，人才效应不能急功近利，领导者不能操之过急。如何去获得人才，或许有些人认为需要运气或缘分。但事实证明，人才是要去寻求的，必须常常有求才若渴之心，人才才会源源而至。

松下认为吸引人们来求职的手段，不是靠高薪，而是靠企业树立的经营形象。如果有意录用，就不可能找不到人，但如想雇佣合适的人才，唯有培养吸引人的魅力，才能逐渐的争取到所需要的人才。

松下认为争取人才最好不要去挖墙脚，被挖来的人不一定全部是最优秀的人。当然可依赖的人也许不少，可还是有些不可靠的，所以还是不做的好。

公司应招聘适用的人才，素质和水平过高，不见得就适用。如果碰到有想要从事新工作的人，只要这位新人人品好，就可以让他学习，不必非要用有经验的人。"适当"的公司，招聘"适当"的人才是关键。

提拔年轻人时，不可只提升他的职位，还应该给予支持，帮他建立威信。不过最重要的一点是，绝不可以有私心，必须完全以这个人是否适合那份工作为依据。松下认为，树立这种提拔风气，有利于青年的成长，会带动整个公司各个方面的进步。

松下先生要年轻的职员这样回答顾客提出的"松下公司是制造什么的"问题："松下公司是制造人才的地方兼而制造电气器具。"事业是人为的，而人才则可遇不可求，培养人才就是当务之急。如果不培养人才，事业成功就没有希望。日本企业界人士认为，"其他公司输给松下电器公司，是输在人才运用上"。

对于人才的标准，松下这样认为：不念初衷而虚心好学的人，不墨守成规而常有新观念的人,爱护公司和公司一体的人,不自私而能为团体着想的人,有自主经营能力的人,能忠于职守的人,他们有气概担当公司的责任。

案例讨论:

1. 如何评价松下公司"不挖墙脚"的做法?
2. 为什么松下公司提出"招聘合适的人才"?
3. 如何评价松下公司的人才标准?
4. 现代企业应树立什么样的人才观念?

阅读资料 4 - 1

Cisco 的招聘策略

Cisco 系统公司 1984 年成立,总部在美国加州圣荷塞,是一家标准硅谷模式的高科技公司,创始人是来自斯坦福大学的一对教授夫妇,一开始两位教授的电脑互相不交谈,1986 年他们做了第一个 Route(路由器),这是 Cisco 的核心产品。1990 年 Cisco 公司在 NASDAQ 上市,股票代号 CSCO,是 NASDAQ 高科技板块的第二大企业,市值达到 4000 亿美元。1990 年的 1 美元 Cisco 股票现在价值 1000 多美元。Cisco 创业资本是高技术专利,公司很快实现了财富的积累,也聚集了大量高技术人才,目前 Cisco 全球有 2 万多名员工。1999 年 Cisco 系统公司营业额 121.5 亿美元,Cisco 系统公司成为全球领先的网络解决方案供应商。

1994 年,Cisco 公司开始在中国成立代表处,目前在中国的思科系统网络技术有限公司已经有员工近 500 人。Cisco 系统公司在中国成立了网络技术实验室,为国内多家网络技术公司和研究所提供网络解决方案的性能测试、ATM 宽带交换机的性能测试、千兆位路由光纤传输和虚拟局域网的性能评估测试。这是 Cisco 公司在全球的第三个大型实验室,也是其在亚洲最大的网络实验室。Cisco 公司几乎参加了中国所有大型网络项目的建设。Cisco 一词源自旧金山的英文名 San-Francisco 的尾词,公司 Logo 灵感来自美国金门大桥形象,寓意 Cisco

系统公司通过网络连接全人类。1997 年 Cisco 被评为美国《工业周刊》100 家管理最佳公司中列第一位;1999 年 Cisco 被评为 100 家网上最受欢迎的公司第一名等等。这些只是有关 Cisco 系统公司的枯燥数据,当记者进入 Cisco 公司内部时,发现一个充满全新理念的企业就在我们身边。

一、招聘总动员

Cisco 的招聘广告是:我们永远在雇人。对优秀人才 Cisco 永远有兴趣。在 Internet 世界里,最关键的是人才的取得和保留。Cisco 在 Internet 领域走得非常快,以致整个业界人才的供应跟不上 Cisco 成长的速度。

二、全面招聘

Cisco 公司的招聘方式是全面撒网,报纸招聘广告、网站、猎头、人才招聘会等都用上,面对 Cisco 每年 60% 的增长速度对人才张开的巨口,这些方式都显得不够得力。人力总监头痛的问题是"招聘广告试过不成功,网站不成功,原因是这些方式非常 Open,没有定向目标。上海有一个网络招聘的公司说他们有一个过滤的程序,能够将许多不合要求的求职者挡在外面,但我们还没有试过。好的方式还没有,所以是摸着石头过河"。Cisco 公司经常到 IT 界专门的人才会议中做人才资源收集工作。对 Cisco 公司最有效的方式是用猎头公司,这样的成本很高,但是面对大量高技术人才缺乏的情况,Cisco 还是有大概 40% 的员工是猎头公司找来的,Cisco 用猎头公司招人是从上到下不分职位。Cisco 还有大概 10% 的应聘者是通过员工互相介绍进来的,Cisco 有一项特别的鼓励机制,鼓励员工介绍人加入 Cisco,方式有点像航空公司累积旅程。Cisco 的规定是:介绍一个人来面试就给你一个点数,每过一道面试关又有一个点数,如果员工最后被 Cisco 雇用,则有事成的奖金,这些点数最后累积折成海外旅游。这是 Cisco 创造性的做法,让所有员工都是猎头代理,有合适的人一定会介绍到公司来。

三、进入学校培养员工

Cisco 的发展速度要求员工能够自己很快独当一面,所以对应届毕业生使用得比较少。Cisco 从 1999 开始在一些大学设立有一个虚拟的网络学院(NetworkingAcademy),通过提供一些设备和课程,让学生熟悉 Internet 环境,而且对学生有一个笔试的 CCNA 认证,让学生对 Internet 有个基本的了解,Cisco 在过了这一关的学生中挑选一些人做见习员工。另外 Cisco 也在学校开始一些助理工程师的培养,以后这些学生经过半年到一年的培养，成为 Cisco 正式的工程师。Cisco 公司在 1999 年招了 150 人，应聘的人很多，但是成功率非常低。

四、人人都需领导素质

Cisco 招聘一个人，除了有基本条件的要求外，还要求应聘者有领导的特质。因为在 Cisco 每一名员工都是一个单兵作战的单位。例如 Cisco 的系统工程师，不是简单做产品规格，工程师可能要到客户那里去做报告，需较好的表达能力。所以 Cisco 在招聘时考虑应聘者的综合素质，需要有领导的特质和专业精神，对工作的需要和客户的需要都能有敏锐的反应。"Cisco 的业务不是做一次买卖，而是与客户建立一种长久的关系，需要员工能够感觉客户的需要就是 Cisco 的需要，这样的敏感度和成熟度必须反应到每个人的身上。对于做行政的部门，也需要他们给别人提供好的服务。"到 Cisco 应聘主要是通过面谈，招聘的大致经历是首先挑选简历，然后用人部门直接安排时间与应聘者面谈，一个应聘者进入 Cisco 一般最少要跟 5～8 个人交谈，任何职务都要经过这个过程。

五、一票否决制

1999 年 Cisco 给员工推出一个培训，教会招聘者很专业的面谈技巧，所有的雇人经理都要学习这个课程。如果这个课程你很早学过，以后要复习，目的是让招聘者保持敏感度。在面试的过程中，应聘者需要通过很多项目的交谈，每个负责招聘的人有一份面谈记录，每个人与应试者面谈后最后有一个评价，Cisco 用的是全体通过制，例如在 8 个负责招聘的人中，如果有一个人说 NO，那么应聘者就没有机会被录用。

六、反问面试员

Cisco 非常重视面谈的开始和结束，Cisco 强调面试人员需要一个完整的培训。招聘者不只是懂得问什么问题，还要给应聘者一个愉快的环境，让应聘者不要等得太久。面试员的一个责任是在面试程序上做总结，所有面试员面试结束后会问那些应聘者，有什么环节他们做得不好，希望他们对面试提出意见。如果应聘者多次对招聘人员在某些方面的意见都是一致的，例如说等了一个小时，时间太长，Cisco 内部会针对应聘者提出的问题做修正。Cisco 美国公司做得更细致，对那些应聘者有一个跟踪电话，并附给他们正式表格，让应聘者谈对上次面试有什么看法，这样公司对自己的招聘真正有一个监督。

阅读资料 4-2

××公司人力招聘计划书编制程序标准

文件名	公司人力招聘计划书编制程序标准		
电子文件编码	RL-B06-006	序　码	4-1

一、目的

　　为使本公司所需人力得以适时补充

二、程序

　　1. 各部门应按附表 1 将现有人力加以分析

　　2. 各部分应按附表 2 将未来一年所需人力加以预估

　　3. 各部门将上列二表送人事部门后,人事部门应加以审查后汇编附表 3,作为本公司人力的招聘计划

三、日期

　　本计划每年编订一次,各部门应于年度开始前两个月将附表 1、2 送交人事部门,人事部门应于年度开始前一个月汇编成附表 3 送呈核定

执行部门		责任人(签名)	

附表 1　　　　　　　**人力现况调查表**

日期:　　年　　月

工作部门	职位名称	担任该职位人员姓名	担任该职位期间(年数)	是否需要调整其职位(是/否)

附表 2　　　　　　　　　　　需要补充人力计划表

年份：　　年

工作部门	职位名称	需要补充人数	需要补充的理　由	需要补充日期

附表 3　　　　　　　　　　　人力招聘计划表

年份：　　年

工作部门	职位名称	需要增聘人数	需要增聘日　期	招聘来源	招聘方式

第 *5* 章

员工招募

企业制定招聘计划后,就根据招聘计划的要求开始进行具体的招聘工作。招募是招聘活动中的第一个环节,其主要目的在于吸引社会上更多的人来应聘,使得组织有更大的人员选择余地,避免出现因应聘人数过少而降低录用标准或随意、盲目挑选对象的情况。同时也可使应聘者更好地了解组织,减少因盲目加入组织而又不得不离职的可能性。招募到合适的工作候选人是招聘计划实施的重要环节,也是企业下一步工作开展的基本保证。有效的人员招募可提高招聘质量,减少组织和个人的损失。

重点问题

⇨ 招募含义及基本流程
⇨ 招募渠道
⇨ 招募注意事项

5.1　招募的含义及基本流程

5.1.1　招募含义

所谓人员招募,是指寻找员工可能的来源和吸引他们到组织应征的过程。招募的目的是为组织特定的工作岗位吸引尽可能多的工作候选人,并形成一个工作候选人的蓄水池,以保证组织能以最低的成本从中选择最合适这一岗位的员工。具体来说,招募包括以下内容:

• 根据组织人力资源需求,制定相应的招募政策;

- 有针对性的吸引符合组织要求的候选人；
- 保证组织招募活动的合法性；
- 确保吸引候选人的工作在公平、公正、公开的前提下进行；
- 明确具体的招募方式。

招聘是企业吸收与获取人才的过程，是获得优秀员工的保证。它由招募和选拔聘用这两个相对独立的过程组成。招募是聘用的基础和前提，聘用是招募的目的与结果。招募的目标是吸引高素质人才来应聘，主要是以宣传来扩大影响；而选拔聘用则是使用各种测试技术与选择方法挑选合格员工的过程。很多组织往往忽视招募，只把工作重点放在选拔聘用上，这是不对的，因为这有可能导致错误的录用与错误的淘汰。应该注重招募的计划、时间、宣传、渠道选择等方面，因为它可以节约选拔与培训成本，提高人与职位的适应性。

人员招募在人力资源管理中扮演着桥梁和纽带的角色，它是在人力资源规划和人员甄选之间建立起的一座桥梁，为组织构建潜在的人力资源供给库，以利于组织在需要时从中甄选到新员工，最终是招募将人和组织联系在一起。

5.1.2　招募的基本流程

招募是为空缺岗位配置合适人选的关键性工作，应当遵循一定的流程以保证招募工作的科学性。招募的基本流程如下所述：

1. 明确需求

一个组织的招募努力程度和在招募中使用的方法取决于人力资源规划进程的需要和所需填补的特定工作的需要。组织根据其人力资源规划及目前工作需要，明确有哪些空缺岗位需要招募合适的人选来填补。

2. 职务分析

招募包括寻找和吸引合格的工作候选人。如果对所要填补的工作定义模糊，招募便很难取得令人满意的效果。无论需要填补的是一项已有的工作还是新工作，为了确保有效的招募，必须尽可能准确地对它的要求进行定义。据此提出详细的职位说明书，并需明确提出该职位所需的关键才能或胜任特征，从而明确候选人必须的素质要求。

3. 组建招募团队

由胜任者来进行招募工作是保证有效招募的前提。一般情况下，招募工作是由组织的人力资源部门和具体用人部门共同协作完成的。而具体参与招募的人选因职位的不同有很大差异。一般来说用人部门主要从专业角度出发，多方面、深层次地测试申请者的资格，而人力资源部门更多的是辅助和建议。另外，直接参与招募的人员应经过良好的培训,他们的言谈举止代表了组织的形象。

有关申请者对应聘反应的研究显示,招募人员对于工作和组织的了解程度、对申请者的尊重和热情接待的态度,对于组织树立良好形象、提高招募成功率是非常有益的,会促使许多申请者积极争取应聘机会,使组织在人才争夺战中占领先机。

4. 确定招募渠道

根据空缺职位的要求及组织填补空缺的习惯,明确是通过内部选拔还是外部招聘。

5. 发布招募信息

根据所确定的招募渠道,有针对性地选择发布信息的媒体,一方面要使尽可能多的人了解到组织的用人需求,另一方面也要注意发布信息的成本问题。

6. 招募效果评估

招募工作的评估主要包括三方面内容:

(1)招募的成本与收益评估。招募成本和收益是考察招募工作的一项重要内容。招募成本包括直接成本(广告、招募人员的工资、差旅费、中介费等)和间接成本(企业形象、公共关系、招募过程的管理费用等),每种招募资源的成本收益信息都可以被量化,将被录用的各种渠道来源的求职者在组织中工作的时间及业绩与这种渠道的雇用成本进行比较,可以作为以后招募的参考。

(2)招募的时间评估。如果组织的招募信息发布之后,不能迅速吸引到足够数量的求职者,就会影响到组织的招聘工作,因此对招募工作进行时间评估是十分必要的。

(3)招募的质量与数量评估。这种方法是将以往的招募工作与现在的招募工作进行对比,来评估招募工作的效率。通常可以从以下角度来评估招募工作:

①申请者的数量。一次成功的招募工作应该能吸引足够多的申请者,数量评估是最先考虑的因素,它能保证组织从容地挑选出所需要的合格人员。

②申请者的质量。申请者的质量是衡量招募工作成功与否的另一个重要指标。如果有充足的、合格的申请者,组织就可以优中选优,为组织发展提供高质量的人力资源。

③实际的可录用率。招募计划的根本目的在于,确保组织在出现职位空缺时得到大量可选择并且真正适合的求职者(愿意就职并胜任工作)。因此,实际的可录用率就成为衡量招募工作质量的重要指标。实际的可录用率是指实际到岗就职的人数占招募申请人总数的比率。比率过低无疑表明招募工作的效率存在一定问题,有很多资源浪费。

5.2　招募渠道

与人力资源供给的来源相对应,人员招募有两个渠道:内部招募和外部招募。职位空缺的填补,无论是经由内部选拔来实现,还是经外部招募来实现,都各有利弊。事实上,内部招募和外部招募对组织人力资源的获取具有同等重要的地位,两种方式是相辅相成的。某一项工作究竟是由组织内部人员还是外部人员承担,要视市场供给、组织的人力资源政策和工作的要求而定。

5.2.1　内部招募

内部招募又叫内部选拔,是从企业内部选拔合适的人才来补充空缺或新增的职位。一提起招聘,大部分的招聘者都会首先将目光放在组织外部,依靠各种外部招聘的手段寻找职位候选人。其实,常常被人们忽略的是,企业内部也是非常重要的潜在候选人来源。

1.内部招募的优缺点

(1)内部招募的优点。

①企业内部的员工本身就是非常重要的候选人来源,对他们进行内部晋升和岗位轮换可以补充职位的空缺,增强公司提供长期工作保障的形象。这一形象同时也有助于公司人员的稳定,有利于吸引那些寻求工作保障的员工。而且,内部晋升强化了企业文化,并且传达了一个信息:忠诚和出色的工作会得到晋升的奖励。当员工得知公司内部有提升和岗位轮换机会以及管理层人员将从内部提拔时,他们会感受到激励,会更加努力地工作。公司内部晋升可使企业将对外招聘集中在"初级层次"的职位上,填补初级层次的职位比较容易,求职人才库更大,也有更多的时间去培训和评估那些渴望做到更高层职位的人。即使雇佣到"劣质"的员工,对于初级层次的职位来说,对公司的损失也会较低。

②内部员工了解自己的公司,能够更好地理解职位的要求,同时对企业文化也更加认同。当聘用一位内部员工后,聘用的是一名工作能力有保障的员工,一个知根知底的人。公司了解其工作业绩、工作习惯和个人品行;而员工也了解公司对其工作期望。这样员工就更容易适应新的职位,公司在招聘中所冒的风险也比较小。

③内部招募的方法最经济实惠。内部招募的费用要比从外部招募少得多。从内部招募可以使企业节省诸如广告费、会务费、猎头公司代理费等开支,如果我们把管理者对外来者的聘用、分配和新员工熟悉企业所花费的间接成本考虑进去,那么节省的费用就更多了。

④内部招募的成功率较高且工作的稳定性好。企业内部的员工具有较丰富的同行业社会关系,员工可以借助自己的人际关系推荐人才。有调查表明,通过内部员工推荐被录用的雇员往往比通过其他方法招聘来的员工任职的时间更长。

(2)内部招募的缺点。

①内部招募在一定程度上容易造成内部部门之间的矛盾。有时,一名优秀的员工可能会被几个部门争夺。有的部门经理比较受人欢迎,员工也会倾向于到他的部门。由于职位之间待遇上的差别,员工会选择薪资高的职位。因此,内部招募可能会带来不稳定的因素。

②内部招募容易创造不公平的因素,出现近亲繁殖的弊端。例如,有些职位的候选人会被领导"内定",并非依据其实际能力,而是依靠关系。有时甚至会为某些人创造出来一些职位,因人设岗。内部员工在推荐人选时往往推荐与自己关系密切的人,时间长了,员工中会出现一些小的团体,不利于文化的融合和工作的开展。

③有时会造成员工的不满和工作积极性下降。例如,一名员工想要应聘内部招募的职位,但其主管认为他是部门的骨干力量,不希望放他离开,而员工本人的兴趣却不在这里,因此会产生矛盾。

④缺少思想碰撞的火花,影响组织的活力和竞争力。得到内部晋升的人和组织原本是和谐的,观念、文化、价值观彼此认同。因此,不会因人员变动产生思想碰撞,也不会产生由于这种碰撞出现的不平衡,组织在这一过程中明显缺少活力。如果组织已经有了内部选拔的惯例,当组织出现创新需要而急需从组织外部招聘人才时,就可能会遇到现有员工的抵制,损害员工的积极性。

2. 内部招募的途径

(1)内部晋升。当某个职位需要那些熟悉组织人员、工作程序、政策以及组织特性的人去做时,企业内部员工更有能力胜任空缺的职位,这时可以采用内部晋升的方法。在企业内部进行有效的晋升可以激励员工更好地工作。从时间和金钱两个方面来看,内部晋升也更为经济。

如果一个组织有内部晋升政策,它必须对候选人进行鉴定、筛选并施加压力。一个常被掩盖的问题是在企业迅速发展的时候,由于组织面临严重的管理人员短缺,大部分的雇员都会得到晋升而不重视其任职资格。快速的发展可能会暂时掩盖管理上的不足,但当公司的增长率下降时就会出现管理者剩余的现象。此时,这些管理者的不适便暴露无遗了。

(2)工作轮换。职务调动通常是永久性的,而工作轮换往往是临时性的。工作轮换不仅可以使接受培训的管理人员适应组织各种不同的环境,还可以减轻那些处在高度紧张职位上的员工的工作压力。如海尔集团提出"届满轮流"的人员管理思路,即在一定的岗位上任期满后,由集团根据总体目标并结合个人发展需要,调到其他岗位上任职。加拿大魁北克省的一些医院实行这样的政策即定期对在急救室等高度紧张环境中工作的护士与其他病房的护士进行轮换。

（3）返聘。组织将提前退休、已经退休的员工再召回组织工作。这些人大多都对组织工作十分熟悉，不需要进行过多的培训就可以直接上岗。

3. 内部招募的方法

（1）职位公告。职位公告即将职位空缺公之于众，并列出工作特性，如资格要求、职位要求、薪资等级等。职位公告是组织内部招聘人员的普通方法，可以通过在组织的布告栏发布工作岗位空缺的信息，或在组织的内部电视台、内部报刊、局域网络上发布。职位公告的内容包括职位的责任、义务、必需的资格、工资水平以及其他相关信息，如公告的日期、截止申请的日期、申请的程序、联系电话、联系地点和时间、该职位是否同时也在企业外部进行招聘、在面谈过程中应聘者是否需要演示他们的技能等。符合任职资格的员工，可以提交正式的申请或者在职位投标单上签名，参加该职位的竞争。在职位公告中，必须坚持公平、公正、公开的原则，保证所有的正式员工都有资格利用职位公告向人力资源管理部门提出申请并参加竞聘，要保证空缺职位的名单能够被传达到组织中的每一位员工。表5-1是某企业的职位公告表。

职位公告的目的在于让组织中的全体员工都了解到哪些职位空缺，需要补充人员，使员工感觉到组织在招募人员方面的透明度与公平性，有利于提高员工士气。一般来说，职位公告经常用于非管理层人员的招聘，特别适用于普通职员的招聘。职位公告法的优点在于让组织内更为广泛的人员了解到此类信息，为组织员工职业生涯的发展提供了更多的机会，可以使员工脱离原来不满意的工作环境，也促使主管更加有效的管理员工，以防本部门员工的流失。它的缺点在于这种方法花费的时间较长，可能导致岗位较长时间的空缺，影响组织的正常运营。而员工也可能由于盲目的变换工作而丧失原有的工作机会。

为尽量弥补职位公告的缺陷，在内部进行职位公告时必须注意以下一些问题：

①资格问题。在企业中所有经过试用期成为长期雇员的人，都有资格申请任何公开的内部招聘职位。但是，一般应该规定那些晋升、转换岗位或者不管是什么原因改变职位不到6个月的雇员，在短时期内不能申请新的内部招聘的职位。如果同时进行多个职位的招聘，每个雇员只能一次申请一个职位。

②职位公告的内容和范围。职位公告提供的有关职位的资料和提出的有关应聘者的要求应该全面准确，保证企业内的每一个雇员都知道有关内部招聘职位的信息。职位公告应该在某种固定的发布渠道上保留一定的时间，并给在外人员或处于流动岗位中的雇员以明确的提示。

表 5-1　职位公告表

编号_____

职位公告

公告日期：_____
结束日期：_____
　　　在_____部门中有一全日制职位_____可供申请。此职位对/不对外部候选人开放
薪资支付水平

　　　　　最低点　　　　中间点　　　　最高点
　　　　　¥_____　　¥_____　　¥_____

职责
参见所附工作描述
所要求的技术或能力
（候选人必须具备此职位所要求的所有技术和能力,否则不予考虑）
1.在现在/过去所任岗位上表现出良好的工作绩效,其中包括：
- 有能力完整、准确地完成任务
- 能够及时地完成工作并能够坚持到底
- 有同其他人合作共事的良好能力
- 能进行有效的沟通
- 可信、良好的出勤率
- 较强的组织能力
- 解决问题的正确态度与方法
- 积极的工作态度：热心、自信、开放、乐于助人和献身精神
2.可优先考虑的技术和能力：
（这些技术和能力将使候选人更具竞争力）
雇员申请程序如下
1.电话申请可打号码_____,每天下午 3:00 之前,_____除外
2.确保在同一天将已经填写好的内部工作申请表连同截止到目前的履历表一同寄至
_____
对于所有的申请人首先根据上面的资格要求进行初步审查
甄选工作由_____负责
机会对每个人来说都是平等的

　　③减少原有雇员的负面影响。职位的申请者应该让自己的主管经理知道,自己正在申请某职位;要从内部雇佣新人的部门经理,应该负责通知这个雇员原来的管理者。这样可以化解潜在的矛盾,并促进有关方面的交流。每一个提出申请的雇员都应该接到人力资源部门的通知,告诉他们是否获得了申请的职位。

　　④保证公开性。如果不公开内部晋升信息,在雇员中容易产生谣言,并造成误解,可能导致严重的后果。因此,必须让人人都知道内部招聘的系统是怎样工作的,筛选和录用的标准应该是公开和公平的,而且要避免倾向于某人的迹象出现。

⑤时间安排。不同企业应根据不同的具体情况来确定到底留出多少时间,才能让所有的雇员都有机会对空缺的职位招聘做出反应。企业的组织结构如果比较复杂,则应预留较长的时间缓冲,以保证公告效果。

下表 5 - 2 所示"某企业的职位公告政策"在一定程度上弥补了职位公告的缺陷。

表 5 - 2　某企业的工作公告政策

资格

- 所有已经度过试用期的正式雇员都有资格利用空缺职位公告政策,提出要求调动到具有更多发展机会职位上去的申请
- 已经被提升或调动,或因任何其他原因而变换过一次工作的雇员,必须要在新的工作岗位上工作满六个月才能申请新的职位

政策

- 空缺职位的名单将被传达至本企业所有部门中的所有雇员。公布的信息包括:工作的名称、薪资等级、所属部门、监督者姓名、工作场所、工作内容的简单描述、资格要求以及对候选人是否要在面谈阶段显示出他们的技能所做的提示
- 在公告中还要列举出从事这一工作所必须具备的基本工作资格和经验。雇员应当向人力资源管理部门咨询,以确定与此工作相联系的晋升机会到底如何
- 职位空缺公告将在公告栏中保持五个工作日
- 申请调动至空缺职位的申请表可以从人力资源管理部门索取
- 人力资源管理部门将审定职位对雇员的资格要求
- 负责雇用的主管人员到公司外部寻找填补空缺职位的候选人之前,会首先审查公司内部雇员的申请
- 如果雇员有意申请新的职位,那么他或她有责任通知自己现在的管理人员
- 负责雇用的主管人员有权决定什么时候填补职位空缺。不过填补任何空缺职位的指导方针都是以雇员所具有的能力、资格、经验、背景以及技能的状况为基础,即要看他们自身的这些情况能否使他们成功地完成工作。雇用主管人员有责任通知雇员的原有管理人员,告知他或她调用这名雇员的原因是什么
- 如果雇员得知组织中将会出现某一职位空缺,而在职位空缺出现期间,他或她又将正好在度假,那么雇员可以事先给人力资源管理部门留下一份申请,请求被予以考虑
- 待填补的空缺职位的上级管理人员在公开宣布最终结果之前,有责任首先确保人力资源管理部门已经事先通知了组织内的所有申请人,告知他们是否得到了这份工作
- 胡乱申请将不会被受理。雇员每次只能申请一个他们感兴趣的职位

> - 由于往往存在事先挑选的情况,因此雇员应当在职位空缺公告发布之前,同自己感兴趣的职位的上级主管人员进行接触,共同制定一份个人职业成长计划的时间表,并且增进他们之间的相互了解,获得一些个人发展信息,了解如何才能掌握自己感兴趣的职位所要求的技能
> - 有些时候需要填补的职位空缺未必会公布出来。这里有两种情况:
>   ①有些工作最好是自然递补或它们是某些雇员职业道路的自然发展
>   ②有些职位是专门为某一工作绩效特别优秀的雇员而设计的,以为其提供个人发展的机会
> - 为使本政策得以贯彻,管理人员应就职业发展问题积极同雇员接触,以帮助他们在某一特定的职业道路或工作阶梯上追求向上运动

(2)技能档案。随着计算机的普及,那些保持技能档案资料计算机化的企业,越来越多的利用技能档案来进行内部招募。技能档案包括诸如雇员的资格、技能、智力、教育和培训方面的信息,而且这些信息是经常更新的,能够全面及时地反映所有雇员的最新技能状况。这些信息不仅能够帮助决策者获得职位申请者的有关信息,而且还可以帮助企业发现那些具备了相应资格,但由于种种原因没有进行申请的雇员。利用技能档案的优点是可以在整个组织内发掘合适的工作候选人,同时技能档案包含的信息比较全面,采用这种方法比较便宜和省时。

以上两种是企业常用的重要内部招募方法,各有特色。企业在应用的时候要具体问题具体分析,选择符合企业实际的,能达到组织、岗位、人才三者最佳匹配的有效方法。

5.2.2　外部招募

外部招募是根据一定的标准和程序,从组织外部寻找员工可能的来源和吸引他们到组织应征的过程。虽然内部招募好处很多,但企业过分依赖内部招募也是一种失误,从外部招募可以弥补内部招募的缺点。

1. 外部招募的优缺点

(1)外部招募的优点。

①新员工会带来不同的价值观和新观点、新思路、新方法,从而给企业带来更多的创新机会。新员工加入企业,与企业内部的人没有各种复杂的关系,可以放手工作。

②外聘人才可以在无形当中给组织原有员工施加压力,形成危机意识,激发斗

志和潜能,从而产生"鲶鱼效应",通过良性竞争而共同进步。

③外部招募可以缓和平息内部竞争者之间的紧张关系。企业内部可能会出现同时有几个人员基本符合某一空缺职位要求的情况,不良的竞争会导致钩心斗角、影响工作的现象。而外部招募可以使竞争者得到某种心理平衡,从而缓解他们的矛盾。

④外部挑选的余地较大,能招募到更优秀的人才,尤其是一些稀缺的复合型人才,从而可以节省内部培养和培训的费用。外部招募也促进社会化的人才合理流动,加速全国性人才市场和职业经理人市场的形成。

⑤外部招募也是一种很有效的信息交流方式,企业可以借此树立积极进取、锐意改革的良好形象。

（2）外部招募的缺点。

①由于信息的不对称,往往造成筛选难度大、成本高,可能出现被聘者的实际能力与招聘时的表现不符合的现象。

②外聘员工需要花费较长时间来进行培训和定位,可能挫伤内部有上进心、事业心员工的积极性,或者引发外聘人才与内部人才之间的冲突。

③外聘人员有可能出现"水土不服"的现象,无法融入企业文化之中。

④可能使企业沦为外聘员工的"中转站"。

2. 外部招募的来源

（1）职业学校。企业往往从职业学校中招聘办事员或其他初级操作工,如家用电器修理、小机械装配、服务礼仪等职业学校都可以提供合格的初级员工。

（2）学院和大学。对许多企业来说,大学与学院是招聘人员的主渠道。在这里,可以发现潜在的专业人员、技术人员和管理人员。倾向于从学校招聘员工的企业往往具备很好的培训体系。

（3）竞争对手或同一行业中其他公司。对于一个要求具有近期工作经验的职位来说,其竞争对手和同一行业中的其他公司可能是一个较好的招聘来源。

（4）退伍转业军人。退伍转业军人往往具有明确的目标和团队取向,有高度责任感和纪律性,并具备优秀的身体素质和道德品质。对那些强调全面质量管理和组织忠诚度的企业来说,这是一个很好的员工来源。

（5）个体劳动者。个体劳动者也是一个良好的潜在的招聘来源。对于要求具备企业内部技术、专业管理或者企业专门知识的各种工作来说,这些人也构成了招聘来源。

（6）老年劳动者。当今社会进入劳动力队伍的 18 岁～25 岁的年轻人越来越少了,这使得不少企业开始把目光投向另外一个招募来源以尽量满足自己的雇用需求,即超出劳动适龄的老年劳动者。老年雇员往往比年轻雇员表现出更高的忠诚性,较高的满意感,老年雇员也可以像其他雇员一样有效地接受培训。

在制定企业的招聘计划时,要以招收职位的素质要求为基础,同时考虑企业的发展状况、培训能力、正式上岗的迫切性、人力成本预算等因素,选择恰当的招募来源。不恰当的招募来源将导致招聘工作的低效,甚至可能会使不合格的员工进入企业。

3. 外部招募的方法

（1）招聘广告。

①招聘广告的含义。招聘广告是利用广告媒体发布招聘信息,吸引应聘者补充空缺岗位的方法,适宜于各种工作岗位,应用最为普遍。使用广告吸引工作申请人有很多优点:发布职位空缺的信息迅速,能够在一两天之内就传达给外界;在广告中可以同时发布多种类型的工作岗位的招聘信息;广告发布方式可以给企业拥有许多操作上的优势,企业可以要求申请人在特定的时间段内亲自来企业、打电话或者向企业的人力资源部门邮寄自己的简历和工资要求等。

②招聘广告媒体的选择。使用招聘广告需要注意媒体的选择,各种广告媒体使用优缺点比较如下表 5 - 3 所示。

表 5 - 3　　广告媒体比较

媒体类型	优点	缺点	何时使用合适
报纸	标题短小精练;广告大小可灵活选择;发行集中于某一特定的地域;各种栏目分类编排,便于积极的求职者查找	容易被未来可能的求职者所忽视;集中的招募广告容易导致招募竞争的出现;发行对象无特定性,企业不得不为大量无用的读者付费;广告的印刷质量一般也较差	希望招募限定于某一地区时;当可能的求职者大量集中于某一地区时;当有大量求职者在翻看报纸,并且希望被雇佣时
杂志	专业杂志会达到特定的职业群体手中;广告大小富有灵活性;广告的印刷质量较高;有较高的编辑声誉;时限较长,求职者可能会将杂志保存起来再次翻看	发行的地域太广,故在希望将招募限定在一特定区域时通常不能使用;广告预约期较长	当所招募的工作承担者为专业人员时;当时间和地区限制不是最重要的时候;当与正在进行的其他招募计划有关联时

媒体类型	优点	缺点	何时使用合适
广播电视	不容易被观众忽略;能够比报纸和杂志更好地让那些不是很积极的求职者了解到招募信息;可以将求职者的来源限定在某一特定地域;极富灵活性;比印刷广告能更有效地渲染雇佣的气氛;较少因广告集中而引起招募竞争	只能传递简短的、不是很复杂的信息;缺乏持久性;求职者不能回头再了解(需要不断地重复播出才能给人留下印象);商业设计和制作(尤其是电视)不仅耗时而且成本很高;缺乏特定的兴趣选择;为无用的广告接收者付费	当处于竞争的情况下,没有足够的求职者看你的印刷广告时;当职位空缺有许多种,而在某一特定地区又有足够求职者的时候;当需要迅速扩大影响的时候;当在两周或更短的时间内足以对某一地区展开"闪电式轰炸"的时候;当用于引起求职者对印刷广告注意的时候
其他印刷品	在求职者可能采取某种立即行动的时候,引起他们对企业雇佣的兴趣;极富灵活性	作用有限;要使此种措施见效,首先必须保证求职者能到招募现场来	在一些特殊场合,如就业交流会、公开招聘会上布置的海报、标语、旗帜、视听设备等;或者当求职者访问组织的某一工作地时,向他们散发招募宣传材料

③招聘广告的设计制作。想要招聘广告能有效地吸引优秀人才,不仅要符合设计制作规范,还要有独特创意。

第一,有一句使人过目不忘的主题广告词。多数招聘广告词都是平铺直叙的,不讲究创意,在众多的招聘广告中不能引起人们的注意。招聘广告必须讲究创意,才能吸引尽可能多的应征者,为招聘广告确定一句好的主题广告词是一种简捷有效的方法。主题广告词的创意,可以有以下几种思路:

- 直入主题型,如"诚聘销售人员"。
- 强调企业型,如"请您加入××行列"。
- 强调商品型,如"与您共创超群的××"。
- 劳动条件强调型,如"月薪 5000 元"。
- 强调个性型,如"××企业为您搭起成功的舞台"。
- 理由强调型,如"本企业最关注的是人才投资"。

第二,详列要求,告诉应聘者想知道的一切。引人注目的广告词,可以吸引媒体受众认真阅读、收看、收听招聘广告,但真正能让媒体受众成为应征者必须要有好的广告内容。一般说来,应聘者想要知道以下信息:工资收入、工作内容、工作时间、工作条件与工作环境、招聘的条件(招聘人数、招聘的专业限制、年龄和学历限制、工作经验限制等)、应聘方法(需提交的应聘资料、招聘期限、联系方法等)和企业情况等等。加上一小段文字介绍,可以树立企业形象,令申请人觉得申请该职位是一件光荣的事。加上提供培训(注意培训信息必须是真实的)、工作条件等,让人感觉公司是有诚意培育人才的。

第三,广告位置与文字设计。广告位置与花费息息相关,愈抢眼愈大页的广告,价钱愈昂贵。不少报章刊物都有若干广告优惠,若公司在年初时与报章签下合约,一年内刊登若干广告,价钱会较便宜,亦能争取到较好位置。较小页的广告,收到的申请信未必比较大页广告少,却会给人不可靠的感觉;而大页广告除鼓励实力较强的人申请,也可以在广告中建立公司声誉,让人感觉公司规模庞大。若公司可负担,宜多用大页广告。广告文字设计要视乎招聘职位而定。招聘管理职级的广告,资料必须清楚明确,若招聘美术设计员则可用较具创意的设计。

第四,平等条例。刊登招聘广告不要触犯平等条例,雇主应确保广告内容以统一甄选准则为本,确保不会因性别造成待遇差异及不能暗示残疾歧视。

一份好的广告应具备使人过目不忘的广告词,清楚说明招聘的岗位、人数与所需资格条件,帮助组织宣传企业文化树立企业形象。想要更好的设计和构思招聘广告,可以借鉴西方国家的 AIDA 方法。

A——attention,即广告要引人注意,善于利用各种技巧。如报纸的分类广告中,有意留白或为重要的职位进行单独的广告。

I——interest,即开发应聘者对职位的兴趣。这种兴趣可从职位本身去挖掘,如未来的发展空间、收入、地理位置等。

D——desire,即让求职者对空缺职位产生认同感和欲望。

A——action,即广告能让人马上采取行动。

(2)人才中介机构(就业服务机构、猎头公司)招聘。

①就业服务机构。就业服务机构是专门进行人力资源搜索、筛选,并向企业提供各类所需人才的机构。通过就业服务机构,企业往往可以较快地招聘到合适的人员。企业通过与合适的专业机构进行接触,告知所需工作的资格;专业机构承担寻找和筛选求职者的工作,向企业推荐优秀的求职者以便进一步筛选。在我国,就业服务机构是指各种职业介绍所(包括政府办的公共职业介绍机构、私人或民间的职业介绍所)、人才交流中心等。

企业如果借助于就业服务机构,首先必须向他们提供一份精确而完整的工作说明,这有利于就业服务机构帮助企业招聘到更合适的人员。其次,参与监督就业服务机构的工作,如限定他们使用企业认为最合适的筛选方法或程序,定期地检查那些被就业服务机构接受或拒绝的候选人的资料,以及时发现他们工作中的不足部分。

②招聘洽谈会。人才交流中心或其他人才机构每年都要举办多场人才招聘洽谈会。在洽谈会中,用人企业和应聘者可以直接进行接洽和交流,节省了企业和应聘者的时间。随着人才交流市场的日益完善,洽谈会呈现出向专业方向发展的趋势,如中高级专业人才洽谈会、应届生双向选择会等。洽谈会由于应聘者集中,企业的选择余地较大,但招聘高级人才还是较为困难。通过参加招聘洽谈会,企业招聘人员不仅可以了解当地人力资源素质和走向,还可以了解同行业其他企业的人事政策和人力需求情况。

③猎头公司。猎头公司在我国是近年来为适应单位对高层次人才的需求与高层次人才的求职需要而发展起来的。是单位求取高级人才与高级人才流动的主渠道之一,收费相当高。通常,即使该公司举荐的候选人未被雇用也需要付费。如果企业需要的是中高层管理人员,委托猎头公司招聘具有其他招聘方式无可比拟的优势。首先,企业的这些岗位一般都有现职人员,在没有物色到更佳的替换对象前,调整决定尚掌握在企业领导层面,不适宜通过媒体大张旗鼓地进行公开招聘,影响现职人员的工作积极性;其次,能够胜任这些岗位的候选人多已名花有主,薪水、地位相当有保障,不会轻易"跳槽",即便有换单位的意向,也较倾向于暗箱操作,不愿在去向未定之前闹得满城风雨,让领导、同事都知道,他们投寄应聘材料和参加招聘会的可能性不大;第三,专业化的中介公司一般都有固定的猎取渠道和丰富的操作经验,能够在雇佣双方间进行有效的沟通。

(3)校园招聘。校园招聘是指企业通过在校园中举办招聘会等形式,提前招聘一些即将毕业的大中专院校学生的一种招聘途径。大中专院校的学生,特别是一些名校或紧俏专业的学生,由于他们具备最新的知识、较高的素质和能力并具有较强的可塑性,往往是各大企业争夺的对象,对他们的获取一般都通过校园招聘的途径。校园招聘活动一般遵循这样的步骤:第一步,进行招聘分析,分析并确定企业需要通过校园招聘获取的岗位和工作。第二步,准备职位申请书,将所需招聘职位的要求制成职位申请书,申请书的内容应包括职位的工作职责、所需技能和能力等。第三步,挑选学校,在每年的春季选择招聘学校并制定招聘日程表。第四步,进行校园面试,招聘者到校园中邀请适合的候选人参加组织的现场面试。第五步,审查候选人,对面试中表现出色的候选人采取进一步的审查和甄选,符合要求的可签订就业协议。第六步,评价招聘工作。对整个招聘工作进行评价,总结经验教训。

校园招聘是组织获得潜在管理人员及专业技术人员的一条重要途径,也是宣传企业形象的一种非常便利的手段。但同时要注意到校园招聘持续时间长,确定的候选人要等到毕业才能被雇用；另外，由于毕业生就业之初离职或跳槽的情况比较多，工作稳定性差，组织的招募、选拔和培训成本较高。

（4）网络招聘。

①网络招聘的含义。网络招聘也称在线招聘或电子招聘，它是指利用互联网技术进行的招聘活动，包括信息的发布、简历的搜集整理、电子面试以及在线测评等。它并不仅仅是将传统的招聘业务搬到网上，而是互动的、无地域限制的和具备远程服务功能的一种全新的招聘方式。网络招聘以其招聘范围广、信息量大、可挑选的余地大、应聘者素质高、招聘效果好、费用低等优势，获得了越来越多企业的认可。

②网络招聘的常规渠道：

第一，注册成为人才网站的会员，在人才网站上发布招聘信息，收集求职者信息资料，查询合适人才信息，这是目前大多数企业在网上招聘的方式。由于人才网站上资料库大、日访问量高，企业往往能较快招聘到合适的人才。同时，由于人才网站收费较低，很多公司往往会同时在几家网站注册会员，这样可以收到众多求职者的资料，可挑选的余地更大。

第二，在自己公司的主页或网站上发布招聘信息。很多公司在自己的网站上发布招聘信息，以吸引来访问的人员加入。

第三，在某些专业的网站发布招聘信息。由于专业网站往往能聚集某一行业的精英，在这样的网站发布招聘信息往往效果更好。

第四，在特定的网站上发布招聘广告。有些公司会选择在一些浏览量很大的网站做招聘广告。

第五，利用搜索引擎搜索相关专业网站及网页，发现可用人才，自己做猎头。

第六，通过网络猎头公司。专业的网络猎头公司利用 INTERNET 将其触角伸得更深更远，再高的职位他们都会猎寻得到。

③网络招聘注意事项。网络招聘是未来招聘的发展趋势。对大型公司而言，公司网站可以成为公司招聘的主要渠道。想通过先进的网络招聘方式来实现有效招聘，企业必须注意做到以下几点：

- 建立一个不断更新的一流网站，形成一个合适的招聘周期。
- 实行完全网络招聘策略，满足企业对员工的需求并实现高保留率。
- 将招聘管理系统技术运用于招聘全过程，利用以往区分主动求职者和被动求职者的经验，精心选择"网络应聘者"。

目前已经实现了网络招聘的公司，有一半以上并未充分利用网上招聘的优势，只是把它作为传统的纸上招聘程序的一种补充，用来收集应聘者的资料。在今后几年中，企业面临的挑战将是如何将招聘过程完全数字化，即从求职者身份验证、简历的初步筛选到来信的回复、信息分档存储等一系列工作都由互联网来进行，使

HR 经理们能够更大程度地享受网络招聘带来的便利和轻松。

（5）员工推荐。许多企业都采取员工推荐的方法来招募新员工,员工推荐对招聘专业人才比较有效。员工推荐具有招聘成本小、应聘人员素质高、可靠性强的优点,因此有人认为员工推荐是招募方法中最好的一种。当然,这种做法也并非没有缺点,因为一旦雇员所推荐的人被拒绝,则这个雇员可能会产生不满。而且如果引荐的人数过多,容易形成小团体和非正式组织,对组织可能形成致命的伤害。

在那些员工满意度高的组织中,雇员推荐是一种特别有效的招聘方式。只有当雇员认为公司是一个工作的好地点,他们才会推荐朋友或者家庭成员加入这个组织。据了解,美国微软公司 40% 的员工都是通过员工推荐方式获得的。为了鼓励员工积极推荐,企业可以设立一些奖金,用来奖励那些为公司推荐优秀人才的员工。

（6）跨国和跨文化的招募。高级管理人才或一些尖端技术的专门人才需要到不同文化背景的地域范围即全球去进行选择。特别是企业业务向海外拓展时,获得海外招募来源就成为越来越重要的问题。海外招募可以在世界范围内进行人才的选择,候选人的数量和质量都与局限于国内的招募不可同日而语。但是海外招募也有许多困难,比如对候选人的资格、背景审查就非常困难,而且雇佣外国人在手续上也比较烦琐。

几种外部招募方法各有优缺点,可以比较选择运用。见下表 5 - 4 各种外部招募方法的比较。

表 5 - 4 　各种招聘途径的比较

招聘途径	适合招聘的工作类型	速度	成本	求职者来源	求职者同工作要求的符合程度
招聘广告	所有	快	中	广	不高
就业服务机构	蓝领工人、低层管理人员	中	中	较广	较高
猎头公司	中、高层管理人员	中	高	较广	较高
校园招聘	管理人员、专业技术人员	慢	高	较广	较高
网络招聘	所有	快	低	广	较高
员工推荐	所有	快	低	不广	高
跨国和跨文化的招募	高级技术人才、高层管理者	中	高	广	较高

5.3　招募注意事项

要想吸引足够多优秀人才来应聘,企业还必须注意以下几点:

(1)为应征者着想。为应征者着想,首先要解决人—职匹配的问题。人—职匹配是指求职者的素质和条件与待聘岗位的适合程度。其次,要为员工的成长考虑,应鼓励他们自我发展并给予机会。

(2)合格的招募团队。招募团队成员必须是企业精英,通过他们的专业行为、优秀表现可以更好地展示企业,吸引优秀人才。

(3)合理设计招募程序、安排招募时间。假如求职者按时间顺序考虑其职位选择,那么较早地开始招募活动将大大提高获得合格应征者的可能性。一些高科技公司在大学生三年级学习结束的时候,或者是在与大学的合作教育计划中就开始招募可能应征者的活动。

(4)诚恳的招募态度。组织的招募态度自始至终都将充分体现在招募活动中,每个应征者在求职的过程中都会感受得到。例如,招募广告中,组织声称"诚聘英才"、"求贤若渴"。

(5)通过招募提高企业的知名度。通过组织策划招募活动,既可以录用到合格的人才,同时也是对本企业的一次宣传。因而在选择招募方法时,必须考虑到这一点。一些企业为招聘几个人,不惜耗费巨资,制作气度不凡的广告,甚至发招聘广告而不录用,其目的也在于提高企业知名度。所以企业不能为招聘而招聘,还需考虑通过招聘活动,提高企业的知名度,改变企业的形象。

(6)在招募中防备弄虚作假。一定要认真核实应征者提供的个人简历、推荐信等资料。

(7)拒绝的艺术。如何拒绝应征者,也是一个值得重视的问题。要讲究方式方法,不要损害企业形象和求职者对本企业的信心。

(8)要注意不要以种族、肤色、宗教、性别、原属国籍等为理由拒绝求职者。

(9)要注意做好招募纪录并对最优的招募方式进行统计和研究。

招聘工作是企业人力资源管理中最基础性的工作之一,招募到足够多的优秀的工作候选人是招聘成功的重要环节。要想吸引足够多优秀人才来应聘,对于不同的企业及不同的职位类型,选择的招募方式也各不相同。各种方式的选择使用都会受到内、外部环境因素的影响,效果各异。在进行选择时,企业要结合实际,综合考虑,比较运用。

本章思考题

1. 内部招募有哪些优点和缺点？你认为何种情况以内部获取为宜？
2. 外部招募有哪些优点和缺点？你认为何种情况以外部获取为宜？

案例分析 5-1

中塑集团的大规模招募

中塑集团是中国规模最大的塑化集团,董事长王大华白手创业,对人才的引进非常重视,并形成自己的一套"招聘哲学"。

中塑集团在刚刚起步时,在报纸上公开刊登向社会招聘高级技术管理人才的广告,一时间,200余名专业技术人员前来报名,自荐担任中塑集团的经理、部门主管、总工程师、总会计师等职位。在应聘人员中,有搞了几十年机床设计的高级工程师,也有搞飞机制造、船舶动力装置设计的高级工程师,还有化工、物理、电器等专业的技术人员。王大华专门从北京大学聘请来人力资源管理方面的专家组成招聘团,自己并亲自主持招聘。随后,招聘团对应聘者进行了笔试、口试等选拔测试。

经过几轮激烈竞争的考试,自荐者各自显示出自己的才干。答辩中,原某化工公司的高级工程师黄任忠对中塑集团的某型产品得到质量金牌未有赞词,却提出了居安思危,改进产品的新设想。他说:目前塑料制品的生产技术欧美居于领先地位,我们要将别人的技术加以消化吸收,形成自主开发、独立设计、制造新产品的能力,争取开创世界一流水平。一番话给招聘团员留下了深刻的印象,王大华高兴地说:"我在这里看到了人才流动将会给集团输送多少优秀的管理人才和技术人才啊!"最后经过多方面的考察和调查,包括该名工程师在内的一批人才被集团高薪聘用。

通过这次公开招聘人才的尝试,确实给中塑集团带来了新的生机和活力。新招聘的高级技术管理人员到任不久,便与集团领导、技术人员、工人们密切合作,开发出许多新产品,在亚洲市场的竞争中取得了优势,使中塑集团迅速地成长壮大为国际知名的企业集团。

企业的兴衰,人才是关键,所以大多数企业都争相到企业外去招揽人才。王大华不完全同意这种做法,他认为人才往往就在你身边,因此求才应首先从企业内部去寻找。他说:"寻找人才是非常困难的,最主要的是,自己企业内部管理工作先要做好;管理上了轨道,大家懂得做事,单位主管有了知人之明,有了伯乐,人才自然就被发掘出来了。自己企业内部先行健全起来,是条最好的寻人之道。"

如今大多灵敏企业家求才若渴,大多到外边寻找人才,却大叹求才之难;对此,王大华指出:"企业家对自己企业内有无人才浑然不知,对人才不给予适才适用的安置,人才也是枉然。身为企业家,应该知道哪个部门为何需要此种人才呢?"基于这个道理,中塑集团每当人员缺少时,并不对外招聘,而是调任本企业内部的其他部门的人员。

案例讨论:

1. 你是否认同王大华的"招聘哲学"? 请说明理由。
2. 请分析内部招聘与外部招聘的优缺点。
3. 请就外部招聘方法的种类作叙述并比较分析其适用的岗位类型、招聘速度、适用地理区域。

案例分析 5-2

TS 公司的招募

TS 集团公司在刚刚起步时,曾在报纸上刊登向社会公开招聘高级技术管理人才的广告,在一周内就有 200 余名专业技术人员前来报名,自荐担任 TS 集团的经理、部门主管、总工程师等。公司专门从某学校聘请了人力资源管理方面的专家组成招聘团,总裁并亲自参加。随后,招聘团对应聘者进行了笔试、面试等选拔测试,挑选出一批优秀的人才。这次向社会公开招聘人才的尝试,给 TS 集团带来了新的生机和活力,使其迅速发展成为当地知名的公司。

随着知名度的迅速提高,该公司开始从组织内部寻找人才。公司决策层认为:寻找人才是非常困难的,但是组织内部机构健全,管理上了轨道,大家懂得做事,单位主管有了知人之明,有了伯乐,人才自然会被挖掘出来。基于这个思想,每当人员缺少的时候,该公司并不是立即对外招聘,而是先在本公司互通有无,进行人才交流,只要是某部门需要的人才,双方部门领导同意后就可以向人力资源部提出调动申请。

 **案例讨论：**

　　1.在起步阶段 TS 集团公司为什么采用外部招募的方式？

　　2.随着企业知名度越来越高,TS 集团为什么优先从组织内部寻找人才？

阅读资料 5-1

阿里巴巴 招聘合适的员工

　　2001 年的时候,我犯了一个错误,我告诉我的 18 位共同创业的同仁,他们只能做小组经理,而所有的副总裁都得从外面聘请。现在 10 年过去了,我从外面聘请的人才都走了,而我之前曾怀疑过其能力的人都成了副总裁或董事。

　　我的经验是:必须依赖并关心员工。你的员工,你的团队是唯一能够改变一切的力量。员工是帮助你实现梦想的基础。大企业总是抱怨创新过程中所碰到的问题,它们不知道如何实现目标,原因是它们没有倾听员工的意见。它们把太多的精力花在了股东身上。股东会给你很多意见,但是在执行过程中,他们却会离你而去。股东随时都在改变主意,但是你的员工却总是和你站在一起支持你。我记得 2000 年和 2001 年是我最艰难的时候,当时只有一群人同我并肩作战,他们就是我的同事。他们说:马云,未来两年你不用给我发工资,我会和公司一起坚持到最后,因为你尊重我们,因为客户需要我们。

　　我给大家讲个笑话吧,要是你认为你的员工都是人才,那么他们就会表现得像个人才,如果你不相信他们的能力,那么他们永远也不会成为人才。2000 年,在我们筹到五百万美元的资金时,我犯过一次错误。在拥有如此巨额的资金时,我们就开始不断犯错,开始尽量寻找并聘请天才员工——那些所谓的 MBA 人才及跨国公司的副总裁等。因为我曾经认为,如果你能拿到 MBA,则意味着你一定是个很优秀的人才。但在我们所聘请的此类人才中,确实不尽如人意。因为他们只会不停地跟你谈策略,谈计划。我记得曾有个营销副总裁跟我说:马云,这是下一年度营销的预算。我一看,天啊,要一千两百万美元,我仅有五百万美元!就问道为什么?他却回答我说,我做的计划从不低于一千万美元!所以,在聘请员工的时候,应该找最适合的人,而不一定非要最天才的人。

在你的公司还不够强大时却想聘请高端人才,就好比将波音747的引擎放到拖拉机里。即使引擎放得进去,但要知道拖拉机是永远飞不起来的。我的建议就是寻找适当的人才,然后投资在他们身上,这样,只有他们成长起来时,你的公司才会一同成长发展。

2000年的时候,阿里巴巴请人是非常困难的。只要没什么重大的残疾,我们就用。只要会走路的,我们就用。因为那时,没人相信互联网,没人相信电子商务在中国能行得通。也没人相信会出现互联网。但这些人,因为他们没工作,也从没想过自己创业,没有别的想法,所以他们就选择了阿里巴巴。

5年后,我们上市的时候,公司里出了上千名百万富翁。于是我找他们聊天,我问他们,你认为什么样的人才是成功人士?为什么我们能获得这样的成功呢?为什么我们在20多岁的时候就能成为百万富翁呢?是因为我们特别勤奋吗?我觉得有太多比我们更勤奋的人。那么你觉得是因为我够聪明?我觉得我不够聪明。我考大学的时候,足足考了三次才被录取。所以我觉得我并不聪明,我也不觉得你比我聪明。

我们成功了,为什么呢?因为我们能坚持自己的梦想。我们相信自己的梦想能够实现。无论你的梦想有多大,无论它前进的步伐有多小,只要坚持与它们一起成长,与公司一起成长,梦想总会成真。

所以我想告诉大家的是,多关注员工,因为他们是有家庭有梦想的人。他们不只是为了工作而工作,他们还带着他们的梦想并与你共同分享。

阅读资料 5-2

内部选拔与外部招聘的困惑

苹果公司曾聘用百事可乐总裁任CEO,通用电器选拔"土生土长"

的杰克·韦尔奇,这两位都为所在公司做出卓越的贡献。而面对高层人事问题,是"输血"还是"造血",这个问题一直未有定论。

随着涉足领域的拓宽和企业规模的不断扩大,A 集团公司的业务蒸蒸日上,但是最近老总却陷入烦恼中。公司准备投资一项新的业务,已经通过论证准备上马了,但是几位高层在事业部总经理的人选上产生了很大的分歧。一派认为应该选择公司内部的得力干将小王,而另一派主张选用从外部招聘的熟悉该业务的小李,大家各执己见,谁也不能说服对方,最后还是需要老总来拍板。那么,究竟哪一种选择更好呢?

我们先来看看这两种方式各自的利弊吧。

内部选拔的利弊分析

内部选拔的优势体现在以下方面:

1. 招聘成本和效率。从内部培养和选拔人才,直接成本比较低,效率也相对较高,但企业内部要有一套系统的人员培养和选拔体系。

2. 选拔的效度与信度。企业和员工之间的信息是对称的,用人风险比较小,成功率较高。企业对于内部员工工作态度、素质能力以及发展潜能等方面有比较准确的认识和把握。

3. 员工激励。内部选拔能够给员工提供更多的成长空间,使员工的成长与组织的成长同步,容易激励和鼓舞员工士气,形成积极进取、追求成功的氛围,达成美好的远景。

4. 价值观念。长期的磨合,员工与企业在同一个目标基础上形成趋同的价值观,相互比较信任,员工已融入企业文化之中,认同组织的价值观念和行为规范,对组织的忠诚度较高。

5. 学习成本。内部员工对企业的现有人员、业务模式和管理方式非常熟悉,易于沟通和协调,因而可以更快地进入角色,学习成本更低,有利于发挥组织效能。

内部选拔也存在一些明显的弊端:

由于新的岗位总是有限的,内部员工竞争的结果必然是有人欢喜有人忧,有可能影响到员工之间的关系,甚至导致人才的流失,这是企业很不愿意看到的;企业内部长期的"近亲繁殖"、"团体思维"、"长官意志"等现象,不利于个体创新和企业的成长,尤其是中小型企业。

外部招聘的利弊分析

外部招聘的优势体现在以下方面:

1. 外部交流。外部招聘是一种有效的与外部信息交流的方式,企业同时可借机树立良好的外部形象。新员工能够带给企业不同的经验、理念、方法以及新的资源，使得企业在管理和技术方面都能够得到完善和改进，避免了近亲繁殖带来的弊端。

2. 鲶鱼效应。外聘人才可以在无形当中给组织原有员工施加压力，形成危机意识，激发斗志和潜能。压力带来的动力可以使员工通过标杆学习而共同取得提高。

3. 选择范围。外部人才挑选的余地要比企业内部大得多，能招聘到更多优秀人才，包括特殊领域的专才和稀缺的复合型人才，可以为企业节省大量内部培养和培训的费用。

外部招聘存在的问题：

由于信息不对称，往往造成筛选难度大，成本高，甚至出现"逆向选择"；外聘员工需要花费较长时间来进行磨合和定位，学习成本高；外聘人员可能由于本身的稀缺性导致较高的待遇要求，打乱企业的薪酬激励体系；外聘可能挫伤有上进心、有事业心的内部员工的积极性和自信心，或者引发内外部人才之间的冲突；"外部人员"有可能出现"水土不服"的现象，无法融入企业文化氛围之中。

企业在选择招聘方式时应遵循的几个原则：

1. 高级管理人才选拔应遵循内部优先原则。在人力资本成为企业核心竞争力重要组成部分的今天，高级管理人才对于任何企业的发展都是不可或缺的，企业在高级管理人才的选拔过程中应当遵循内部优先的原则。

高级管理人才能够很好地为企业服务，一方面是依靠自身的专业技能、素质和经验，能够为企业服务；另一方面更重要的是对企业文化和价值观念的认同，愿意为企业贡献自己全部的能力和知识，而后者是无法在短期内完成和实现的。

企业内部培养造就的人才，更能深刻理解和领会企业的核心价值观，由于长期受企业文化的熏陶，已经认同并成为企业文化的信徒，所以也更能坚持企业的核心价值观不变，而核心价值观的延续性对企业是至关重要的。

同时企业的高层管理团队和技术骨干，都是以团队的方式进行工作，分工协作，密切配合，而核心价值理念相同的人一同工作更容易达成目标，如果观念存在较大差异，将直接影响到合力的发挥。

2. 外部环境剧烈变化时，企业必须采取内外结合的人才选拔方式。当外部环境发生剧烈变化时（行业的经济技术基础、竞争态势和整体游戏规则发生根本性的变化;知识老化周期缩短,原有的特长、经验成为学习新事物新知识的一种包袱,企业受到直接的影响),从企业外部、行业外部吸纳人才和寻求新的资源,成为企业生存的必要条件之一。

不仅因为企业内部缺乏所需的专业人才,同时时间也不允许坐等企业内部人才的培养成熟,因此必须采取内部选拔与外部招聘相结合、内部培养与外部专业服务相结合的措施。

3. 处于快速成长期的企业,应当广开外部渠道。对于处于成长期的企业,由于发展速度较快,仅仅依靠内部选拔与培养无法跟上企业的发展。同时企业人员规模的限制,选择余地相对较小,无法得到最佳的人选。这种情况下,企业应当采取更为灵活的措施,广开渠道,吸引和接纳需要的各类人才。

4. 企业文化类型的变化决定了选拔方式。如果组织要维持现有的强势企业文化,不妨从内部选拔,因为内部的员工在思想、核心价值观念、行为方式等方面对于企业有更多的认同,而外部的人员要接受这些需要较长的时间,而且可能存在风险;如果企业想改善或重塑现有的企业文化,可以尝试从外部招聘,新的人员带来的新思想、新观念可以对企业原有的东西造成冲击,促进企业文化的变化、改进和完善。

内部选拔优先还是外部招聘优先,对于不同层次的人才、不同环境和阶段的企业应采取不同的选择,必须视企业的实际情况来定。这就需要企业在既定的战略规划的前提下,在对企业现有的人力资源状况分析和未来情况预测的基础上,制定详细的人力资源规划,明确企业的用人策略,建立内部的培养和选拔体系。同时,有目的、有计划、分步骤地展开招聘选拔工作,给予企业内外部人才公平合理的竞争机会,以形成合理的人才梯队,保证企业未来的发展。

第 **6** 章

员工筛选

招募或筛选的过程都是关于个人与企业匹配的活动,只是本质不同。招募的过程是组织与职缺的特性与个人的需求匹配,由应征者决定是否满足需求。筛选的过程则是应征者的能力与企业所需人才的条件匹配,由企业来决定是否匹配。而无论是招募或是筛选,其基本含义都在于组织、职务与个人之间的匹配度。对组织而言,若无法找出合适的人员担任职务,则组织将付出不必要的招募筛选成本、训练成本与薪资成本等,使组织绩效无法提升。对个人而言,无法找出适合自己的职务,则将花费不必要的时间、精力与努力,使个人的职业生涯无法拓展。因此,无论是对于组织或是个人,筛选的重要性都是不可忽视的。随着社会科学的发展以及对人力素质的重视,筛选的工具开始逐渐多样化。透过履历表筛选、面试、测验等层层关卡,企业能逐步筛选出最适当的人选,个人也能找到最合适的工作。

重点问题

⇨ 筛选的含义及影响因素
⇨ 岗位筛选方案的设计步骤
⇨ 申请表和简历的筛选
⇨ 筛选面试及其他筛选技术
⇨ 各类筛选技术的操作说明

6.1 筛选概述

在全球竞争日益加剧的今天,每个企业都在关心其员工的能力。员工的能力是构建企业核心竞争力的一个重要因素,对于员工能力的来源而言是选人重要,还是培养人重要呢? 著名咨询公司盖洛普的观点:选对人比培养人重要。著名微软公司的观点:微软员工所取得的成功主要得益于先天智慧而不是经验积累,微软注重招聘时的慧眼识珠而不是后来的经验。人力资源管理的目的是岗位与人的匹配,因此很多企业越来越重视员工的筛选工作,在选对人的前提下再去培养人。

6.1.1　筛选的含义

所谓人员筛选是以为公司选取合适人才为目的的一个过程。筛选的目标是对前往企业应征的人进行各种测试,挑选出企业所需要的人才,做到人岗匹配、人与组织匹配。筛选包括信息收集和信息评估两个方面:信息收集方面是系统地收集岗位候选人与工作相关的全部信息;信息评价方面是对于收集岗位候选人与工作相关的全部信息与岗位所需资格条件进行比较。

筛选通常包括对内与对外的筛选,二者的基本观念和原则是一致的,也就是在候选的人选中找到最适合的人,同时以最公平、最经济的方式达到筛选的目标。资料显示因候选人的来源不同,对内与对外筛选的内容有所侧重,对内筛选因候选人来源企业内部,侧重与岗位的匹配,对外筛选需要候选人与岗位和组织同时匹配。

6.1.2　影响筛选的因素

我们希望通过运用筛选技术和工具获得信息,决定岗位候选人在与工作相关的知识、技术和能力方面的表现,然后选择出那些我们认为会在预定的工作中发挥出色的人,从这个角度我们认为筛选的本质就是预测。如同在医学、股票市场分析、气象学和经济学一样,预测是一件不确定的活动,并不是对所有岗位候选人关于未来工作业绩的预测都是真实和正确的,有些因素对于筛选的有效性影响甚大。从组织角度来看,作出一个理想的筛选决策需要一个良好的环境条件,如:岗位候选人的数量、作出决策所应遵守的原则等。如同对其他事物一样,现实中对于筛选有很多制约因素。

1. 筛选方案的设计因素

一个良好完整的筛选技术方案,筛选的内容应包括岗位候选人与工作相关的全部信息,同时筛选的全部内容也应是筛选全部所需要的。①岗位说明书。完整科学的岗位说明书是设计筛选方案的基础和依据,岗位职责和岗位任职资格应包括现在全部岗位工作任务和岗位任职资格中的知识、技能、能力和其他方面。但大量企业的岗位说明书存在许多问题,如:信息过时,岗位任职资格信息未包括完成岗位工作任务的全部能力,影响筛选方案的设计。②岗位、候选人及工作绩效的测量,受筛选工具和技术的影响,我们很难对岗位、候选人和工作绩效所涉及的知识、技能和能力作出科学实际和准确的测量,筛选所涉及的效度和信度较低,因此在设计筛选方案时选择的筛选工具和技术将影响筛选结果。③筛选方案设计者的能力。筛选工具和技术专业性较高,每个岗位的筛选方案针对性较强,对于筛选方案设计者的能力要求较高,一般企业的岗位筛选方案都选择专业人员设计但成本较高,非专业人士设计的方案筛选的效度和信度较低。

2. 筛选方案的实施因素

一个科学的筛选方案需要与之相匹配的环境和人员进行实施才能取得良好的结果。实施环境影响包括:岗位候选人的信息、筛选成本和岗位候选人的数量等。有限的岗位候选人信息制约了筛选的结果;较高的筛选成本会制约筛选工具和技术的采用;较少的岗位候选人数量会降低筛选的标准。筛选实施参与人员会影响筛选实施的全过程(信息收集、信息评价和录用决策),包括实施参与人员的专业技术、作出录用决策所应遵守的原则和筛选标准的执行等。

6.2　岗位筛选方案设计

在对招聘到的人进行筛选之前,我们还有大量工作必须完成,我们认为完善制定筛选方案的步骤对于优化筛选过程具有重要意义。制定筛选方案的步骤如图 6-1

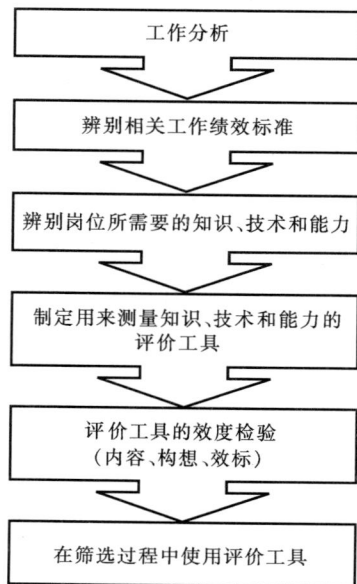

图 6-1　制定筛选方案的步骤

所示。如果组织对筛选方案的制定不重视,所投入的精力也有限,那么它的实用性就大打折扣了。如果高度重视了这些制定方案的步骤,筛选方案的实用性就会提高。看待这个问题的另一种方式是实施筛选过程本身很容易,关键的问题是一个企业能否从岗位候选人那里收集到信息,以及随后决定录用谁。很明显,真正的问题是企业能否从岗位候选人那里收集到同工作业绩密切相关的有关个人特征的信息,并且有效地根据这些数据来识别谁最适合于接受这份工作。许多研究人力资源筛选的人认为,正是制定筛选方案的这些步骤,较好地将岗位候选人和工作匹配起来。

6.2.1　工作分析信息

如果筛选方案的目的是识别从事企业内某一岗位最适合的人选,那么有关这一职位的信息就是制定这个方案合乎逻辑的起点。工作分析是收集组织内某一个岗位信息的活动。这些信息应该描述工作任务或活动、结果(产品或服务)、设备、材料以及环境(工作条件、障碍、工作日程等)这些体现工作特征的因素。当然,这些信息对所有的人力资源管理活动来说,都是至关重要的,这些活动包括筛选、薪酬、培训、业绩评价、职业发展等。对筛选来说,主要有两个作用:第一是向候选人传递关于岗位性质和要求的信息,这有助于减少不恰当的预期。第二是对制定筛选方案来说提供信息来源。工作分析信息向制定筛选方案的其他步骤提供了基础数据。

6.2.2　确定相关工作绩效标准

筛选方案的主要目的之一,是识别胜任当前正在考虑工作的那些求职者。我们假设,员工在几个方面存在着实际差别,这些方面对于完成某项工作来说具有重要意义。组织可以通过某种方式获悉员工是否胜任工作。看起来这是一件相对容易的事情,查明一个员工完成多少工作以及完成的好坏就可以了。然而组织中有许多因素使对工作业绩的测量变得困难:许多工作并不产生有形的产品;工作是相互依赖的,所以难以确定任何个人的贡献;工作进度主要受机器或生产线的限制,员工难以自主决定多做或少做工作。在这种情况下,收集的资料便是直接主管对员工工作业绩的评定。在使用和收集工作信息过程中,我们需要明确相关工作绩效标准。

6.2.3　识别应聘人员特征

运用工作分析信息和工作业绩数据来识别知识、技术和能力以及其他员工特征,这些特征是一个员工为了能胜任工作所应该具备的。这些知识、技术和能力成为对求职者作出评估的基本特征数据库,由此构建出岗位所要求的知识、技术和能力要求。

6.2.4　制定评价工具

当识别了具有重要利害关系的知识、技术和能力以后,我们有必要进一步发现获得求职者信息的适当筛选工具。这些工具可以分为如下几组:招聘申请表、简历及推荐材料核查、筛选面试、智力和特殊能力测验、个性测量表以及工作模拟和业绩测量。在选择使用何种筛选工具时,有两个原则,第一是工具必须测量前面所识别的知识、技术和能力。从各种企业可以得到许多的招聘申请表、个性测量表以及领导能力问卷,在这些工具中作出选择必须既考虑测试工具原理,又考虑测试工具所测试的知识、技术和能力与工作所需测试的知识、技能和能力之间的相似性。第二是必须能够对岗位候选人作出区分。筛选的假定是岗位候选人所拥有的从事某项工作的知识、技术和能力的数量是不同的,评价工具的目的是测量这些不同点。正是通过这种方式,那些有前途的求职者才能够从众多的求职者中脱颖而出。

6.2.5　效度检验程序

很多筛选方案的设计到了制定评价工具就结束,认为仔细完成这些步骤有理由期望获得挑选正确的求职者所需要的信息。如果是这样,就没有多少直接的证据来验证所采取的这些步骤的准确性,人力资源专家对员工的特征作出一些可检验的陈述,这些特征应该是和胜任工作有关系的。制定筛选方案最后一步可以看作是检验的过程,这一步就是效度检验。效度检验的目的是提供证据,表明来自筛选工具的数据是和工作业绩相关的。统计数据分析,通常是相关性分析,是产生这种证据最直接的方式。通过效度检验才有证据说明,通过筛选工具收集到的信息对工作业绩具有指导性,它在挑选员工方面是有效的。

6.3　申请表和简历筛选

最初的资格审查和初选是人力资源部门通过审阅应聘者的个人简历和申请表进行的,是对应聘者是否符合职位基本要求的一种资格审查。其目的是筛选出那些背景和潜质都与岗位规范所需条件相当的候选人,并从合格应聘者中选出参加后续筛选的人员。

6.3.1　申请表和简历的区别

申请表是由招聘单位设计,包含了职位所需基本的信息,并用标准化的格式表示出来的一种初级筛选表。其目的是筛选出那些背景和潜质与职务规范所需的条件相当的候选人，并从合格的应聘者中选出参加后续选拔的人员。申请表的设计主要是依据职务说明书来制作。一般包括以下内容：个人基本情况，求职岗位情况，工作经历和经验，教育与培训情况，生活和家庭情况，其他。应当指出，应聘申请表中不应含有歧视性项目和可能涉及个人隐私等敏感性内容。此外，还应符合国家有关的政策法规。

　　一般来说申请表有以下特点：

　　(1)节省时间。经过精心设计、合理使用的申请表可以使选择过程节省很多时间，加快预选的速度，是较快、较公正准确地获取与候选人有关资料的最好办法。

　　(2)准确了解应聘者信息。相对于简历而言，申请表可能更可靠，因为申请表是单位决定填写哪些信息，并且所有应聘者都要按表中所列项目提供相应的信息，因此可以使招聘单位比较准确的了解到候选人的历史资料。

　　(3)提供后续选择的参考。申请表有助于在面试前设计具体的或有针对性的问题，有助于在面试过程中作交叉参考，看看有无矛盾之处。

　　申请表的最大优点是结构完整且直截了当。填写这种表格对申请人也比较方便。申请表要求申请人提供公司所需的全部信息(可减少遗漏)，也不留更多的空白使申请人填入公司不必要知道的信息(可限制添油加醋)。正是这些原因，使招聘人便于根据申请表做出评估。如果有许许多多的申请人需要筛选一遍，申请表的这一特性就显得特别重要。另一方面，申请表这种比较狭窄的格式限制了创造性，这对招聘某些工作岗位来说，是一个缺点。此外，制定和分发申请表也需费用，增加成本，这是另一个缺点。

　　简历是应聘者自己携带的个人介绍材料。简历的内容大体上可以分为两部分，主观内容和客观内容。招聘单位的注意力主要应放在客观内容上。客观内容主要分为个人信息、受教育经历、工作经历和个人成绩四个方面。个人信息包括姓名、性别、民族、年龄、学历等等；受教育经历包括上学经历和培训经历等等；工作经历包括工作单位、起止时间、工作内容、参与项目名称等等；个人成绩包括学校、工作单位的各种奖励等等。主观内容包括应聘者对自己的描述，如本人的性格、兴趣、爱好等，主要是应聘者对自己的评价以及描述性的内容。

　　简历给申请人较大的自由。如果你对申请人的创造性和书面表达能力比较感兴趣，个人简历就有这一个优点。但是根据个人简历这种形式，评估起来就比较困难，因为每个申请人都会去选择不同的信息写进个人简历。应聘者可自由地涉及或强调他们认为重要的东西(例如：曾就读于耶鲁大学)，或略去他们不愿让你知道的事情(例如：因考试不及格从耶鲁大学退学)。你也许可能意外地发现他们写了一些其他有用的信息。例如，他们也许会提到不喜欢旅行。但你提供的工作岗位却需要 50％ 的时间出差在外。也许他们没有提到曾获得某一学位,而你的岗位却需要有学位的。通过个人简历所获得的信息,可帮助你做出初步筛选的决定。个人简历的另一个优点是,现代技术已使个人简历的书写和分发比过去快得多和容易得多。

6.3.2　申请表的设计

　　因为申请表所反映的资料对招聘单位的面试评定以及应聘者的能力、资历的判断都有极其重要的作用,所以申请表的设计一定要科学、认真,以便能全面反映所需要的有关信息。好的应聘申请表可以帮助单位减少招聘成本,提高招聘效率,尽快找到理想的人选,所以申请表的设计十分关键。

　　实际上,不同单位在招聘中使用的申请表的项目是不同的,而且不同职位因为职位说明书的差异,反映在申请表的内容设计上也是不同的。大多数单位基本上都使用不止一种的申请表。如在技术人员和管理人员的招聘申请表的设计上,所关注的项目是有差异的;再如,对应届毕业生和非应届生在招聘申请表的设计上也有很大差异。

　　但不管何种形式的申请表,一般来说都应反映以下一些信息:应聘者个人基本信息、受教育情况、过去的工作经验及业绩、能力特长、兴趣等。另外,设计申请表时要符合当地有关法律和政策的要求(如有的国家规定:种族、性别、肤色、宗教等不得列入申请表内),只能要求申请人填写与工作有关的情况,内容如下:

　　(1)个人基本情况:年龄、性别、电话、身体状况、联系方式、婚姻状况、政治面貌等;

　　(2)求职岗位情况:应聘岗位,求职要求(收入待遇、时间、住房)等;

　　(3)工作经历和经验:以前的工作单位、职务、时间、工资、离职原因、证明人等;

　　(4)教育与培训情况:学历、所获得的学位、接受的培训等;

　　(5)生活和家庭情况:家庭成员姓名、关系、个性、态度;

　　(6)其他:获奖情况、能力证明、未来目标等。

　　以上所列信息,可能会因单位不同而不同,甚至在同一组织内部,不同部门的申请表也会不同。应首先要求应聘者保证所填内容都是真实的,并预先将此说明印在申请表上,若应聘者所填信息不真实,则被取消候选人资格。

　　在设计申请表时,还应注意以下问题:

- 内容的设计要根据工作说明书来确定,考虑本企业的目标以及欲招聘的职位,按不同职位要求、不同应聘者的层次分别进行设计。
- 设计时要注意有关法律和政策,不要将国家规定不允许的内容列入表格内。

- 应考虑申请表的存储、检索等问题,尤其是在计算机管理系统中。
- 审查已有的申请表。要对已有的申请表适当审查,确保申请表可以提供企业为填补职位空缺而需要从申请人那里了解的情况。

6.3.3　筛选申请表和简历的方法

对应聘申请表和简历的初审及评价是招聘录用系统的重要组成部分。初审的目的是迅速地从应聘者信息库中排除明显不合格者,以挑选出符合招聘条件、有希望被聘用的应聘者。因申请表和简历的筛选过程并未对应聘人员进行直接接触,所以评价标准往往以招聘条件的硬性指标为主,如:经验、学历、年龄等。

1. 对申请表的筛选应注意以下几点

(1)判断应聘者的态度。要筛选出那些应聘不认真,填写不完整和字迹难以辨认的材料。为应聘不认真的应聘者安排面试会降低招聘效率。

(2)关注与职业相关的问题。在审查申请表时,要估计背景材料的可信程度,要注意应聘者以往经历中所任的职务、技能、知识与应聘岗位之间的关系。分析应聘者过去的经历与现在申请的工作是否相符、经常变换工作是否有充分理由。在筛选时要注意分析其离职的原因、求职的动机,对那些频繁离职人员应加以关注。

(3)发现的可疑之处,在面试时可作为重点提问内容。如对照求职岗位与原工作岗位的差异,注意高职低就,高薪低就的应聘者。

2. 对简历的筛选应注意以下几点

(1)分析简历结构。简历的结构在很大程度上反映了应聘者的组织能力和沟通能力。合理结构的简历都比较简练,一般不超过两页。应聘者为了强调自己的近期工作,通常在制作简历时,对其教育背景和工作经历采取从现在到过去的时间排列方式。

(2)重点看客观内容。如个人信息、受教育经历、工作经历和个人成绩。

(3)判断是否符合职位技术和经验要求。判断应聘者的专业资格和经历是否与招聘岗位相关并符合要求,如果不符则筛选掉。在应聘者受教育经历中,要特别注意是否用了含糊的字眼,是否有意混淆本科、专科、委培、成教的差别。

(4)审查简历的逻辑性。要注意简历的描述是否有条理,是否符合逻辑。如应聘者曾在著名单位从事过高级职位,而应聘的却是一个普通职位,应引起注意。又如,学历中称自己在好多领域取得了什么成绩和证书,而经历中缺乏这样的条件和机会,就要引起重视。

(5)对简历的整体印象。应聘者的简历是否给自己留下了良好的印象,另外,还要标出简历中不可信的地方,以及感兴趣的地方,以便面试时询问。

　　不论是简历还是应聘申请表,很多材料都会或多或少的存在着内容上的虚假。在筛选材料时,就应该标明这些质疑点,在面试时作为重点提问的内容之一加以询问。为了提高应聘者材料的可信度,必要时应该检验应聘者的各类证明身份及能力的证件。

6.4　筛选面试

　　面试是一种最重要最常用的人员筛选方法,其目的是为了使组织通过面对面的交流以找到最合适的人选,同时也为了使应聘者通过求职过程的真实体验找到最理想的职位。

6.4.1　筛选面试的含义和类型

　　从广义上讲,筛选面试是面试者(考官)与应聘者(考生)直接对话、交流或者置应聘者于某种特定的情景中进行观察,从而完成对其适应职位要求的素质、能力和资格进行测评的一种方法。筛选面试有五大要素:应聘者、面试考官、面试内容、面试程序、面试结果。筛选面试绝不是招聘者与求职者坐在一起进行简单的一问一答,而是一种真实的、面对面的双向考察与交流,并进一步双向选择的过程。其实,筛选面试是一种主观性的筛选方法,其可靠性或效度可能会很低,甚至还可能会形成偏见(主观性偏差)。图 6-2 为影响面试效果的因素。

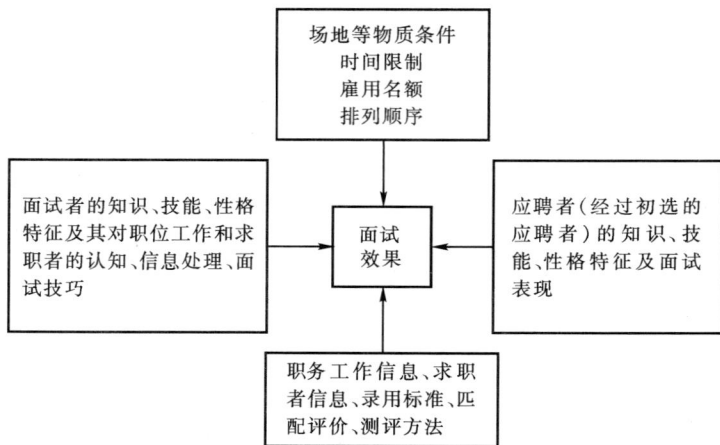

图 6-2　影响面试效果的因素

　　面试可按以下几种情况分类:

1. 按应聘者的行为反应,面试可分为言谈面试和模拟操作面试

言谈面试是通过面试考官和应聘者的口头交流沟通,由面试考官提出问题,让应聘者口头回答,以考察应聘者的知识层次、业务能力以及头脑机敏性的一种测试方法。

模拟操作面试是让应聘者模拟在实际工作岗位上的工作情况,由面试考官给予应聘者特定的工作任务,考察应聘者行为反应的一种方法。这种方法是一种简单的功能模拟测试法。例如,企业在招聘技术工种时,可采用实地操作的测试方法,考察应试者技术操作的熟练程度。又如,招聘速记、打字、绘图等人员时可采用实地考试的方式。另外,招聘公关、销售等有关人员时,也可结合模拟操作面试。

2. 按其操作方式是否标准化,面试可分为结构性面试和非结构性面试

结构性面试又称直接型面试,是指依照预先确定的程序和题目进行的,过程与结构严密、层次分明、评价标准确定,面试者根据事先拟好的谈话提纲逐步向应聘者提问(答案也是既定的),应聘者针对问题进行逐项回答的面试。结构性面试是一种比较正规的面试,减少了主观性,即面试的内容、方式、评委、程序、评分标准及结果评估等要素均按统一制定的标准和要求进行。

非结构性面试又称非直接型面试,是指在面试中所提的问题多属开放式的以及谈话时所采用的方式是由面试者自由决定,谈话层次交错,具有很大随意性的面试方式。面试人员可以即兴地向应聘者提出各种问题,而且所提问题的真实目的往往带有很大的隐蔽性,这要求应聘者具有较好的理解能力和应变能力。即使是招聘来做同样的工作,对不同应聘者所提的问题也不一定相同。这对富有经验的面试考官来说是有效简便的方法。

3. 按其人员组成,面试可分为个人面试、小组面试、集体面试

个人面试又可分为一对一的面试和主试团面试两种方式。一对一的面试多用于较小规模的组织或招聘较低职位员工,有时也用于人员初选;另外当公司总经理对人员进行最后录用决策时也常采用这种方式。一对一的面试能使应聘者的心态较为自然,话题往往能够深入,谈话过程容易控制;但其缺点是受面试考官的知识面限制,考察内容往往不够全面,而且易受主试官主观因素的影响。

小组面试是多对一。当一个职位的应聘者较多时,为了节省时间,将多个应聘者组成一组,由面试考官依次轮流提问,着重考察应聘者的个性和协调性。

集体面试是多对多。当应聘者分成数组,每组 5～8 人,几个主试考官坐在一旁观察。主试中确定一个提问者,提出一个或几个能引起争论的问题,引导应聘者回答并展开讨论,从而考察应聘者的沟通能力、协调能力、语言表达能力和领导能力。这种方法是现代评价中心技术中的无领导小组讨论在面试中的应用。与单个面试相比,集体面试具有较高的效率。

4. 按其进程,面试又可分为第一次面试、第二次面试、第三次面试

第一次面试常由人事部门的人才招聘专员主持,其初步筛选作用主要对应聘者的基本条件进行核实,确认应聘者的证明材料的真伪,增进招聘者与应聘者的相互了解。第二次面试是面试中最重要的一次,又称之为诊断面试。常由人事部门和业务部门联合主持,有可能的话还邀请专门面试考官参加,是对经过初步筛选合格的应聘者进行个性特征、能力倾向、愿望动机、业务能力等方面的综合考察,并写成评语报公司总经理或主管副总决策。第三次面试由公司总经理或主管副总直接约见,主要是在第二次面试的基础上,考察候选人的适用性和应变能力。第三次面试往往是短时间的面试。一般来说,录用人员的层次越高,面试的次数也越多。普通人员的录用常由人事部门和业务部门面试后直接决定,只有公司中层及中层以上干部的录用,才由组织的总经理或主管副总直接参与。

5. 根据面试的目的,可分为压力面试和评价性面试

压力面试是一种特殊的选择性面试,往往是突如其来地向应聘者提一些不太好回答的或意想不到的问题,或者设置一种不舒适的环境,以考察应聘者对压力的承受能力和敏感程度与耐性。评价性面试是在雇主与雇员之间进行的工作评价和补救措施的讨论,如一个雇员因故要离开组织的时候,管理人员有必要同该雇员进行一次离职谈话。其目的是希望他把在工作期间的有关想法谈出来,以便于组织改进工作。

6. 行为描述(BD)面试

行为描述面试法是基于行为的连贯性原理发展起来的。面试官通过求职者对自己行为的描述来了解两方面的信息:一是求职者过去的工作经历,判断他选择本组织发展的原因,预测他未来在本组织中发展的行为模式;二是了解他对特定环境所采取的行为模式,并将其行为模式与空缺职位所期望的行为模式进行比较分析。面试过程中,面试官往往要求求职者对其某一行为的过程进行描述,如面试官会提问"你能否谈谈过去的工作经历与离职的原因?""请你谈谈你昨天向你们公司总经理辞职的经过"等。为描述面试可以从以下几个方面来进行:

(1)收集过去行为的事例,判断行为模式。要了解应聘者是否能真的像他们所描述的那样去做,最好的方法就是收集过去行为的一些事例。应聘者曾经做过的一些事例要比他们告诉你"经常做、总是做、能够做、将会做、可能做或应该做"更为重要。

(2)提出行为性的问题。通常行为性问题的提出带有这样的语气,如:"请谈谈你在……时遇到的情况,你是怎样处理的","你是否遇到过……的情形? 请谈谈其中一例。"

以下我们用表格的形式来区分在面试实际过程中行为性提问、理论性提问、引导性提问的不同之处：

能力	行为性问题举例	理论性问题举例	引导性问题举例
解决问题的能力	请讲一个你最近在工作中遇到的问题（质量问题、设备问题、工艺问题）。你是怎样解决的？	你怎样解决生产过程中出现的问题？	你能解决质量出现的问题吗？
适应能力	请讲一个你必须按照不断变化的要求进行调整的事例。当时的情况怎样？结果又怎样？	如果你必须按照不断变化的要求调整计划，你会感觉怎样？	如果在短短的时间内换了多个工作岗位，你会介绍意吗？
销售能力	请描述一个在过去一年中你做的最大一笔订单的情况，你是怎样完成的？	为什么你认为你可以做销售这一行？	你能接受我们给你订出的销售目标的挑战吗？
团队协调能力	作为一名主管，你如何处理棘手的员工事例？	你如何对付难以管理的职员？	你擅长解决矛盾或冲突吗？

（3）利用标准化的评定尺度。在采用行为描述面试法时，各个面试官可能会用不同的行为标准对求职者进行评定，为了保证评定结果的信度和效度，进行面试前必须制定一个标准的评定尺度。下表以适应能力评定等级标准为例加以说明（在此用 5 分制的打分方法）：

1 分	2 分	3 分	4 分	5 分
对工作变动几乎无适应能力。	不喜欢工作变动，尽量适应工作变动；工作表现差。	可以接受工作变动；及时补充新知识；工作表现不差。	可以接受工作变动；能迅速适应新环境；工作表现进步。	非常喜欢挑战性工作；工作表现积极主动；能举例说明自己过去成功适应工作的历史。
不可以接受	尚可接受	可以接受	完全可以接受	很欣赏

7. 能力面试

能力面试是另外一种新的面试方法。与传统的面试方法注重应试者以往所取得的成就不同,这种方法更多关注的是他们如何去实现所追求的目标。在能力面试中,面试官要试图找到应聘者过去成就中所反映出来的特定优点。具体来讲,能力面试可以从以下几个方面展开:

(1) 全面地进行能力分析。为了准确地了解和判定工作是否出色,必须进行全面的能力分析。能力分析的结果将作为确定工作是否出色这一标准的基础。它有助于企业录用到称职的员工。进行能力分析的第一步应是编写详细的工作任务说明,即进行"工作分析"。为了进行全面的工作分析,需要从各个渠道来收集信息,主要的渠道有工作观察法、在职人员访谈法、专家座谈法等。

(2) 制定岗位能力要求。就是对所得到的信息进行分析,按照不同的内容和能力对相似的知识、技能、能力和动机进行分类。在列出一系列能力时,应尽量合乎情理。通常列出的能力要容易衡量,才能将工作能力描述准确。不同级别的职务能力要求如下:基层岗位需要 5~8 种能力;中层岗位需要 8~11 种能力;高层岗位如中高级管理人员、高级专业人员需要 10~14 种能力。

(3) 确定面试过程中将要考核的能力。因为不可能在短短的时间内对每一种能力都能进行考核,所以只能围绕那些对于完成此项工作最重要的、而在其他选择体系中没有体现的能力展开。当然如果在录用的过程中不只面试一次,就有可能对各项能力进行考核。

(4) 制定面试程序,并对需要考核的能力进行评估。面试程序的制定非常重要,如果面试程序欠佳,则整个面试就会功亏一篑。为了防止这点,必须制定一个框架充分的面试程序。预先拟定问题,制定必要的面试程序,有助于获得与职务能力相关的信息。面试程序的制定可以参考一些指导性材料(如书面材料、视频材料、教室培训等)。同时对需要考核的能力进行评估必须制定一个标准的等级评定体系,用以科学地评估面试中获得的信息。能力面试已被实践证明是一种最实际、最有效的面试方法。它可以在最短的时间内,收集到涉及工作范围最广、最准确的信息。

8. 压力面试

压力面试(stress interview)是指有意制造紧张气氛,以了解求职者将如何面对工作压力的面试方法。面试人通过提出生硬的、不礼貌的问题故意使候选人感到不舒服,针对某一事项或问题做一连串的发问,打破砂锅问到底,直至无法回答。其目的是确定求职者对压力的承受能力、在压力前的应变能力和人际关系能力。

压力面试通常用于对谋求要承受较高心理压力岗位的人员测试。测试时,面试官可能会突然问一些不礼貌、冒犯的问题,让被面试人员会感到很突然,同时承受较大的心理压力。这种情况下,心理承受能力较弱的求职者的反应可能会较异常、甚至不能承受。而心理承受能力强的人员则表现较正常,能较好地应对。这样就可以判别出求职者的心理承受能力。比如,一位顾客关系经理职位的候选人有礼貌的提到她在过去两年内从事了四项工作时,面试官可能告诉她,频繁的工作变换反映了不负责任和不成熟的行为。如果求职者对工作变换为什么是必要的做出合理的解释,就可以开始其他的话题。相反,若求职者表示出愤怒和不信任,就可以将它看作是在压力环境下承受力弱的表现。

就压力面试而言,一方面,它是界定高度敏感和可能对温和的批评做出过度反应(喜怒和辱骂)的求职者的良好办法;另一方面,使用压力面试的面试官应当确信厚脸皮和应付压力的能力是工作之需要。面试官还需具备控制面试(如求职者歇斯底里)的技能。因此,在使用压力面试之前一定要慎重,一方面确信压力是候选人将来必然要面对的;另一方面要保证面试官有控制压力的能力。

值得注意的是,压力面试在于考察求职者的应变能力、人际交往能力,需要求职者具有敏捷的思维、稳定的情绪和良好的控制力。而这类题目的设置大多具有欺骗性,因此事后应向应试者做出解释,以免引起误会。

6.4.2　筛选面试测试内容和过程

从理论上讲,面试可以测评应聘者任何素质,但由于人员筛选方法都各有其长处和短处,扬长避短综合运用,则事半功倍,否则就很可能事倍功半。因此,在人员筛选面试中,我们并不是以面试去测评一个人的所有素质,而是有选择地用面试去测评它最能测评的内容。

1. 筛选面试测试内容

一般来说,面试测评的主要内容如下:

(1)仪表风度。这是指应聘者的体型、外貌、气色、衣着举止、精神状态等。像国家公务员、教师、公关人员、企业经理人员等职位,对仪表风度的要求较高。研究表明,仪表端庄、衣着整洁、举止文明的人,一般做事有规律、注意自我约束、责任心强。

(2)专业知识。了解应聘者掌握专业知识的深度和广度,其专业知识更新是否符合所要录用职位的要求。作为对专业知识笔试的补充,面试对专业知识的考察更具灵活性和深度,所提问题也更接近空缺岗位对专业知识的需求。

(3)工作实践经验。一般根据查阅应聘者的个人简历或求职登记表,作些相关的提问。查询应聘者有关背景及过去工作的情况,以补充、证实其所具有的实践经验,通过工作经历与实践经验的了解,还可以考察应聘者的责任感、主动性、思维力、口头表达能力及遇事的理智状况等。

(4)口头表达能力。面试中应聘者是否能够将自己的思想、观点、意见或建议顺畅地用语言表达出来。考察的具体内容包括:表达的逻辑性、准确性、感染力、音质、音色、音量、音调等。

(5)综合分析能力。面试中,应聘者是否能对面试考官所提出的问题,通过分析抓住本质,并且说理透彻、分析全面、条理清晰。

(6)反应能力与应变能力。主要看应聘者对面试考官所得的问题理解是否准确,回答是否迅速、准确等。对于突发问题的反应是否机智敏捷、回答恰当。对于意外事情的处理是否得当、妥当等。

(7)人际交往能力。在面试中,通过询问应聘者经常参与哪些社团活动,喜欢同哪种类型的人打交道,在各种社交场合所扮演的角色,可以了解应聘者的人际交往倾向和与人相处的技巧。

(8)自我控制能力与情绪稳定性。自我控制能力对于国家公务员及许多其他类型的工作人员(如企业的管理人员)显得尤为重要。一方面,在遇到上级批评指责、工作有压力或是个人利益受到冲击时,能够克制、容忍、理智地对待,不致因情绪波动而影响工作;另一方面工作要有耐心和韧劲。

(9)工作态度。一是了解应聘者对过去学习、工作的态度;二是了解其对现报考职位的态度。在过去学习或工作中态度不认真,做什么、做好做坏都无所谓的人,在新的工作岗位也很难能勤勤恳恳、认真负责。

(10)上进心、进取心。上进心、进取心强烈的人,一般都确立有事业上的奋斗目标,并为之积极努力。表现在努力把现有工作做好,且不安于现状,工作中常有创新。上进心不强的人,一般都是安于现状,无所事事,不求有功,但求无过,对什么事都不热心。

(11)求职动机。了解应聘者为何希望来本单位工作,对哪类工作最感兴趣,在工作中追求什么,来判断本单位所能提供的职位或工作条件等能否满足其工作要求和期望。

(12)业余兴趣与爱好。应聘者休闲时爱从事哪些运动,喜欢阅读哪些书籍,喜欢什么样的电视节目,有什么样的嗜好等,可以了解一个人的兴趣与爱好,这对录用后的工作安排常有好处。

(13)其他。面试时面试考官还会向应聘者介绍本单位及拟聘职位的情况与要求,讨论有关工薪、福利等应聘者关心的问题,以及回答应聘者可能问到的其他一些问题等。

2. 筛选面试测试过程

筛选面试测试过程是在连续的提问对话中完成,该过程具有阶段性,一般把面试分为五个连续阶段:

(1)预备阶段。这个阶段多以社交话题为主,主要是为了帮助应聘者消除紧张戒备心理,建立起面试阶段所需的和谐、宽松、友善的气氛,当应聘者情绪平稳下来后,就可以进入第二阶段。

(2)引入阶段。这个阶段围绕应聘者的履历情况提出问题,逐步引出面试正题。在这个阶段,要给应聘者一个真正发言机会,同时面试考官开始对应聘者进行实质性的评价。

(3)正题阶段。这是面试的实质性阶段,面试考官通过广泛的话题从不同侧面了解应聘者的心理特点、工作动机、能力、素质等,评价内容基本上是"面试评价表"中所列的各项要素。

(4)变换阶段。这是面试的尾声阶段,这时面试的主要问题已经谈过了,面试考官可以提一些更尖锐、更敏感的问题,以便能更深入地了解应聘者,但要注意尊重应聘者的人格和隐私权。

(5)结束阶段。在这个阶段,应给应聘者留下自由提问的时间,结束要自然,不要让应聘者感到很突然,留下疑惑。

面试的各阶段是一个有机连续的过程,面试考官要熟练掌握面试技巧,使面试过程即具有连续性又能显出阶段性,保证面试过程的顺利进行。面试结束后,面试考官应对面试过程做简要的回顾,检查和完善面试记录,进行面试评价,初步决定下一轮选拔的候选人名单,递交面试评估表,让评估班子对面试结果进行讨论。

6.4.3　筛选面试的常用方法

筛选面试的方法有很多,常用的有面试法、问答法、答辩法、演讲法等,下面一一介绍。

1. 面试法

面试法就是面试考官通过与应聘者的交谈来评价应聘者的素质。这是应用最早、最普遍的一种应聘者面试方法。它的内容主要侧重在一个"谈"字上。这个称谓突出应聘者与面试考官平等协作的关系,却淡化素质、要素和测试点。严格说来,面试法并不能算是一种真正科学的应聘者面试方法。因为它在应聘者面试的整个过程中,没有规范的问题、答案和程序,面试考官可以任意向应聘者提问,不必遵循一定的规律或程序,应聘者也可以引起话题。这种应聘者面试方法不能有目的、科学准确地测评出应聘者的素质,面试考官的目的在于了解应聘者,而应聘者的目的主要在于推销自己和了解应聘职位的情况。

虽然面试法不够科学,但它依然被采用,说明它有一定的长处。首先是自由灵活,面试考官可以充分发挥其主观能动性,针对不同的应聘者进行不同的谈话,应聘者也可以有更多表现自我的机会;其次是简便易行,组织起来比较方便,最多需要两名考官,对环境要求不高,而且大大简化了设计的程序。

面试法也有其不可避免的局限性。一是对面试考官的要求较高,考官要能驾驭整个面试过程。二是考官的数量太少,一旦考官水平不高,则会造成失误,而且容易有作弊嫌疑。三是应聘者较多时,很难做到难易相当,不公平现象相对比较明显。

2. 问答法

问答法是以拟录用职位所需要的基本素质和潜力为依据,企业在面试前拟定测试素质、测试项目、测试点、测评标准、编制面试题本,再在题目中选择重点和一般问题,形成一系列结构严密、分工合作的套题。以面试考官为主提问,单个应聘者回答,然后考官小组每个考官独自评分的竞聘面试方法。这种方法操作简便,应用普遍,往往作为应聘者面试的基础方法。

问答法属于个体竞聘面试方法的一种。考官小组一般由 7 人至 9 人组成,其中 1 人为面试考官,应聘者一个一个地进行竞聘面试。问答面试法必须按照套题回答,这也是问答法与面试法的最大区别之一。套题即多套竞聘面试试题,其题数、难度、区分度、答题时间相同,在竞聘面试过程中因人而异地选用。每一套题所测试的要素要涵盖应聘者面试所要测评的素质的要素,每套题各有侧重,结构严谨,包括导语、正题、结尾、参考答案和评分标准,而且有不同要素的得分权重,每套题考官之间都有分工合作,各有各的职责,并听从面试考官的安排。虽然每套题测试、评价的素质项目涵盖应聘者面试的所有素质和要素,但每一套题中的每一题只是测试一个或几个素质要素,这就要求考官能抓住每个问题要测试的重点是什么,有针对性地对应聘者进行测评。

按照问答法提问的要点不同,可以分为渐进问答式、跳跃问答式和压力问答式等多种不同方式。渐进问答式是指严格按照由浅入深、由简入繁、由低到高的顺序进行,比较适合大多数人的思维方式和习惯,此方式较适用于一般职位的录用。跳跃问答式指打破渐进问答式的提问顺序,跳跃式提问可以由繁到简、由深至浅,也可以深浅、繁简的问题交叉提问,让应聘者不能把握提问的规律,这种方式比较适合于那些思路开阔、观点灵活、要求提供较多解决问题方法的职位。压力问答式指把应聘者置于十分不利的局面,甚至是绝境,由应聘者提出对策,观察应聘者能否经常承受压力,从不利局面中发挥有利因素,变被动为主动,是否有置之死地而后生的能力素质。这种方式多穿插于渐进问答式、跳跃问答式中使用,没有集中使用的先例。作为一名工作人员,不论身居什么职位,都需要具有在压力下工作的意识和能力。

问答式应聘者面试方法有许多优点。比如说内容确定,形式固定,便于考官实际操作;应聘者面试测评项目、参考话题、测评标准及实施程序等,都是事先经过科学分析确定的,能保证整个竞聘面试有较高的信度和效度;对于有多个应聘者竞争的场合,这种应聘者面试方法更容易做到公平、统一;更主要的是这种面试法要点突出、形式规范、紧凑、高效,能更加简洁地实现目标。

3. 答辩法

抽签答辩式面试是指根据岗位需要,试前确定一些要应聘者回答的问题,制成题签,应聘者入场后通过现场抽签向考官们解答题签上提出的问题。一般来说,题签的数量由应聘者的多寡而定,每个题签内含 1～3 道问题。应聘者在回答问题的过程中,考官依据事先准备好的试题答案,综合应聘者回答这一问题时的整体表现为应聘者打分。

这种面试方法的优点是较易操作,评分确定,评分的客观公正性好掌握。不足的是测查面窄,缺乏针对性和灵活性,掌握不好易流于"笔试口答"的模式,不利于应聘者发挥其独有的特长。此外,由于不同的应聘者抽到不同试题,而试题间很难完全等值,这就意味着报考相同职位的应聘者可能面对难度不同的试题,而给测评带入不公正因素,可比性打了折扣。

4. 演讲法

面试中要求应聘者演讲同样是一种较常见的考察方法。这是对面试法和小组讨论法中应聘者表现的一个更集中、更直接的测评。这时,没有谈话的对方,没有考官提问,只有听众。应聘者是讲台上唯一的演员,更可以充分、自主地表现自己的气质、风度、口头表达能力、见解和观点。

面试演说不同于一般场合下的演说,面试演说面对的观众主要是面试考官,他们要依据应聘者演讲来决定你是否适合所争取的职位。因而要以此为中心,向听众展示自己,博得好感与赞同。另一部分听众是参与竞争的其他应聘者。他们对于你的演讲不能发表意见,没有决定考官判断的权利,但他们的情绪反应仍会影响考官对你的评价。

6.4.4　筛选面试技巧

面试是整个招聘工作中的核心部分,是供需双方通过正式的交谈,使企业能够客观地了解应聘者的语言表达能力、反应能力、个人修养、逻辑思维能力、业务知识水平、工作经验等综合情况,使应聘者能够了解到更全面的企业信息和自己在该企业的发展前景的全过程。通过面试,企业可以判断应聘者是否适合企业,应聘者也可以通过个人期望和现实情况的比较,来判断企业是否适合自己发展。那么,对面试考官来说,如何提高面试的效率,并且通过面试准确地判断适合企业的人才、吸引这些人才,是人力资源工作者所要探讨的。而另一方面,对应聘者来说,如何在面试中发挥出色,找到自己称心的工作,也是应聘者所要考虑的问题。

　　研究表明,影响面试的进行及其结果的因素包括以下三个方面,如表 6-1 所示。这三个方面的因素共同作用,决定着面试的过程及结果。

表 6-1　决定面试的过程及其结果

候选者方面的因素	面试考官方面的因素	其他因素
1. 年龄、性别和种族等因素	1. 年龄、性别和种族等因素	1. 组织内部和社会上的政治因素、经济形势和法律条款
2. 相貌、身高等身体特征	2. 相貌、身高等身体特征	2. 在选拔过程中面试的作用
3. 教育和工作背景	3. 心理特征:态度、智力和动机等	3. 筛选的比率
4. 工作兴趣和职业抱负	4. 作为面试考官的经验和准备	4. 面试环境,包括舒适程度、隐私保护和面试考官的数量
5. 心理特征:态度、智力和动机等	5. 对工作要求的理解	5. 面试的结构
6. 作为面试对象的经验和准备	6. 事先对工作的要求的理解	
7. 对面试考官、工作和公司的理解	7. 面试的目标	
8. 语言和非语言行为	8. 语言和非语言行为	

1. 面试考官的筛选面试技巧

(1)注意面试考官的选择。

①面试考官必须具备良好的个人品格和修养,为人正直、公正;具备相关的专业知识和丰富的社会工作经验,能借助于工作经验的直觉判断来正确把握候选者的特征。因为在面试评价中,定性评价往往多于定量评价。了解组织状况和职位要求,这样才能为公司选出真正需要的人才。

②面对各类候选人,面试考官必须能熟练运用各种面试技巧,控制面试的进程;能客观公正地评价候选人,不受候选者的外表、性格或背景等各项主观因素的影响。

③要求面试考官掌握相关的员工测评技术,应能对岗位与能力的匹配度做出判断与估计,对候选者的能力、素质、潜能、经验及各种能力做出较为正确的判断。

(2)注意问题的设计。在面试之前,招聘人员必须对面试的问题进行科学的设计。一方面,经过科学设计的问题可以帮助招聘人员把握面试的核心内容,做到有的放矢;另一方面,结构化的问题也帮助企业在未来的员工面前建立一个好的形象。这些问题的来源主要是招聘岗位的工作说明书以及应聘者的个人资料。在这里,提供一个 STAR 原则:

Situation(背景):了解该应聘者取得的工作业绩是在一个什么样的背景之下,通过不断地发问,可以全面了解该应聘者取得优秀业绩的前提,从而获知所取得的业绩有多少是与应聘者个人有关,多少是和环境、机会有关。

Task(任务):了解该应聘者都有哪些工作任务,每项任务的具体内容是什么样的。通过这些可以了解他的工作经历和工作经验,以确定他所从事的工作与获得的经验是否适合现在所空缺的职位,更好使工作与人配合起来。

Action(行动):了解该应聘者为了完成这些任务所采取的行动,所采取的行动是如何帮助他完成工作的。通过这些,我们可以进一步了解他的工作方式、思维方式和行为方式。

Result(结果):每项任务在采取了行动之后的结果是什么,是好还是不好,好是因为什么,不好又是因为什么。

(3)注意提问技巧的把握。在面试中,"问""听""观""评"是几项重要而关键的基本功,提问方式的选择,以及恰到好处地转换、收缩、结束与扩展问题和问话,又有很多值得注意的技巧。

①封闭式:只需要回答"是"或"不是"。一般封闭式提问表示招聘人员对应聘者答复的关注,或者想让应聘者结束某一话题的谈论。

②开放式:开放式提问可以让应聘者自由发表意见或看法,以获取信息。一般在面试刚开始的时候运用,可以缓解紧张气氛,让应聘者充分发挥自己的水平。

③引导式:问话的目的在于引导应聘者回答你所希望的答案。如"你对目前的市场形势看法如何? ……不是很好吧?"这种问法一般来说最好避免,除非你心中有数。

④假设式:如"如果你处于这种状况,你会怎样安排呢?"。若是用的得当,可以让你了解应聘者的想法和能力。

⑤重复式:对应聘者回答的重复可以让应聘者知道对方已经接收到他的信息,从而达到检验获得信息准确性的目的。

⑥确认式:确认式提问可以鼓励应聘者继续与面试人员交流,例如"我明白你的意思! 我接受这个原因!"

⑦举例式:又称行为描述式,所提的问题并不集中在一个点上,而是一个连贯的工作行为。如"你以前在工作上遇到的最大困难是什么? 你是怎样分析,又是怎样解决的?"这种问法可以鉴别应聘者所谈问题的真实性,了解其实际解决问题的

能力,是面试的核心技巧。

(4)注意环境和氛围的营造。面试前的握手和微笑,可以帮助应聘者放轻松,让其在面试中充分发挥。毕竟,企业大多数岗位都与"处变表现"无关,也并不要求所有的员工都在陌生人面前表现自如。对应聘职位的介绍和对招聘目的的重申,可以在你选择应聘者的同时,帮助应聘者判断企业是否适合他的发展。

在面试房间的布置方面,要尽可能地营造一种平等、融洽的氛围,例如,用圆桌代替方桌;在位置的安排上,与应聘者保持一定的角度,而不是面对面等,这些都可以减少应聘者的压力。同时,要让员工知道企业的面试工作,让他们也参与到面试工作中来,他们的工作方式和态度,对应聘者做出是否加入企业的决定会产生重大的影响。

(5)注意倾听的技巧。在整个面试过程中,70%的时间都是应聘者在陈述,面试考官要做一个好的听众。在倾听的过程中,积极的肢体语言无疑可以帮助应聘者放松心情,例如:对应聘者积极的回应,眼神的沟通等等都是鼓励应聘者继续说下去的好方式,可以让其更好地表达自己,从而使面试考官收集到更加全面的信息。

2. 应聘者的筛选面试技巧

整个应聘过程中,面试无疑是最具有决定性意义的一环,事关成败。同时,面试也是应聘者全面展示自身素质、能力、品质的最好时机。在面试时,应聘者通常应注意以下几点:

(1)要知己知彼,注意仪表。应聘者面试一定要有备而来,面试前的准备主要包括以下几个方面:

①充分了解应聘单位和应征职位。面试前一定要知道你去应聘的这家单位主要业务是做什么的,主要对手是谁,你所应征的职位的工作内容,同时,你还应该了解自己,清楚你在哪些方面适合这个职位。面试时,面试考官通常会问应聘者对公司了解多少,如果应聘者能很详细地回答出公司的历史、现状、主要产品,他们会高兴,会认为应聘者很重视他们公司。

②着装。面试时的仪表风度很重要,面试官对应聘者的印象常常在前30秒就已经形成了,所以面试官们都强调应聘者一定要注意自己的着装和精神风貌。以前大家都认为面试时一定要穿正装,比如男孩子要西装革履,女孩必须一身职业装,其实着装主要看公司的风格和职位特点,像雅虎、搜狐这些网络公司着装都比较随意。

(2)要调整面试的心态。

①展示真实的自己,不要卖弄技巧:应聘者面试时切忌伪装和掩饰,一定要展现自己的真实实力和真正的性格,这不仅是面试成功的基础,也是以后职业生涯顺

利发展的基础。有的应聘者面试前阅读了很多有关面试技巧的书籍,如《成功的技巧》、《如何赢得上司的信任》等等,按照所谓的流行标准在面试时把自己塑造一番,比如自己明明很内向,不善言谈,面试时却拼命表现得很外向、健谈。这样的结果一是不自然,很难逃过有经验的面试官的眼睛;二是不利于自身发展,即便是通过了面试,企业人力资源部门往往会根据你面试时所表现的性格、能力给你安排适合的职位,其实这对应聘者的职业生涯是有害的。

②以平等的心态面对面试官:面试官和应聘者是平等的,很多应聘者面试时都非常紧张,就是因为把二者的关系理解成上级和下级的关系,如果能够以平等的心态对待面试官,就能够避免紧张情绪。

③面试时的态度一定要坦诚:做人优于做事,所以面试时应聘者一定要诚实地回答问题。人力资源部的工作主要是负责员工的培训、调动,面试时的欺骗行为将不利于以后的发展。

(3)面试时应注意的其他事项:

①准时。因为面试人员的顺序都是安排好的,如果一个人迟到的话,就要影响后面的人,而且也会给面试官留下不好的印象。

②面试时要携带简历及相关材料,比如证件、证书等。

③不要带很多物品。如果携带大包小包去面试不方便也不礼貌。

④注意肢体语言。很多应聘者面试时紧张,于是那些紧张的肢体语言全都表现出来了,像腿抖、手抖,说话带颤音,这些一定要注意避免。同时,还要注意纠正一些不好的习惯性动作,比如思考时手不自觉地放到嘴边,或是咬手指头,做沉思状。好的肢体语言应该是微笑,并对视对方的眼睛,因为对方在问你问题的时候,肯定也通过你的眼睛来观察你。

⑤注意礼节礼貌,比如进来之后问好,面试结束时表示感谢。

6.4.5　改进筛选面试的办法

筛选面试的缺陷在于其信度和效度较低。于是,人力资源专家采取措施努力克服这些缺陷。通常的做法有二:一是对面试者进行培训,二是开发恰当的面试问题。

1. 面试者的培训

几乎所有面试者培训要么旨在提高面试考官的人事技巧和能力,要么要求面试考官在对应聘者进行评估时尽可能少地受面试过程中外部因素的干扰。

面试过程模型从面试者与被面试者之间的互动角度,从面试前到面试后全过程中进行分析,提出从结构化面试、面试过程、决策方式和面试评估四个方式对面试者进行培训。如图 6-3 所示。

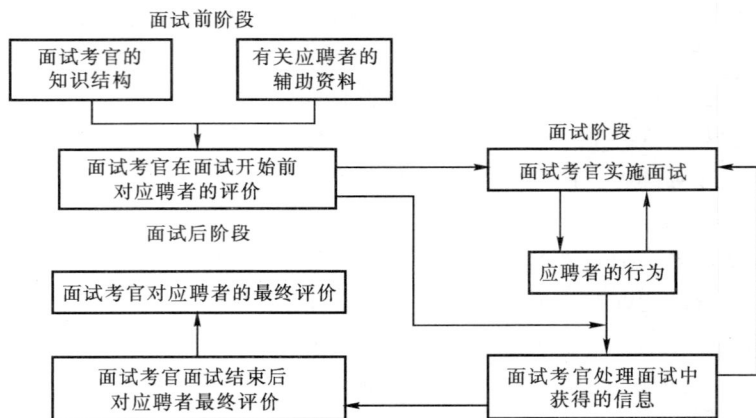

图 6-3 筛选面试的过程

面试前阶段

| 面试考官的知识结构 | 有关应聘者的辅助资料 |

面试考官在面试开始前对应聘者的评价

面试阶段
面试考官实施面试

应聘者的行为

面试后阶段
面试考官对应聘者的最终评价

面试考官面试结束后对应聘者最终评价

面试考官处理面试中获得的信息

图 6-3 筛选面试的过程

——资料来源：Robert L. Dipboye，Selection Interviews：Process Perspectives（Cincinnati，OH：Southwestern，1992）

（1）结构化面试。结构化面试的优点在于面试考官可以根据候选者回答的情况进行评分，并对不同候选者的回答进行比较。在结构化面试中，每一个候选者都被问了所有相同的问题，一般不会发生漏掉重要问题的情况，面试的有效性和可靠性更高。但其缺点是它不可能进行话题外的提问，局限了谈话的深入性。因此在实践中，应把结构化面试与非结构化面试结合起来进行。

（2）面试过程。面试过程的核心问题主要包括：创造一种开放的沟通气氛；提供一致的面试问题；控制面试过程；培养良好的演讲习惯；学习倾听技术；进行适当记录；保持面试的连贯性，不得引导或威胁被面试者；对于面试的非语言特征，或进行解释，或加以控制。这些措施都是为了创造一种良好的面试环境，从而使被面试者放松。从理论上说，这些措施有助于被面试者回忆难以想起的信息，针对面试问题提供完整答案，减少面试过程的实施错误，包括误解被面试者的话，没有正确记住被面试者提供的信息等。培训的目的就是要增加通过面试获得的信息量，提高准确性。

（3）决策方式。决策方式是对面试决策进行培训，对常见的评估错误，包括对比效应、晕轮效应、仁慈错误与中心趋势错误，通过实例说明这些错误如何影响面试考官的决策，通过培训减少对面试决策的影响因素，提高面试决策质量。

（4）评估计分。实践中，面试考官通常凭直觉对应聘者进行评估。应该避免这种方式，而以正式评估表取而代之（见表 6-2，××单位公开竞聘副处长面试评价表）。这种评估表通常包括许多确定的、与工作业绩相关的应聘者特征，针对每个特征的评估量表,以及对是否录用应聘者的整体评估。

表 6-2 　×单位公开竞聘副处长面试评价表

应聘者姓名:

测评要素		逻辑思维能力	语言表达能力	组织协调能力	业务能力实践经验	应变能力	自我认知能力	计划决策能力	求实创新素质	满分
权重		15	15	15	15	10	10	10	10	100
观察要点		逻辑严谨,条理清楚,判断准确具有较强的分析和综合能力	语言运用准确、流畅、表达生动,富有说服力和感染力	工作主动、方向性强,敢于面对困难,人际沟通能力强	业务熟悉,专业扎实,经验丰富,思考问题立足实际,针对性强	思维反应敏捷,情绪稳定,考虑问题周到	自我评价客观,头脑清楚、冷静,情绪稳定	能够统筹规划,善于分析比较各方面经验作出决定	客观、实事求是,有较强的进取心	总分
评分标准	优	13~15	13~15	13~15	13~15	9~10	9~10	9~10	9~10	
	良	10~12	10~12	10~12	10~12	7~8	7~8	7~8	7~8	
	中	6~9	6~9	6~9	6~9	4~6	4~6	4~6	4~6	
	差	0~5	0~5	0~5	0~5	0~3	0~3	0~3	0~3	
得分										
考官评语										

2. 制定恰当的面试问题

提高筛选面试信度和效度的一种方法是使用具体的、与工作相关的面试问题,即如果能够从应聘者那里获得更多的有关工作知识或工作业绩方面的信息,面试考官预测的准确性将由此提高。那么,面试考官如何开发具体的、与工作相关的面试问题?基本思想是,确定能够代表职位的具体活动,使用这些信息设计面试问题,要求应聘者回答他如何行动。第一步,利用关键事件法对职位进行工作分析。关键事件描述了实际发生的工作行为,这些行为代表了特别优异或特别拙劣的工作业绩。它是对行为进行描述而不是评价。通常,一个职位包括几百个事件,评审小组根据行为的相似性,将这些事件归为几类。每类相似的行为就是一个维度,可以根据内容对其进行命名,例如专门技术、故障诊断、客户服务等。第二步,确定行为维度。从中选择少数最恰当的事件,据此设计面试问题。

6.5　其他筛选技术操作说明

情景模拟是一种常用的筛选技术,情景模拟法即创建一个模拟的管理系统或工作场景,将被测试者纳入该系统中,采用多种评价技术和手段,观察和分析被测试者在模拟的工作情景压力下的心理和行为,以测量其管理能力和潜能的测评方法。评价人一般由企业内部的高级管理人员和外部的心理学专家共同组成;评价对象主要是企业中关键岗位应聘者或拟选送学习深造的员工;其目的是评价受评人是否适合任职于某项岗位,预测受评人的各项能力或潜力以及工作成就的前景,同时了解他们的欠缺之处,以确定重点培养内容与方式。评价中心所用的技术和程序包括面试、心理测评(主要有智力测验、个性问卷)等,但最常用、最具特色的是进行情景模拟法,其形式有公文筐测验、无领导小组讨论、角色扮演法和管理游戏法(也称案例研究法)。

由于情景模拟法不是对被测试者的素质进行抽象的分析,而是将其置于一系列的活动、安排、环境布置、压力刺激的动态情景中来测试,故具有预测的可信度高、效度高、信息量大、针对性强、客观公正等特点,是一种很有价值和发展前途的测评技术。情景模拟法所评价的项目和指标一般都是与预测管理者成功密切相关的各种个性和能力特征。如美国电话电报公司的评价项目包括组织和计划能力、决策能力、创造力、人际关系技能、行为的灵活性、口头表达能力、应付压力的能力、成就需要等指标。

6.5.1　文件筐测验及操作说明

"文件筐测验"又称"公文处理模拟测验",作为一种个人综合性笔试测验,特别适合于中、高级管理人员的能力测评。传统的个人能力笔试测验常常与实际工作内容相距甚远。相反,文件筐测验的所有题目都来自于管理工作的实战,通过考察被测评者在处理具体业务中的表现评估其关键能力。在美国,该测验目前已被1000多家知名企业所采用,除美国电报电话公司外,福特汽车、通用电气等诸多大型企业集团均将文件筐测验作为企业管理人员选拔、测评的重要手段。文件筐测验是评价担任特定职务的管理人员在典型职业环境中获取、研究有关资料、得体处理各类信息、准确做出管理决策、有效开展指挥、协调和控制工作能力及其现场行为表现的综合性测验。

　　该测验常常设计一个管理者非常熟悉的、具有代表性的职业工作情境,将各类有关信息和待处理的问题形成十几份乃至几十份书面材料放在被测试者办公桌上的文件筐内(这些文件可能是信函、备忘录、报表、账单、投诉文章、电话记录、命令、请示、汇报、通知以及其他任何可能的形式)。

　　文件筐测验高度仿真和接近管理实战,非常有利于激发被测评者的积极性和创造性,对于在很短的时间内全面、准确掌握管理者的能力、潜能以及个性心理特征的某些关键要素具有不可替代的重要作用,是不折不扣的"管理者实战演习"。两小时左右的文件筐测验对被测评者自身综合素质状况、工作经验积累、专业知识和相关知识的系统整合与娴熟应用的考察效果,为其他许多筛选技术所望尘莫及。据统计,欧美发达国家和日本在选拔、评价管理人员时最常用的技术就是评价中心,而评价中心文件筐测验的使用频率高达 95%。文件筐测验效度和信度极高(信度相关系数为 0.92)且操作方便,在以往的四十年中已为各国企业的人才招聘选拔、人才评价和管理人员培训需求分析立下了汗马功劳。近几年来,文件筐测验在企业管理中的价值和作用也逐步得到中国管理理论界及企业界人士的高度重视。

1. 文件筐测验的特点

　　文件筐测验有两个突出的优点:一是考察的内容范围广。作为纸笔形式的文件筐测验,测评应聘者的依据是文件处理的方式及理由,是静态的思维结果。因此,除了必须通过实际操作的动态过程才能体现的要素外,任何背景知识、业务知识、操作经验以及能力要素都可以蕴含于文件之中,通过应聘者对文件的处理实现对应聘者素质的考察。二是它的表面效度高。由于文件筐测验所采用的文件,十分类似于应聘者应聘职位上常见的文件,有时就是完全真实的文件,因此,若应聘者能妥善处理测验文件,就理所当然地被认为具备职位所需的素质。

　　文件筐测验在实施中也有两个缺点:一是评分比较困难。一份文件的处理,除了个人素质的原因外,机构、氛围、管理观念等不同的组织,具有不同的评价标准。显然政府机关与公司企业、私营企业与国有企业对有关文件的处理是大相径庭的。在我国,从事实际工作的人们往往缺乏对招聘单位管理或经营状况的深入了解,因而文件如何处理才能充分表明应聘者具备招聘职位所需素质,专业人员与实际工作者往往存在理解上的差异。因此,评分不容易把握。二是不够经济。测验的设计、实施、评分都需要较长的时间,投入的精力和费用比较大。

2. 文件筐测验的考察内容

　　有效的工作分析是文件筐测验的最核心的基础工作,工作分析的关键内容开展得越规范、越全面、越深入、越细致,文件筐测验的题目设计就越容易,测评结果的信度和效度也就越高。但仅有系统的工作分析还远远不够,对行业特点、企业内外环境、企业文化和测评目标的分析也是测评题目设计时需要考虑的重要内容。

下列因素就是文件筐测验题目设计的主要依据:企业所在行业的特点;企业内部和外部环境状况;企业现行文化和希望建立的新文化;测评的目标:招聘、选拔、评价和培训需求确定等不同的测评目标,对不同测评题目在整个测评中的权重有不同考虑;管理职务设置的目的和工作职责;管理职务的工作性质与工作方式;管理者工作活动的内容、各项工作活动占全部工作活动时间的比例、各项工作活动的执行权限和执行依据、工作活动结果的预期标准(每位管理者的工作活动都包括人际关系、信息传递和决策制订三大类活动);管理者每项工作活动的主导业务流程;管理者的工作关系:管理者的直接上级和间接上级、直接下级和间接下级、管理者的同级、管理者的企业内部客户和企业外部客户;管理者可调遣或协调的工作资源,包括人力资源、物力资源、财力资源和信息资源。下面就以市场总监为例:

(1)计划能力。计划能力是指被测评者在分析每一既得信息所反映的问题、问题产生的根源以及各问题间的相互关系并据此确定工作目标、工作任务、工作方法和工作实施步骤的能力。对于市场总监来讲,就是考察他(她)在特定的外部竞争环境和内部资源条件下进行产品计划、价格计划、分销计划和促销计划的能力。滚动计划法的应用情况、计划的可行性、实施所需时间/成本以及风险度是考评管理者计划能力关键指标。

(2)组织能力。组织能力是指被测评者按照各项既定工作任务的重要和紧急程度安排工作次序、调配人力/物力/财力资源、合理分工/授权并进行相应组织机构或人事调整的能力。当某大区的商品营业额出现大幅度滑坡时,市场总监往往要组织增派促销人员、调拨促销用品、加大营销费用,授予大区市场经理临时特别权力,甚至调整大区市场部组织机构或管理班子来加以应对。工作次序安排、资源配置、工作分工/授权情况以及组织措施的成本和风险度是考评管理者组织能力的关键指标。

(3)预测能力。预测能力是指被测评者对模拟工作环境中相互关联的各类因素及总体形势未来发展趋势进行准确判断并预先采取相应措施的能力。竞争对手在某中心城市的各大商场刚刚投放一种明显优于公司现有主导产品的新产品,而该城市正是公司计划下一步重点经营的目标市场——准确的预测及有效的应对措施此时对市场总监来讲就显得十分关键。对工作环境中各类相关因素及总体形势未来发展的多种可能性及其发生概率的分析论证、各种防范/因应措施的合理性是考评管理者预测能力的关键指标。

(4)决策能力。决策能力是指被测评者在解决实际工作问题(特别是解决重要且紧急的关键问题)时策划并选择高质量方案的能力。公司的新产品已被消费者认同,销售额和利润正在快速增长,仿制品也开始进入市场——是重点开拓全新市场、建立新的分销渠道,还是在已开发市场转变广告宣传策略、降价促销呢? 这就需要市场总监审时度势、全面斟酌、正确决策。决策目标的清晰程度、备择方案(一般为两到三个)的可行性、各方案的评价/比较和最终确定的方式是考评管理者决策能力的关键指标。

(5)沟通能力。沟通能力是指被测评者通过书面形式准确表达个人思想和意见的能力。实际工作中,市场总监会经常以电子邮件、传真、信函或公文的形式与各大区经理进行工作交流、根据市场人员状况和市场竞争态势对大区经理进行适时的工作指导、对大区经理进行日常慰问和精神鼓励等等——这就需要良好的书面沟通能力。沟通网络和沟通方式的选择、信息的准确性、思维的逻辑性、结构的层次性、文字的流畅性是考评管理者沟通能力的关键指标。

3. 文件筐测验的步骤

文件筐测验可以集体实测,实施过程分准备、测试和评分三个步骤。

(1)准备。主要指测验材料和测试场所的准备。给每个应聘者的测验材料事前要编上序号,答卷纸也要有相应序号,实施前要注意清点核对。答卷纸主要由三部分内容构成:一是应聘者姓名(或编号)、应聘单位和职位、文件序号等;二是处理意见(或处理措施)、签名及处理时间;三是处理的理由。文件序号只是文件的标识顺序,不代表处理的顺序,应允许应聘者根据轻重缓急调整顺序,但给所有应聘者的文件顺序必须相同,以示公正。测试的场所要求比较宽敞、安静,每个人一桌一椅,相互之间无干扰。为了保密,最好所有应聘者在同一时间完成。如果文件内容涉及招聘单位内部的一些情况,测试前应对所有应聘者提供培训,介绍相关情况,缩小内部应聘者和外部应聘者对职位熟悉程度的差别。

(2)实施。主试要对测验要求作一简单介绍,说明注意事项。然后发给应聘者测试指导语和答卷纸,回答应聘者的提问,当应聘者觉得没有问题后再发测试用的文件。应聘者人数比较少时,也可以一次将材料发给应聘者,但要求应聘者严格遵从主试的要求,先看指导语再看文件。测试指导语是测试情景、应聘者扮演的角色、应聘者任务和测试要求的说明,必须明确、具体、一目了然。在应聘者正式进入文件处理后,一般不允许应聘者提问,除非是测验材料本身有问题。

(3)评分。评分宜在应聘者做完后立即进行。为求客观公正,可将应聘者编号,由一个人将应聘者的处理意见和处理理由念给所有评分者听,由各位评分者独立评分。为了保证评分的一致性,事前的评分者培训很重要,可以考虑对一部分应聘者(或者模拟应聘者)进行试评分,考察各个评分者对标准的掌握及评分过程中存在的问题,待取得一致意见后再往下进行。评分时,可按序号逐一评定,也可按文件内容分类评定。前一种办法可以对应聘者的素质形成整体印象,后一种办法容易达成评分标准的一致性。

4. 文件筐测验对考官的要求

文件筐测验对考官的综合素质要求较高。他们不仅要具备管理学和心理学领域的基础知识,了解文件筐测验的理论和实践依据,而且还要对测评对象所任职务的职责权限和任职资格(工作经验、学历、能力、潜能和个性心理特征等)进行过系统研究,能够独立或与他人合作设计测评题目,了解各测评题目之间的内在联系;能够恰如其分地开展考评问询,能够对被测评者进行全面、客观、公正的评价。考官要对每种可能出现的答案及其所代表的意义成竹在胸并与其他考官事先达成共识。在 20 世纪 50 到 80 年代,文件筐测验的考官是清一色的管理顾问、咨询专家或心理学家。20 世纪 80 年代以后,文件筐测验的考官也开始逐步吸收所在企业的高级管理人员(他们通常是被测评者直接上级的上司)。企业高级管理人员通常对企业管理现状的方方面面感受深刻,通过两周左右的标准化速成培训以及顾问人员的现场指导,他们基本上能够担负起合格考官的工作职责——而这对于企业自身管理团队的建设意义深远!

文件筐测验自 20 世纪 90 年代介绍到我国以来,已在少数跨国企业的中国子公司内开始推行。该测验由于技术要求较高,在我国企业的人力资源开发管理工作中尚处于起步阶段。但由于文件筐测验自身所具备的特殊优越性,其实际应用和发展的前景非常广阔。随着我国企业管理基础的不断改进和人们对企业管理咨询认识的不断加深,文件筐测验必将会为我国企业的人才测评工作开辟令人鼓舞的新局面。

6.5.2　无领导小组讨论及操作说明

在无领导小组讨论中,评价者或者不给应聘者指定特别的角色(不定角色的无领导小组讨论),或者只给每个应聘者指定一个彼此平等的角色(定角色的无领导小组讨论),但都不指定谁是领导,也不指定每个应聘者应该坐在哪个位置,而是让所有应聘者自行安排、自行组织,评价者只是通过安排应聘者的活动,观察每个应聘者的表现,来对应聘者进行评价,这也就是无领导小组讨论名称的由来。

在此测试中,被测试者组成一个临时工作小组,让他们讨论一些精心设计的管理活动中比较复杂棘手的问题。由于这个小组是临时拼凑的,并不指定谁是负责人。在这种情况下,通过对被测试这在讨论中所表现的语言表达能力、应变能力、团队合作能力、感染力、建议的价值性、措施的可行性、方案的创意性等划分等级,进行评价。其目的就在于考察被测试者的表现,尤其是看谁会从中脱颖而出,成为自发的领导者。

无领导小组讨论通常是在 4～8 人的小组中,不指定负责人,大家地位平等。要求大家就某些争议性大的问题进行讨论,最后要求形成一致意见,并以书面形式汇报,每个组员都应在上面签字,以表明自己同意所做的汇报。

1. 无领导小组讨论特点

无领导小组讨论的优点是:能测试出笔试和单一面试所不能检测出的能力或者素质;能观察到应试者之间的相互作用;能依据应试者的行为特征来对其进行更加全面、合理的评价;能够涉及应试者的多种能力要素和个性特质;能使应试者在相对无意之中暴露自己各个方面的特点,因此预测真实团队中的行为有很高的效度;能使应试者有平等的发挥机会从而很快地表现出个体上的差异;能节省时间;并且能对竞争同一岗位的应试者的表现进行同时比较(横向对比);应用范围广,能应用于非技术领域、技术领域、管理领域和其他专业领域等。无领导小组讨论的缺点:对测试题目的要求较高;对考官的评分技术要求较高,考官应该接受专门的培训;对应试者的评价易受考官各个方面特别是主观意见的影响(如偏见和误解),从而导致考官对应试者评价结果的不一致;应试者存在做戏,表演或者伪装的可能性;指定角色的随意性,可能导致应试者之间地位的不平等;应试者的经验可以影响其能力的真正表现。

2. 无领导小组讨论评价标准

在无领导小组讨论中,考官评价的依据标准主要是:受测者参与有效发言次数的多少;受测者是否有随时消除紧张气氛,说服别人,调节争议,创造一个使不大开口讲话的人也想发言的气氛的能力,并最终使众人达成一致意见;受测者是否能提出自己的见解和方案,同时敢于发表不同意见,并支持或肯定别人的意见,在坚持自己的正确意见基础上根据别人的意见发表自己的观点;受测者能否倾听他人意见,并互相尊重,在别人发言的时候不强行插嘴;受测者语言表达、分析问题、概括或归纳总结不同方面意见的能力;受测者反应的灵敏性、概括的准确性、发言的主动性等。

3. 无领导小组讨论问题种类

无领导小组讨论的试题从形式上而言,可以分为以下五种:

(1)开放式问题。其答案的范围可以很广、很宽。主要考察应聘者们思考问题是否全面、是否有针对性,思路是否清晰、是否有新的观点和见解。例如:你认为什么样的领导是好领导? 关于此问题,应聘者可以从很多方面,如领导的人格魅力、领导的才能、领导的亲和取向、领导的管理取向等来回答,可以列出很多的优良品质。对考官来讲,这种题容易出,但不容易对应聘者进行评价,因为此类问题不太容易引起应聘者之间的争辩,所测查应聘者的能力范围较为有限。

（2）两难问题。是指让应聘者在两种互有利弊的答案中选择其中的一种。主要考察应聘者分析能力、语言表达能力以及说服力等。例如:你认为以工作为取向的领导是好领导呢还是以人为取向的领导是好领导？此类问题对应聘者而言,既通俗易懂,又能够引起充分的辩论;对于考官而言,不但在编制题目方面比较方便,而且在评价应聘者方面也比较有效。但是,此种类型的题目需要注意两种备选答案具有同等程度的利弊,不能是其中一个答案比另一个答案有很明显的选择性优势。

（3）多项选择问题。是让应聘者在多种备选答案中选择其中有效的几种或对备选答案的重要性进行排序。主要考察应聘者分析问题、抓住问题本质方面的能力。

例如:2002 年元月 14 日,你被调到某旅游饭店当总经理,上任后发现 2001 年第四季度没有完成上级下达的利润指标,其原因是该旅游饭店存在着许多影响利润指标完成的问题,它们是:

①食堂伙食差、职工意见大;餐饮部饮食缺乏特色,服务又不好,对外宾缺乏吸引力,导致外宾到其他饭店就餐;

②分管组织人事工作的党委副书记调离一月余,人事安排无专人负责,不能调动职工积极性;

③客房、餐厅服务人员不懂外语,接待国外旅游者靠翻译;

④服务效率低,客房挂出"尽快打扫"门牌后不能及时把房间整理干净,旅游外宾意见很大,纷纷投宿其他饭店;

⑤商品进货不当,造成有的商品脱销,有的商品积压;

⑥总服务台不能把市场信息、客房销售信息、财务收支信息、客人需求、意见等及时地传给总经理及客房部等有关部门;

⑦旅游旺季不敢超额订房,生怕发生纠纷影响饭店声誉;

⑧饭店对上级的报告有弄虚作假现象,夸大成绩,掩盖问题,而实际上确定的利润指标根本不符合本饭店实际情况;

⑨仓库管理混乱,吃大锅饭,物资堆放不规则,失窃严重;

⑩任人唯亲,有些局、公司干部的无能子女被安排到重要的工作岗位上。

请问:上述 10 项因素中哪三项是造成去年第四季度利润指标不能完成的主要原因(只准列举三项)？请陈述你的理由。

此种类型的题目对揭示应聘者各个方面的能力和人格特点比较有利。

（4）操作问题。是指提供一定的材料、工具或道具,让应聘者利用所给的材料制造出一个或一些考官指定的物体来。主要考查应聘者的能动性、合作能力以及在一项实际操作任务中所充当的角色特点。

此类问题,考察应聘者的操作行为比其他类型的问题要多一些,情景模拟的程度要大一些,但考察语言方面的能力则较少。必须充分地准备需要用到的一切材料,对考官和题目的要求都比较高。

(5)资源争夺问题。此类问题适用于指定角色的无领导小组讨论,是让处于同等地位的应聘者就有限的资源进行分配,从而考察应聘者的语言表达能力、概括或总结能力,发言的积极性和反应的灵敏性等。如让应聘者担当各个分部门的经理并就一定数量的资金进行分配。因为要想获得更多的资源,自己必须要有理有据,必须能说服他人,所以此类问题能引起应聘者的充分辩论,也有利于考官对应聘者的评价,只是对试题的要求较高。

4. 无领导小组讨论操作流程

(1)岗位分析,提炼出该招聘岗位的核心指标,并按照指标重要性的区别分配相应的权重,不同的岗位应有不同的指标,但也有一些是共通的,指标的个数一般不应大于 10 个;

(2)具体分析属于该类指标的一些具体行为;

(3)设计评分表;

(4)设计或从题库中选择案例分析题,原则是让应聘者在讨论中能充分表现各指标的强弱;

(5)选择并培训评委;

(6)布置考场;

(6)进行测评;

(7)评委独立评价与评价后的讨论以便总评。

5. 流程运作中需注意的问题

(1)考场安排和考题设计。考场以圆桌和六角型桌为宜。考场每次安排 5～8 名考生,考官为 3 人。主考官先发放讨论题,宣布程序与规则。自由讨论,不能指派他人发言,时间为 45 分钟,结束前 5 分钟将讨论结果写在白板上,试公推一人会谈。考试中不准向考官提问,考官在一旁观察每位考生表现。讨论题有简单的,如公司有 2 亿资金要投资 IT 行业,是否应该投资? 也有较详细的案例,如介绍某公司情况及遇到的困难,提出解决的办法。

(2)评分表的设计。注意以下几点原则:

①根据岗位分析确定评价指标,不同岗位要求是不一样的,各有不同的重点。基层操作岗位考查重点是业务技能,营销岗位重点是人际技能、团队意识和分析判断力。

②指标要精炼。一般控制在 10 个以内。

③要有量化指标,如发言次数、时间长短、创新点数等。指标可以有决策能力、说明问题能力、分析能力、逻辑性、创新点、概括能力、引导能力、语言流畅、倾听能力、主动能力等,每个指标要确定其权重。

（3）评委的培训。培训的内容有:准确理解测评指标的含义,现场观察并准确记录应聘者的行为,如何把考生的行为按测评指标归类,准确掌握各分位或档次的评分依据等。

6.5.3　背景调查及操作说明

理论研究与事实分析表明,每个人的工作业绩、工作能力、品行等个性因素与他所生活的背景直接相关。一般来说,履历表与个人档案是对被测评者背景情况的详细描述。虽然这些描述是针对被测试者过去情况的,但"鉴往知来"的事实可以作为素质测评中的一种有效测评方法。

1. 背景调查的原因及内容

对应聘者进行背景调查,可以从另一侧面对应聘者进行考察,并可发掘出一些在常规面试中难以发现的信息。在对中高级人才和关键性职位人才聘用前进行背景调查,主要基于两方面的原因:一是证实应聘者在申请职位时所提供的资料是否真实可信;二是了解应聘者以前是否存在对其工作绩效有负面影响的行为,如吸毒、盗窃等行为。

进行背景调查所要证实的信息主要包括以下几个方面:①是否可录用(由于有些应聘者可能与前雇用单位的劳动合同尚未终止,在此情况下,雇用将有可能牵涉到与应聘者前单位的劳动纠纷之中);②前单位任职情况,包括任职日期、职位、薪金,在职表现,离职原因等;③教育背景;④身份确认。

在进行背景调查内容设计时,应考虑以下因素:①尽量方便证明人。在要求证明人进行回答时,一般设计结构性问题,尽量避免提问过多的开放性问题。这是因为开放性问题需要证明人进行一些必要的思考。此外,在进行商业发信调查时,如要求对方以信件形式寄回,应附上回邮信封及贴好邮票,填好地址。②应承诺对前雇主信息的保密性。由于薪金等信息对不少企业都是保密资料,一般对企业不愿外泄,所以一定要承诺为对方保密。如对方不愿透露,也不要勉强。③设计问题应遵从先易后难,先简单后复杂,先普通再深入的原则,以免一下子引起对方的抵触及反感,从而使调查难以继续下去。如薪金调查确认等,就应放在后面进行调查。④设计问题不宜过于复杂,要考虑到证明人未必愿意花上半个小时去作一次"证词",他们未必有这个时间和精力去应付一个繁复的调查。

2. 背景调查的时间和调查对象

背景调查最好安排在面试结束后与上岗前的间隙,因为此时大部分不合格人选已经被淘汰,对淘汰人员自然没有实行调查的意义。剩下的佼佼者数量已经很少,进行背景调查的工作量相对少一些,并且根据几次面试的结果,对他们介绍的资料已经熟悉,此时调查,在调查项目设计时更有针对性。根据调查结果,决定是否安排上岗,以免在上岗后再调查出问题,令用人公司和调查公司进退两难。

通常情况下,为了保证调查的客观、公正,在对每位候选人进行调查时会选择的主要调查对象有候选人的直接上司、人事部门负责人、下属、工作联系密切的同事等,还可能包括:候选人所在公司的其他人员、客户公司、竞争对手以及其他相关人员。

3. 背景调查的方式

进行背景调查,主要方式有四种:①电话调查;②正式商业发信;③传真发信;④与应聘者提供的证明人进行面谈。电话会谈是比较经济和快速的方式。正式商业发信有书面的记录确认,便于归档。而与前单位负责人进行面谈,则可更加深入和全面的了解应聘者的能力及之前的绩效表现,不过成本也最高。

以电话进行背景调查,可以更加灵活而有效地了解前雇主对应聘者的评价。在进行电话背景调查时,可考虑以下技巧:①在进行电话背景调查前,先设计及列出会谈清单,电话调查将更有条理、更系统、更全面、更节省时间,而不是想谈什么就谈什么。②应聘者提供证明人时,可能会将与自己关系较好的同事列为证明人,所以,在进行电话调查时,不妨要求应聘者所提供的证明人能提供另一个对应聘者工作表现熟悉的人,并与他进行会谈。③如有可能,进行多方面的会谈,以免造成误听偏听。电话调查对象可选择两位应聘者的上司,两位同级,两位下属。这样,可从多角度、多方面了解应聘者。④最好在证明人事务不太多的时段致电证明人。如午餐前半个小时,或下班前半个小时。这样证明人有较多的时间,可以更好地回答你的问题。⑤进行会谈时,应注意调查技巧,避免给对方造成一种错觉,觉得你是在盘问对方,从而引起对方的不快,并对你的调查有抵触情绪。

在进行电话背景调查时,可先列出调查清单。一般的调查清单设计如下:
- 我希望能证实 A 君在贵公司的任职期限。
- A 君的职位是什么?
- A 君的直线上司是谁?
- A 君管理的下属有哪些?
- A 君工作的主要内容包括哪些?
- A 君在我们的求职申请上说他在贵公司的薪金是××××,请问是否属实?

- 请问 A 君在哪些方面最能帮助上司？
- A 君离职的主要原因是什么？
- 如有可能,你会否考虑重新录用 A 君,为什么？
- 请问 A 君的强项是哪些？
- 请问 A 君需要加强或提高的地方是哪些？
- 请问 A 君与同事相处得如何？
- 你是否乐意谈一谈 A 君在性格、行为习惯上有无影响他工作绩效的行为？

在进行商业发信调查时,可设计背景调查发信格式大致如下:

A 君现在正申请/已被录用为我公司的_____职位,并在求职时提供关于在你单位雇用期间的信息如下。我们已得到 A 君的授权,与你进行联系,以证实如下信息是否属实,再次感谢你的支持和合作:

(请检查是否相符,如不符,请予以修正)

任职日期:

职位:

最后薪金:

离职原因:

是否可再录用(如否,请注目原因):

另外,如能在以下空白处提供对 A 君的任何有帮助的评语,我们将非常感激。同时,我们亦会非常尊重公司在这方面的机密,承诺决不泄漏相关信息。再次感谢你的支持和合作。

4. 背景调查应注意的问题

(1)与应聘者签署诚信调查授权声明。由于背景调查涉及应聘者的隐私,甚至有些应聘者在向外求职时,可能仍在原单位任职,为避免不必要的纠纷,应在应聘者进行求职申请时,让应聘者签署授权声明,允许雇主进行背景调查。一般的授权背景调查声明可设计如下:

我在此声明,以上我所提供的所有求职申请信息是真实的、完整的。我非常明白,以上求职申请表上所填写内容如有任何伪造、隐瞒将失去此次申请资格,即使将来录用,也将因此导致无偿解雇。雇主可针对以上所填写求职申请的信息进行诚信调查,特此授权。

(2)有选择地进行背景调查的方式和内容。①根据单位的规模、实力决定背景调查的强度。背景调查的强度取决于招聘岗位本身的职责水平,责任较大的岗位要求进行准确、详细的调查,对于管理人员、重要职能及关键岗位的聘用尤为重要。②根据工作分析确定对某岗位的调查内容。对不同工作岗位要根据性质确定调查重点。将不同岗位分几个要素进行分类调查。如办公室主任一职要对协调能力、文字功底和保密素质进行调查。③根据调查内容采取不同的调查方法。到原工作单位或学习单位调查，从推荐人处进行调查，通过有关教育部门、网络对学历进行调查。

（3）充分考虑背景调查可信度的影响因素。在进行背景调查时，一般不宜过多涉及评价类的问题，而应更多要求对方以描述性语言对应聘者进行说明。为了避免削弱背景调查的效用和可信度，聘人单位在作出录用决定前，应考虑以下因素：①应聘者前单位的证明人不想以前的同事失去一次工作机会，所以可能会夸大应聘者的表现，或隐去一些不当行为，而不愿对以前的同事作过多的负面评价；②证明人害怕因不适当的评价而负相关责任或引起纠纷，所以不愿过多评价；③证明人可能对应聘者的离职心存芥蒂，所以对应聘者的离职评价很差；④证明人对背景调查反感，有抵触情绪，所以对应聘者的评价比较轻率；⑤应聘者前单位拒绝提供有关证明信息。

表 6 - 3　某公司背景调查表

被调查人		调查时间	
调查公司		联系方式	
联系人		部门和职位	
请您确认： 　　[应聘者]在贵公司的工作时间：从[日期]至[日期] 　　[应聘者]的职位： 　　[应聘者]工作职责的简单描述： 　　[应聘者]的最终薪金水平：[金额]元（单位：小时/周/双周/月/年） 　　[应聘者]是否可靠？ 　　您如何评价[应聘者]？ 　　[应聘者]的工作表现是否令人满意？ 　　[应聘者]与同事、上司的关系？[若可能的话，请提供其与顾客、客户的关系？] 　　[应聘者]离职原因： 　　您是否将重新聘用该人？ 　　您是否推荐[应聘者]应聘该职位或其他您认为合适的职位？ 　　非常感谢您与我交流。您是否还有其他情况要补充吗？			
背景调查结果：			

本章思考题

1. 简述筛选的含义及影响因素。
2. 试描述申请表和简历的区别。
3. 简述岗位筛选方案的设计步骤。
4. 简述筛选面试技巧。
5. 简述情景模拟技术的特点以及操作过程中的注意事项。

案例分析 6-1

A 公司的面试始末

A 公司是一家著名的大型企业,为了在管理模式上与国际接轨,在中层经理的调整过程中突出了公平原则,即全员下岗。最让 A 公司感到自豪的是在中层经理的全员竞岗过程中,他们邀请了三名中国知名人事专家做考官,并对其中的面试环节进行了具体指导。

中层经理的整顿包括以下步骤:

第一,所有中层经理名义上自动脱离岗位,为不影响工作,暂时代行经理职权(共空出 58 个岗位):

第二,号召所有符合条件的公司员工都来竞聘中层经理职位(实际竞聘者 100 名);

第三,对所有竞聘者进行公平测评(资历、业绩、能力、群众威信等方面的评定);

第四,择优录用,签订聘用合同。

其中第三个步骤,资历的评定包括对竞聘者的学历、专业、知识水平、工作经历等方面的评定,权重系数为 30%;业绩指的是上一年的工作业绩状况,权重系数为 20%;能力指在面试中表现出来的个人影响力、工作动机、精力状况、交流技巧、思维能力等方面的总和,权重系数 30%;群众威信指通过民意测验了解到的竞聘者在德能勤绩四方面的评定结果,权重系数为 20%。

A 公司尤其看重通过面试进行的能力测评这一环节,甚至不惜重金聘请了三位国内知名的人事专家进行现场指导。具体情况如下:

2015 年 12 月 16 日上午 8 点 30 分,X 先生、Y 女士和 Z 先生相聚于 A 公司的培训中心。他们都是于两天前接到邀请的,但是 A 公司并未给他们相关的背景材料。8 点 30 分到 9 点整的这段时间里先是公司领导礼仪性的接待和介绍,然后是专家间的自我介绍,最后仅用 10 分钟的时间进行面试的介绍。A 公司人事部经理代表公司要求三位专家除了充当专家评委外,还要对整个面试过程给予指导。

9 点整,三位专家分别被安排在三个大的专用面试房间内,分别负责三个面试小组。其中 X 先生在 008 房间,为第一小组。房间的布置很典雅,人事经理说其他两个房间的布置都是一样的,即房间一侧有五张一字排开的桌子,分别为五位评委准备的。评委席的正前方是竞聘者的讲桌。五张桌子上各放了三样东西:一份面试问题卡,一支签字笔,八张评分表。面试卡上的题目,据人事经理介绍是由 A 公司人事经理助理、正在读 EMBA 的小刘出的,共 20 题。评分表罗列了专业知识、应变能力、战略思维、职位认识等评价方面,但是没有具体的评分标准。008 房间的评委包括人事专家、公司副总、人事部经理和另外两名高层管理人员。大家对题目好像都不是很熟,于是用了 10 分钟熟悉问题。

9 点 10 分,面试正式开始,X 先生所在的 008 室第一小组,由 X 先生做主席,负责全程提问,每个竞聘者用时 30 分钟。结束后,各评委先打分,X 先生再点评。11 点 50 分,008 室完成了对 6 名竞聘者的面试。

午饭后,三位专家和 A 公司高层开了一个碰头会,提出了上午出现的三个问题。第一个问题是提问的方式不一致:X 先生所在的 008 室第一小组由 X 先生一个人提问同样的问题(在问题卡上依问题性质做了摘选),其他评委只评分,不提问;Y 女士所在的 009 室第二小组由 A 公司另一位副总提问,对不同竞聘者所提问题并不相同,但都是问题卡上的问题,且内容相近;而 Z 先生所在的 010 室第三小组则是大家随意提问,但是问题一般不出问题卡上 20 道题的范围。第二个问题是打分偏向较重:X 先生所在的 008 室打分普遍较高,Y 女士所在的 009 室普遍较低,而 Z 先生所在的 010 室则适中。第三个问题是专家的作用不同:X 先生在 008 室对每一位竞聘者都进行点评,Y 女士仅在上午结束后才进行一次集中点评,而 Z 先生则强调为避免对其他评委的评分倾向产生影响,根本没有进行点评。

A 公司提出,是否各小组应统一提问方式,同时专家是否都能够对每一位竞聘者的表现进行点评。三位专家对 A 公司的面试准备工作提出了善意的批评,他们不同意在其后的面试过程中采用统一提问的方式,而是建议可以采用标准或使用小组间"协调系数"予以平衡,专家同意对每一位竞聘者进行点评,但应在评委打分之后。

案例讨论:

1. 结合案例分析面试的优点与缺点。
2. A公司的本次面试活动有哪些不足之处? 如何改进?
3. 你是否同意使用协调系数? 为什么?

案例分析 6-2

外企面试奇招

外商投资企业为了招聘到适合本企业需要的、有一定素质的员工,不仅要看候选人的文凭、职业资格证书和工作经验,进行必要的笔试,而且还要出一些怪题对候选者进行测试,以便掌握候选人某些方面的素质情况。

一、做管理游戏

做管理游戏是用人单位面试的常用方法。在这类活动中,小组成员各分配一定的任务,必须合作才能较好地完成它。有时引入一些竞争因素,如两三个小时同时进行销售和进行市场占领。通过应聘者在完成任务过程中表现,出来的行为来测评应聘者的素质。例如"小溪任务"这种游戏就是给一组应聘者滑轮、铁管、木板、绳索,要求他们把一根粗大的圆木和一块较大的岩石移到小溪的另一端。这个任务只有通过应聘者的努力协作才能完成。

面试考官可以在客观的环境下,有效地观察应聘者的领导特征、能力特征、智慧特征和关系特征等。做管理游戏的优点是它能够突破实际工作情景时间与空间的限制,模拟内容真实感强,且富有竞争性,更具有趣味性。

二、情景考察

1. 分拣跳棋子——有的外企在招聘员工时,为测试应聘者的手脚灵活程度,给每个应聘者放一堆跳棋子,要求其在1分钟内挑出混杂在一起的多种的跳棋子,并按各色分别排列好,如在规定的时间内没有按要求完成,即被淘汰。

2. 看图说话——外企招聘员工,需测试应聘者的反应能力,有的外企在转动的机器上装上彩色图画,画面上有动物、植物、建筑物、交通工具、家用电器,有山有水,在应聘者面前按一定的速度移过,要求应聘者在规定的时间内说出自己所看到的内容。

3. 分蛋糕——有一家外企招聘员工面试时,出了这样一道题,要求应聘者把一盒蛋糕切成 8 份,分给 8 个人,但蛋糕盒里还必须留有一份。面对这样的怪题,有些应聘者绞尽脑汁也无法分成;而有的应聘者却感到此题实际很简单,把切成的 8 份蛋糕先拿出 7 份给 7 人,剩下的 1 份连蛋糕盒一起分给第 8 个人。应聘者的创造性思维能力就显而易见了。

4. 顶着烈日长跑——考试应聘者意志、吃苦耐劳精神,常是外企招聘面试要出的题。有一家外企从应届技校毕业生中招一批员工,面试时,要求应聘者顶着烈日,跑到近郊的一座山再返回。测试结果,有的应聘者投机取巧,未跑到目的地就返回;有的应聘者虽跑到目的地,但在返回途中搭乘出租车;也有的应聘者按规定跑到目的地后再跑回。外企公布录取名单时,前两种人榜上无名,后一种人被录用为员工。

5. 在雨中打伞——一家外企招聘员工时,要求应聘者冒雨到附近指定地点然后返回,但只有一半的应聘者发到伞。应聘者在这场面试中出现这样的情况:有的发到伞的应聘者主动与无伞的应聘者搭档,风雨同伞;有的无伞的应聘者则与有伞的应聘者协商合用一把伞;还有的有伞的应聘者只顾自己不顾别人,独自撑一把伞。结果,独自撑一把伞者被淘汰,而风雨同伞者被录用。

6. 乐观测试

20 世纪 80 年代中期,美国一家人寿保险公司雇了 5000 名推销员,人均支出培训费 3 美元。可是,一年后一半人跳槽,四年后只剩下 1000 人。推销员跳槽的主要原因是:他们在上门推销人寿保险过程中,一次又一次地被拒之门外,十分尴尬。为解决这一问题,公司请来了宾夕法尼亚大学的心理学教授马丁·塞里格曼。塞里格曼教授认为,乐观精神对一个人的成长尤为重要。在塞里格曼教授的帮助下,该公司对员工进行了入围资格甄别测试和乐观程度测试,并对测试结果进行了追踪测试。追踪调查表明,取得"超级乐观主义者"成绩的人工作任务完成得普遍出色。与"一般悲观主义者"相比较,他们第一年的推销额高出 21%,第二年的推销额高出 57%。

案例讨论:
1. 外企面试的方法是否适合我国企业?
2. 我国企业在筛选面试时方法如何创新?

阅读资料 6-1

名企如何筛选简历

投放简历,是应聘者找工作的第一步,而简历也就成了求职的敲门砖。是否有机会参加下一步的考核赢来工作的机会,全看这敲门砖好不好。各大公司、企业又是如何筛选简历的呢? 他们衡量简历的标准是什么呢?

中国移动通信集团公司——先看专业再挑学校背景

中国移动采取多种方式招聘,招聘会、报纸杂志、猎头等,用得最多的是网络招聘;同时还会针对招聘项目,进行校园招聘、社会招聘和内部竞聘。移动已经将很多工作外包给专业人才网站,因此在筛选简历、笔试和面试时都遵循着一个既定的程序和标准。一个优秀人才应聘移动,需要经过以下几个程序:软件系统筛选简历→人工筛选简历→第一轮面试→笔试→第二轮面试。自动软件系统会通过考查五个方面来挑选简历,学校和专业、学习成绩、班级排名、英语能力和项目经验都会是你应聘中国移动的五大拦路虎。中国移动青睐来自重点院校、专业对口的大学生,而名校背景、突出的英语能力、担任过班长、学生会干部、社团组织者的经历,都会成为应聘中国移动的加分亮点。

ABB(中国)有限责任公司——言简意赅的简历最受欢迎

ABB 是根据每个职位的岗位描述和招聘需求来筛选简历的,之后,人力资源经理把选中的简历发到对应的业务部门进行第二轮筛选,在业务部门经理和人力资源经理沟通、协商好之后,产生面试名单。

一份干净整洁、言简意赅的简历是最受 ABB 欢迎的,长度在 2 到 3 页纸比较合适。个人信息、工作经验的叙述和招聘职位的要求越接近越容易赢得入围机会;那些越精美或者越花里胡哨的简历并不见得就越受欢迎。简历的真实内容才是考核重点。

对于应届毕业生的简历，ABB 会比较注重对方的相关社会经历，比如参加过哪些社会活动、是否为学生干部等。而招聘社会人员时，对方的工作经验是最受关注的。ABB 集团的销售人员，也需要严格的专业教育背景和行业工作经验。

北京—松下电子产品有限公司——从简历判断应聘者的思维特点

在筛选简历的根据上，针对不同岗位的需求，会有不同的考察侧重点。比如招聘技术型人才时，看应届毕业生的简历会比较注重其专业成绩，在校是否有过相关作品；如果招聘的是管理型人才，除了看所学专业和学习成绩外，还会注重他在校时担任的学生会工作、参加的社会活动等。看社会人员的简历时，除了硬件必须符合招聘岗位需求之外，主要看他的工作经历。再者，简历行文里透露出来的信息其实很重要。对方表述自己的语言、行文方式、简历撰写的层次性、逻辑性、流畅性、重点性，都能流露出作者的思维特征。

朗讯科技（中国）有限公司——申请职位不明的应聘者不是朗讯的首选

很多人发来简历只表示希望来朗讯，却没有说明申请的职位。如果应聘者连简历都写不完整，朗讯会觉得不是他能力有问题就是太过粗心，这都不是朗讯的首选人才。还有简历的性别栏中不写男女，用染色体 xy 来表示，让人哭笑不得。简历版面干净、符合规范、清晰明了是最好的，朗讯通常不在意照片，但也不要太简单。

细节考查职业诚信。朗讯非常在意职业道德和职业诚信，通常会注意查看简历内容的完整性、真实性，应聘者工作的连续性和稳定性。朗讯并不在意应聘者有其他方面的工作经历、不够良好的教育背景和中断的工作时间，但隐瞒和欺骗就会使公司对你个人的诚信和职业道德有所怀疑。为此，HR 会关注简历细节的描述是否冲突。朗讯会保存每份投来的简历，建立简历档案。

很多人为没有受到很好的大学教育而感到遗憾，所以会在简历中把教育背景模糊掉。其实他不写反而令人猜想更多。此外，很多应聘者也知道企业非常关注职业的连续性，有些人可能有一段时间没有工作，但在简历中会把时间归到某段工作中，这些都会在做背景调查时被查出来。

用数字体现个人业绩。介绍工作经历的时候，在某公司工作的时间，应该精确到月而不是年。要有公司的全称（也可对公司做简要介绍），担任的职位名称及所在部门名称、主要工作职责、主要工作业绩等。也可以简要介绍上下级关系，比如直接上司的职位，所辖下属的人数等。习惯于用数字说话，"非常出色"、"做出很大的贡献"这些用词都是不合适的。最好能够改成"我完成了多少销售业绩，联系了多少家公司"，如果数字过于敏感不适宜表达，可以用百分比，或者用企业的表彰来表达，还可以写上获得的证书。

有些不像销售部门那么容易量化的部门，比如行政部门，可以通过办公设备的维护和采购、降低成本、客户满意度、如何及时维修等方面做出说明；HR 部门可以通过客户满意度、招聘周期、人岗的匹配、离职率等来体现。

乐百氏（广东）桶装水发展有限公司——乐百氏挑选简历的三道工序

乐百氏有自己独特而鲜明的选才理念——求同存异。所谓求同，就是要求与乐百氏企业文化相融，即开放的心态、热忱向上、亲和信赖，渴望与乐百氏共同发展。招聘官初次浏览一份简历的时间平均在 1 分钟左右，主要针对一些硬性指标进行筛选。因此，招聘官不会对长篇大论的简历感兴趣，最好是简洁、条理清晰、有实在内容的简历。

第一道程序，对硬性指标如年龄、工作年限、学历、专业、相关职业背景、期望待遇水平、选择工作地域等信息进行快速筛选淘汰，同时根据不同的岗位进行分类。

第二道程序，将初选的资料传送到相关的用人部门，由用人部门对候选者的具体岗位经历、工作的内容、业绩进行筛选，确定可面试者，将名单交人力资源部跟进。

第三道程序，由人力资源部向面试者发出邀约，进行笔试、面试和实际操作。经过这三个步骤筛选后，确定最终候选人员，人力资源部将会同用人部门，对候选者进行评价，人力资源部门享有建议权，最终录用权归属用人部门。

乐百氏青睐擅长学习的人。仅仅对自己过往的学习和工作经历以流水账形式书写的简历，乐百氏一般不予考虑。乐百氏看重应聘者过去学习过什么、做过什么，但更看重他现在实际掌握了什么、在过去做出过什么业绩。希望简历中有具体的事迹来证明应聘者具备胜任该岗位所需要的特质、能力或经验，所以应聘者写简历时应该有针对性地重点推销自己的优势，最好还能提到期望加入本企业的原因。

乐百氏不迷信名牌大学，但对有技术要求的岗位，需要从正规院校毕业生中挑选。另外也看重他毕业后的在职进修、培训经历，是否获得相关职业资格证书或更高的学历,乐百氏需要具备较强学习能力、吸收能力和持续学习热情的人才。

北电网络中国有限公司——北电网络的择才标准

通信行业是一个发展变化很快的行业,要求员工有良好的适应变革甚至是欢迎变革的心态,并且要有持续的学习能力才能保证不落伍。企业希望员工能够有很强的工作主动性和对工作的驱动能力,以完成设定的工作目标。诚信办事、尽职尽责、团队协作、开拓创新都是企业非常看重的。名校和名企背景并没有太大帮助。北电网络招聘时,看简历的着眼点主要是与职位相关的工作经历、项目经历、实习经历等。如果是研发类职位,教育背景也是很重要的。

如果是应届毕业生的简历,第一眼看他的教育背景和专业背景,考察内容更偏重专业背景、成绩排位、社会活动等。而对资深人员的简历,会浏览其全部内容之后再做出评估,考察内容更偏重实际的工作经历。应届毕业生的名校背景和资深人员的名企背景肯定会是一个优势因素,从简历来看确实会更显眼,但面试的时候名校和名企就没有太大帮助了。

阅读资料 6-2

招聘面试中如何进行有效的提问

上个月,受国内某大型制药企业华中区大区经理王总的邀请,给他们做一个重要职位招聘面试的测评,将要招聘的职位是高级营销经理。很不凑巧,飞机晚点,没有时间和王总作面试前的沟通,所以只好急匆匆赶到现场,还好,面试刚刚开始。由于事先已经作了筛选,来参加面试的只剩下两位候选人。由王总亲自担任主考官,在半小时里,他对第一位候选人问了三个问题:

1. 这个职位要带领十几个人的队伍,你认为自己的领导能力如何?

2. 你在团队工作方面表现如何?因为这个职位需要到处交流、沟通,你觉得自己的团队精神好吗?

3. 这个职位是新近设立的,压力特别大,并且需要经常出差,你觉得自己能适应这种高压力的工作状况吗?

当候选人回答完以后,我马上叫了暂停,因为我意识到王总提出的问题不妥当,我花了五分钟对应聘者进行了询问,然后我把应聘者的回答和他的真实想法告诉了王总。

候选人是这样回答三个问题的:第一个问题,我管理人员的能力非常强。实际上王总也并不知道好不好。第二个问题,我的团队精神非常好。只能答"YES",因为王总已经提供了太明显的暗示,即希望我的团队精神非常好。第三个问题,能适应,非常喜欢出差。实际上,如果把工作条件进行排行的话,我最痛恨的就是出差,还有就是占用自己的下班时间。但是老总的问话方式直截了当地给候选人暗示,使候选人必须说"是"。

事实上,王总问的是三个本应该设计成开放式的问题:第一个问有没有领导能力,第二个是有没有团队精神,第三个问题能不能承受巨大的工作压力。但是都错误地采用了封闭式提问的方式进行提问,而候选人在王总提问的问题中很容易就知道他想听到的答案是什么,实际上这是面试中最大的忌讳,而且肯定无法得到正确的答案。

接下来我花了10分钟的时间从三个方面重新为王总设计了以下问题:

1.管理能力方面:

A.你在原来的公司工作时,有多少人向你汇报? 你向谁汇报?

B.你是怎么处理下属成员间的矛盾纠纷的? 请举个例子。(行为式问题)

2.团队协作能力方面:

A.营销经理和其他部门特别是人力资源部门经常有矛盾,你是否遇到过这样的纠纷? 当时是怎么处理的?(情景式问题)

B.作为高级营销经理,你曾经在哪些方面做过努力以改善公司内部的沟通状况?

3.能不能经常出差:

A.以前公司的工作频率如何? 经常要加班吗? 多长时间出一次差?

B.这种出差频率影响到你的生活没有? 对这种出差频率有什么看法?

重新询问以上问题,王总从两位候选人中得到了更多的信息,最终选择了他需要的人才。这里我给企业领导在进行招聘面试时提一些建议,面试一般分为关系建立阶段、导入阶段、核心阶段、确认阶段、结束阶段等五个阶段。除在关系建立阶段可以用封闭式问题进行提问以外,其他阶段要尽量采用开放式问话方式进行提问。

采用开放式的问话方式,可以让应聘者畅所欲言,从中获得很多所需的信息。例如:"你的团队工作方面表现怎样?你的沟通技巧怎么样?"……这些都是开放式问题。应聘者不可能用一两句话就简单回答了,而是需要总结、引申、举例……通过这一系列的回答,从中可以获得足够的信息。例如:想了解应聘者的团队精神和沟通技巧如何时,绝不能直接问:"你认为自己的团队精神好吗?你的领导能力好不好?"这是一种封闭式的问题,只能回答 YES 或 NO。应该尽量让应聘者用事实来说话,以提高回答的可信度。同时还可以设计一些情景式、行为式的问题,如"告诉我最具有挑战性的客户是什么样子?""你最敬佩的人是谁?为什么?"用来收集关于应聘者核心胜任能力(岗位胜任特征、素质模型)的信息。

一个好的面试,最重要的一点是能询问开放式的探索性问题,把问题的提问方式全部换成开放式,一下就能够问出候选人的真实想法,有些应试者会将探索性问题以数量化的方式回答,有些则非常具有分析性、批判性、逻辑性,或倾向于线性思考,而招聘者从中能够更好地了解应聘者过去是否有过类似的工作经历,从而判断其能否适应这种工作。这种问题就是一个有效的面试问题。

一次成功的面试不但是对应聘者的考验,更是对主考官设计有效的面试问题,选择合适的人到合适的岗位的能力考验。

阅读资料 6-3

结构化面试的操作流程

一、操作流程

结构化面试是较新的面试方法,可界定为针对特定工作而设计出来的一系列与工作相关的问题,并让每位申请人接受一组标准化的问题,并且预先规划好各种可能的答案,且其问题的答案具有预测指标的作用,可预估申请人未来在工作上的表现。结构式面试法被认为较少有主观上的偏差,因为它的重点在于由问题的答案来预测未来在职位上的表现,而非取决于面试者对申请人的主观印象。

结构式面试发展的程序(如下图 6-4 所示),包含工作分析,评估各项知识、技术和能力,设计面试问题,发展指标性的答案与指派面试小组并进行面试。主要有下列五个步骤：

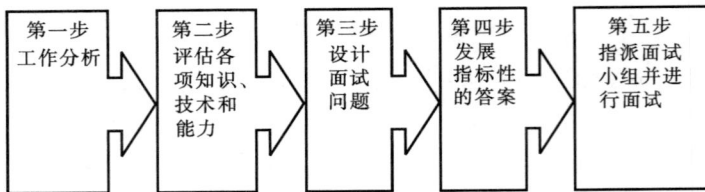

图 6-4　结构性面试发展程序

步骤一　工作分析

　　首先找出所有工作职责、必备的知识、技术和能力。

步骤二　评估各项知识、技术和能力

　　由工作分析可得知各项知识、技术和能力，下一步骤则是评估这些数据，即评估它们彼此之间的相对重要性，以及执行所需要的时间，其目的在于找出最主要的 KSA。其结果见表 6-4 为某公司人力资源主管岗位应用于筛选中参考的 KSA 项目。

表 6-4　筛选人力资源主管岗位所必须具备之 KSA

重要 KSA 之描述	此 KSA 是否重要？	此 KSA 是否为新员工所必须的？	此 KSA 是否在执行重工作时所需要的？	此 KSA 是否该被列为筛选项目？
1. 对公司人力资源规划、人力供需分析专业知识的了解与运用	YES	YES	YES	YES
2. 对人力资源信息系统之专业知识的了解与运用	YES	NO	YES	NO
3. 对规划、设计工作流程的了解与运用	YES	NO	YES	NO
4. 能够长期持续地尽最大努力来完成事务	YES	YES	YES	YES
5. 自我充实、成长与学习新知	YES	YES	YES	YES
6. 精确、迅捷地针对事情予以判断分析	YES	YES	YES	YES
7. 正确、迅速地针对事务下定决策	YES	YES	YES	YES
8. 自我控制，不让个人情感干扰到工作的执行	YES	YES	YES	YES

重要 KSA 之描述	此 KSA 是否重要?	此 KSA 是否为新员工所必须的?	此 KSA 是否在执行重工作时所需要的?	此 KSA 是否该被列为筛选项目?
9. 促进工作团队的顺利建立、发展与运作;激励或协助他人达成既定的目标	YES	YES	YES	YES
10. 说服他人接受公司既定之决策或专业建议	YES	NO	YES	NO
11. 将所获得的讯息加以分类、汇整、组织,并加以运用	YES	YES	YES	YES
12. 自我管理自身工作的相关事务,如进度、目标达成情况等	YES	YES	YES	YES
13. 自我情绪智商(EQ)之发展与管理	YES	YES	YES	YES
14. 自我要求能够持续地改善任何缺失之处	YES	YES	YES	YES
15. 积极投入,与成员彼此信任、合作	YES	YES	YES	YES
16. 领导他人达成既定的工作目标	YES	NO	YES	NO

步骤三　设计面试问题

接下去则是设计出一份面试问题,将根据较重要的各项知识、技术和能力设计问题,然而问题的种类也可以有许多类型。

1. 直接问答(questions and answers)

这是一般工作谈话中最广泛采用的方式,面试者可提出开放式或封闭式的问题。封闭式问题通常只能选择回答"是"或"不是"的问题,因此所能获知的信息有限。以这种方式很难对申请者作出正确的评估。例如:"你喜欢和其他人一起工作吗?"开放式问题需要在回答中作出解释,是一种比较理想的提问方式,可以获得较多的信息,应该尽量采用。上述的封闭式问题可以改用的开放式问法:"你喜欢一个人工作还是和一群人一起团队工作?"或甚至:"描述一下什么样的人你认为会有困难一起共事?"

2. 情境式问题(situational questions)

面试者提出一个和工作有关的假设状况或个案,要求申请人回答出解决的方案。这种问题通常能有效测试出对方解决问题的推理能力。例如:"如果你的老板要求你做一项工作,但紧接着你的同事又说需要你帮忙赶工另一项紧急任务,你会怎么做?"

3. 行为问题(behavioral questions)

面试者询问有关应聘者过去行为纪录的问题,前提是这些行为记录可用来有效预测一个人未来的行为。例如:谈谈看你过去带领一组人完成一项工作任务的经验。

以上三种格式,情境式面试与行为式面试是建构结构性面试最普遍的两种方法,同时基于经济与成本各方面的考虑,可采用混合使用开放性问题类型设计问题。

步骤四　发展指标性的答案

针对每项问题寻求各种可能的答案。在每个问题的下方列出应征者回答所对应的等级,让面试者可依据应聘者回答内容参考评估标准给定分数。

1. 分数评定分为三个等级:缺乏有效性(ineffective)、有效(effective)、非常有效(highly effective)。在各等级之下,均列有清楚的行为指标,根据回答内容确定行为等级。

2. 为使评分更具鉴别力,在结束该项目提问之后,面试者应综合所有行为结果并参考整体表现,进一步在 1 至 9 分范围内给定分数。可于〈缺乏有效性〉等级中指定得分为 1 或 2 或 3 分;或于〈有效〉等级内指定 4 或 5 或 6 分;或于〈非常有效〉,指定 7 或 8 或 9 分。面试者应事先加以讨论各种可能的答案,直到对于缺乏有效性、有效及非常有效的答案达成共识。

以人力资源主管岗位二项 KSA 为例:

例一:人力资源策略、各项人力资源管理活动的了解与运用

(以下问题是针对应届生或工作经验有限者)

请描述您在大学学习专业课程的情况?

这些课程与您现在申请的位置之间的关系如何?

请简述您的论文题目。您为何选择这个题目? 您学到了些什么?

请描述您实习/专题研究/论文或工作经验。

(以下问题是针对已有相关工作经验者)

您的主要工作职责是什么? 这个工作最主要的挑战是什么? 为什么?

先前的工作或所学,你要如何运用在你所要应聘的这个工作上?

在你的相关领域之中,你认为还有哪些部分是需要再学习或提高的?

表 6 - 5

缺乏有效性 (ineffective)： 1　　2　　3 □　　□　　□	有效 (effective)： 4　　5　　6 □　　□　　□	非常有效 (highly effective)： 7　　8　　9 □　　□　　□
□先前的经验与所要应聘 职务的职责完全无关 □先前的工作内容中未曾 包含具困难度或具挑战 性的任务 □未学习过与应聘工作有 关或商业管理课程 □未曾学习过企业管理课 程 □未曾有实习经验或该经 验与应征工作无关 □毕业专题或论文与应征 工作无关	□有些工作经验可应用到 该职务上 □先前的工作内容包含至 少一项具难度与挑战性 的任务 □学习过一些与应聘工作 有关的课程 □学习过一些企业管理课 程 □参与实习时曾被赋予某 些责任 □毕业专题或论文里的方 法能部分运用到现在的 工作	□先前的工作所运用到的 方法大多可适用于所应 聘的职务上 □先前的工作内容大多具 挑战性与困难度 □学习过许多与应聘工作 有关的课程 □学习过许多企业管理课 程 □参与实习时曾被赋予高 度责任 □毕业专题或论文里的理 论与方法能广泛运用到 现在的工作

例二：促进工作团队的顺利建立、发展与运作；激励或协助他人达成既定的目标

请简述是否有曾与其他同事一起处理同一项目的经验？

团队管理中你所遇到最大的困难是什么？当时是如何解决的？现在你将如何解决？

在参加团队活动时，你总是扮演什么角色？

你如何理解三个臭皮匠，胜过一个诸葛亮，在以往工作中是否有过类似经历？

步骤五　指派面试小组并进行面试

面试小组应该有 3 至 6 位成员，最好由熟知该职务之工作分析内容或问卷设计的人员担任。面试小组成员应该包括应聘岗位的直属上司、同事及人力资源部门的代表。如条件允许时，应聘同一岗位人员，应由同一面试小组进行，如条件不允许，需要多组进行面试，对于面试提纲和指标性答案进行相关解释说明，或进行相关培训。

表 6 - 6

缺乏有效性 （ineffective）： 1　　　2　　　3 ☐　　☐　　☐	有效 （effective）： 4　　　5　　　6 ☐　　☐　　☐	非常有效 （highly effective）： 7　　　8　　　9 ☐　　☐　　☐
☐不愿意与他人一同完成任务，喜欢一个人独自完成任务 ☐尽量避免团队目标，对于团队目标只抱持着观望态度 ☐面对团队合作过程中所产生的阻力和冲突采用逃避态度，缺乏解决协商的行为 ☐对团体成员较无影响力 ☐无法与背景兴趣不同的人共处 ☐在团队合作中总是单独行动 ☐无法展现对不同观点的欣赏 ☐认为别人的努力不值一提	☐能够与他人一同工作，完成共同的目标 ☐能接受团队所订立的目标并努力达成 ☐能够将阻力降低以完成工作，避免不必要的冲突 ☐虽然对团体成员无太大的影响力，但对团队领导影响较大 ☐能与不同背景的人共同相处 ☐在团队合作中能善用其他人作为解决问题的资源 ☐能够感知到其他人的不同观点与感受 ☐与其他成员共享荣耀	☐能够与他人一同工作，完成共同的目标，并与团体成员有和谐的关系 ☐常能鼓励每个团队成员参与制定工作团队的目标与工作计划，并与团队成员建立共同的愿景 ☐当周边有同事或朋友起冲突时，能居中为两方缓和 ☐冲突发生时，常能协调两方差异与冲突点，透过协商谈判方式解决冲突 ☐在团队中是位团队领导，可以使用此影响力，与成员一起完成工作目标。 ☐能够有效地与不同背景的人共事，同时寻求多元的意见 ☐在团队合作中视其他人为解决问题的珍贵资源 ☐不断地表现出对他人观点及感受的尊重，同时协助团队成员了解不同观点 ☐团队为一个整体，成功是团队的荣耀

阅读资料 6 - 4

情景面试

　　某企业集团聘请招聘专家为其下属百货公司选拔总经理。在最后阶段，招聘专家对一路过关的四位候选者使用了情景面试的方法。四位候选者被安排同时观看一段录像，录像内容如下：

　　画面呈现一座小城市，画外音告知这是一个中等发达程度的小县城。镜头聚焦于一家百货商场,时间显示当时是上午 9 时 30 分。这时,商场的正门入口处出现了一位身高 1 米 80 左右、穿皮夹克的年轻小伙子。他走进商场,径直走向日用口柜台。柜台里是一位三十岁出头的女售货员。小伙子向女售货员说:"拿管牙膏。"女售货员问:"什么牌子?""中华牌。"小伙子答道。女售货员说:"三块八毛。"小伙子掏出钱包,取出一张一百元的人民币,女售货员找给他 96 元 2 角。然后,小伙子将钱和牙膏收好,走出了商场。

　　画面重新回到了百货商场正门,时间显示是上午 10 时整。这时,一位身高 1 米 65 左右、穿笔挺西装的小伙子出现在门口,并径直向日用品柜台走去。"同志,要点什么?"女售货员问道。"一支牙刷。"小伙子答道。"什么牌子?"女售货员接着问。小伙子用手指了其中的一种。女售货员说:"两块八毛钱。"小伙子掏出钱包,取出一张十元的人民币递给了女售货员。女售货员给小伙子一支牙刷并找回 7 元 2 角钱。然而,小伙子突然说:"同志,你找错钱了,我给你的是一百块钱?""你给我的明明是十块钱呀!"女售货员吃惊地说道。"我给你的就是一百块钱,赶快给我找钱,我还有事情要做!"小伙子提高了嗓门,语气也相当严厉。女售货员急了,声音也提高了八度:"你这人怎么不讲理呢? 你明明给的是十块钱,为什么偏要说是一百元呢? 你想坑人啊?"这时,日用柜台边已经聚拢了十几位买东西的顾客看热闹。这位小伙子似乎实在难以容忍了,向整个人群说道:"大伙都瞧瞧,这是什么服务态度! 你们经理呢? 我要找你们经理。"

　　说来也巧,百货商场的总经理正好从楼上下来,看到这边有人围观,便走了过来。总经理看上去是一位二十八、九岁的年轻人。"怎么回事?"总经理问道。女售货员看到总经理来了,像来了救兵一样,马上委屈地向总经理告状:"经理,这个人太不讲理了,他明明给我的是一张十块钱,硬说是一张一百块钱。"经理见她着急的样子,立即安慰她说:"张姐,别着急,慢慢讲,他买了什么? 你有没有收一百块钱一张的人民币?"这位被总经理称为"张姐"的女售货员心情似乎平静了些。"他买的是牙膏,噢……不,他买的是牙刷。对了我想起来了,今天,我没收几张一百块钱的人民币,有一位高个儿给了我一百块钱,他买的是牙膏。这个人给我的就是十块钱。"总经理听了张姐的话,眉头有些舒展,转身走向人群中那位身高 1 米 65 左右的小伙子,很有礼貌地说道:"很不好意思出现了这种事情。您能告诉我事情的真实情况吗?"小伙子也似乎恢复了平静,同样有礼貌地坚持自己付给女售货员的是一张一百块钱,是女售货员将钱找错了。这时总经理环视了一下人群,然后将视线定格在这位小伙子身上,继续有礼貌地说:"这位先生,根据我对这位售货员的了解,她不是说谎和不负责任的人,但是我同样相信您也不是那种找茬的人。所以为了更好地将事情弄清楚,我可否问您一个问题?""什么问题"小伙子问道。"您说您拿的是一张一百块钱,请问您有证据吗?"总经理问道。小伙子的眼睛一亮,马上提高了嗓门说:"证据? 还要什么证据? 不过我想起来了,昨天我算账的时候,顺手在这张钱的主席像一面的右上角用圆珠笔写了 2888 四个数字。你们可以找一下。"总经理立即吩咐张姐在收银柜中寻找,果真找到了一张主席像一面用圆珠笔写 2888 的一百块钱纸币。这时,小伙子来了精神,冲着人群高喊:"那就是我刚才给的一百块钱,那个 2888 就是我写的。不信,可以验笔迹。"

人群开始骚动,顾客们明显表示出对商场的不满。镜头在人群、小伙子、张姐和总经理之间切换。这时录像结束,并在屏幕上弹出两个问题:

1.假如您是该百货商场的总经理,您将如何应付当时的局面?

2.作为总经理,您将如何善后?

四位候选者被要求准备 10 分钟,然后分别向专家组陈述自己的答案,时间不超过 5 分钟。

材料分析:情景面试应用于人才选拔是基于心理学家勒温的著名公式:$B=f(P \times E)$。这个公式的意思是说:一个人的行为(behavior)是其人格或个性(personality)与其当时所处情景或环境(environment)的函数。换句话说,候选者面试时的表现是由他们自身的素质和当时面对的情景共同决定的。如果考官能够恰当地选择情景并保证情景对不同候选者的一致性,那么,不仅可以诱发候选者的相应行为,而且能够说明候选者行为的不同是由其素质不同所致。本案例中的情景面试旨在选拔集团公司下属的百货公司总经理,选择录像情景非常恰当,同时由于四位候选者同时观看录像且问题一致,因此整个选拔程序的设计是公平合理的。第一个问题的设置在于考察候选者的快速决策能力,由于允许他们有 10 分钟的准备,因此也检验他们对问题分析的深度。第二个问题的设置则在于考察他们将突发事件与管理制度相关联的能力。限于篇幅,本文仅就第一个问题结合四位候选者的表现进行分析。

第一位候选者答案的大意是:他首先向那位小伙子道歉,承认他的下属工作失误,然后当众批评女售货员,并如数找给小伙子97元2角。这样做的理由是,90多块钱是小事,影响正常营业、损害公司形象是大事。事件持续的时间越长,对百货公司越不利。至于女售货员所受到的委屈,可以在事后进行心理上的安抚。

这位候选者的优点在于能够从公司大局出发,分清轻重缓急,具备作为公司总经理的基本思维素质。但是,其具体做法毕竟是委曲求全,且有向不法行为低头之嫌。

第二位候选者答案的大意是:她首先诚恳地向那位小伙子和在场的顾客道歉,因为她手下的员工出言不逊,冒犯了顾客。她也主张要将97元2角钱当场如数找给小伙子,但并不是承认自己的员工搞错了,而是奉行“顾客永远是对的”这一理念。并向在场的顾客承诺将继续追查此事,如确系售货员失误要从严处罚,同时向顾客当事人承认错误和赔偿。另外,她还诚恳地要求小伙子为配合百货公司的工作,留下联系方式。

这位候选者的优点与第一位相似,但较为主动一些。在无法立即判断孰是孰非之际,突出“顾客是上帝”的理念,让顾客明白,百货公司做让步性决策的前提是对顾客的热爱。但是,这种做法仍然没有负起道义的责任。

第三位候选者答案的大意是:他认为只要他在那位小伙子耳边说上两句话就行了。他的话是“哥儿们,请跟我到后面看一看,我们有内部录像系统。”他的理由是,整个事件明显是欺诈,对付欺诈的手段就可以以毒攻毒,让其知难而退。

这位候选者的优点在于有较强的道义感,对恶势力采取针锋相对的措施。但是,他犯了一个大忌,就是职业经理人应以诚信为本。“内部录像系统”在“中等发达程度的小县城”里的百货公司中是绝对不可能有的。候选者如果没有意识到“中等发达程度的小县城”,便是信息管理能力方面的欠缺;如果意识到了,便是以诈还诈了。

第四位候选者答案的大意是:他要当众揭穿“骗子”的伎俩,并与公安部门配合对之进行打击。他首先私下吩咐保安人员报警,然后向小伙子发问:“您确定您支付的是一百块钱,而不是十块钱,是吗?”得到认可后进行推理:“既然您支付的是一百块钱,上面又写有2888,那么这张钱上应该有您的指纹。既然您没有支付十元钱,那么,收银柜内今天收到的所有十元纸币上就不会有您的指纹。如果经查证有一张十元纸币上有您的新鲜的指纹,该如何解释呢?”

这位候选者的最大优点在于对问题分析的深刻性,他敏锐地抓住了诈骗者逻辑上的盲区,当场予以揭穿是有震撼力的。从道义的角度上讲,也是完全可以理解的。然而,作为职业经理人,"得理也饶人"是一大招财秘诀。何况女售货员在有理的情况下也不该出言不逊。因此,如果这位候选者在识破骗局的同时,又不忘向当时的顾客群体展示亲和力,那么效果会更好。

总而言之,案例中情景面试的第一题旨在考察候选者的三层素质:洞察力——对事件本质的把握;全局观——对形象力和"顾客至上"理念的理解;道义感——对社会上反诚信现象的态度。

第 *7* 章

员工录用与新员工培训

对应聘者经过几轮的甄选面试之后，就要最终决定录用人员的名单并分配给他们相应的职位，书面通知所有的应聘者，对招聘的新员工进行上岗引导培训，帮助其适应工作并安心工作，这是人员录用阶段的任务。这一阶段往往包括试用合同的签订、员工的初始安排、试用期考核与管理、正式录用等环节。

员工录用工作是招聘工作的关键环节，它直接决定着组织吸收的人员的素质，影响着新员工工作效能的发挥。有不少企业由于不重视录用与就职工作，新员工在录用后对就职的企业和从事的工作连起码的认识都没有就直接走上了工作岗位，这不仅会给员工适应新工作造成一定的困难，而且会使员工产生一种人生地不熟的感觉，难以唤起他们的工作积极性，这对企业是不利的。为此，企业应该认真做好这项工作。

重点问题

⇨ **录用的含义及原则**
⇨ **录用的程序**
⇨ **新员工上岗培训的意义与内容**

7.1 员工录用

录用是依据选择的结果作出录用决策并进行安置的活动，其中最关键的内容是做好录用决策。本节重点介绍员工录用的意义、原则、录用程序与录用面谈等内容。

7.1.1　员工录用的意义

当应聘者经过了各种筛选环节后,最后一个步骤就是录用与就职。人员录用是指对从招聘选拔阶段层层筛选出来的候选人中选择出的符合组织需要的人做出最终录用决定,通知他(她)们报到并办理就职手续的过程。

人员录用对组织来说至关重要。研究表明,同一职位上的最好员工比最差员工的劳动生产率高三倍,这意味着在人员进入组织之前就要有一个良好的识别、甄选过程,挑选出有相应技能、知识和经验,同时又愿意为组织工作的人。这可为提高劳动生产率、节约生产管理成本打下基础。简单来讲,有效的人员录用至少有如下意义:

保证组织对员工的投入能取得回报,也有利于组织与个人共同发展。组织对员工的投入能否得到收益、收益大小以及收益期的长短,取决于员工的工作积极性与其劳动生产率。前者取决于员工对工作的满意度,后者则取决于其劳动技能、掌握的知识与经验的丰富程度。如果在人员录用过程中能做到员工对工作满意度高,愿意为组织工作,而组织对员工拥有的技能、知识、经验满意,则组织必然会收到高额、快速的回报。由于员工对组织满意,对工作满意,他必然会在组织中得到发展,其结果是组织与个人共同得到发展。

有效的人员录用可为组织节省费用,减少了雇佣不合格人员和不愿为组织工作人员的可能性,降低了员工的辞退与辞职风险,为组织节约了离职成本。所以企业在做录用决策时,不能只注重对人才技术方面的要求而忽略了对其个性的考察。要充分了解应聘者最满意的工作环境是什么,包括工作条件、技术导向、竞争氛围等多方面,考虑本企业所提供的岗位和工作环境是否与应聘者追求的工作环境相匹配,尽量找到与企业具有协调一致的价值追求、能够接受企业的前景规划、真正能够融入企业的员工,这样可以有效降低将来的员工自愿离职率,进而降低离职成本。

另外,有效的人员录用可减少对员工的培训费用,节省培训开支。

有效的人员录用为组织内的员工与组织外的应聘者提供了公平竞争的机会。通过一系列的面试、笔试与其他方式测试,使每一个应聘者均有机会展示自己的才能,使自己有更好的发展,企业也可达到广招人才的目的。

7.1.2　员工录用的原则

(1)公平竞争原则。公平竞争原则是指,对待所有应聘者应当机会均等,一视同仁,不得人为地制造各种不平等的限制(如性别歧视),组织的所有空缺职位向一切最合适的人开放,不管是组织内部还是外部的应聘者,努力为社会上有志之士提供平等竞争的机会,不拘一格地选拔录用各方面的优秀人才,以保证组织选拔到最满意的人才。

（2）因事择人与因人任职相结合的原则。因事择人强调人员录用必须按照组织的人力资源招聘计划和岗位的特性招收员工，要根据职位的要求，知人善任，扬长避短，为组织招聘到最合适的人才并把他安置到合适的位置上。同时，还必须考虑每个人的能力特点、个性差异来安排相应的职位，做到"人尽其才"、"用其所长"、"职适其人"，以利于人的能力的发挥与今后个人职业生涯的发展。把因事择人与因人任职相结合，可以大大提高人力资源的利用率。

（3）择优录用原则。这是人员录用的核心。择优就是要广揽人才，选贤任能，在甄选结果基础上为各个岗位选择一流的工作人员。因此，录用过程应是深入了解，全面考核，认真比较，谨慎筛选的过程。做到"择优"必须对照招聘标准，严格按照科学的选拔录用流程来操作。

（4）价值观认同原则。价值观认同原则是指，录用时除了要注重考核应聘者的知识、能力、经验等方面，还应注意其价值观是否与本企业的企业文化所倡导的精神一致。这是因为各类员工的人格、思想上的非智力素质的差异，往往对日后工作积极性的发挥和工作业绩的创造起决定作用。

（5）求职动机优先原则。在合格人选的工作能力基本相同时，候选人希望获得这一职位的动机强度则是做录用决策时所注重的一个基本点。研究表明，个体的工作绩效一般取决于个体的能力和积极性两个因素。如果两个人的能力基本相同，积极性却很不相同，那么两个人的工作绩效则差异很大。求职动机是影响新员工积极性的一个很重要的因素。一般而言，已经辞职的应聘者的求职动机要强于应聘时有工作的求职者。再者，如果被录用，原来已经辞职的应聘者会比较珍惜新的工作机会。

7.2　员工录用程序

人员录用是招聘的结果。在招聘考核中选拔出来的合格人员，只有办理一定手续，才能成为企业员工。录用手续的办理是确定员工身份的依据。

虽然不同企业的人员录用程序差异很大，但一般来讲，人员录用工作主要包括做出录用决策、确定并公布录用名单、办理录用手续、通知应聘者、签订试用合同、新员工安置与试用、新员工转正并签订正式劳动合同等环节。员工录用的一般程序见图 7 - 1。

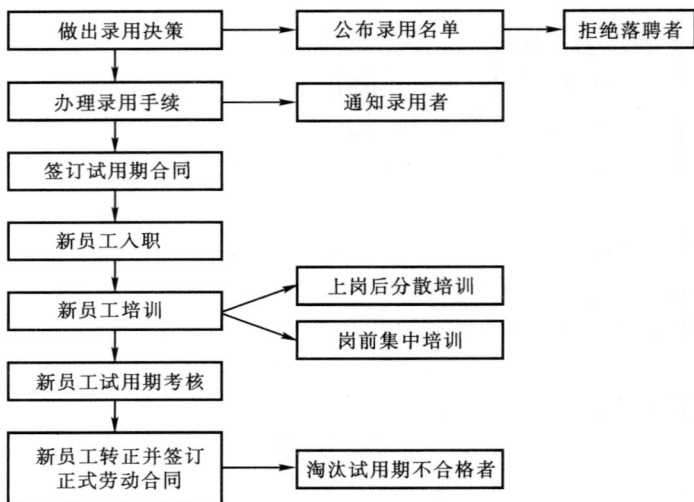

图 7-1　员工录用程序图

7.2.1　录用决策

前面讲过的选拔及筛选工作结束后,就进入录用决策阶段。这是招聘工作出结果的阶段,前面所进行的所有工作,都是为最后这个决策过程做铺垫。

通常最终的录用决策很难做出,尤其是当我们决定的是一个对企业发展很关键的职位的人选时,比如招聘总经理和人力资源主管。在这一阶段,招聘者常常会在几个脱颖而出的候选人中难以选择。

不同的录用决策标准会导致差别很大的录用结果。在进行决策时有两个选择:一是在候选人之间进行选择,二是在候选人和招聘标准之间进行比较。有的研究者认为,在候选人之间进行比较的做法不可取,因为这样会降低录用标准。有些研究者则认为,候选人之间的相互比较是最好的方法,因为将候选人与某种标准比较可能是不切实际的。例如工作说明书虽然提供给我们一个筛选标准,但在劳动力市场上,我们常常不能寻找到完全符合说明书所描述的人。灵活性往往是进行成功录用的关键所在。在录用过程中,我们常常会发现,"按图索骥"常常是不可取的。

同时在录用时应根据具体情况对录用标准灵活掌握,也需要凭一点直觉,就像平时人们在讨论婚嫁时常说的"一见钟情",在录用上有时也有很成功的例子。例如,有时应聘者可能暂时在能力和技能方面稍逊一筹,但是他特别能够适应环境,能够很快与团队中的其他成员打成一片,这样的应聘者就应该被另眼相看。

　　如果比较的结果是没有一个人能够符合要求，也有两种选择：一是重新进行招聘，二是在原来的应聘者中进行重新挑选。这个时候，可以说没有一个公认的更好的方法。如果必须进行选择，作为招聘者，应该根据企业的实际情况进行选择。如果某职位空缺很长时间一直未招到合适的人选，可能说明企业的吸引力不够或者招聘录用标准太高，在这种情况下，适当降低录用标准可能是较明智的选择。

　　人员录用决策是通过对选拔过程中使用多种选拔方法所产生的信息进行综合评价与分析，确定每一位应聘者的素质与能力特点，根据事先确定的录用标准与录用计划做出最终选择的过程。在进行录用决策时有三种模型可供选择。

　　(1)补偿性模型。录用决策小组首先收集应聘者在选拔过程中的所有信息，然后从工作所需要的各方面属性来评价应聘者，得出应聘者有关这一属性的一致性评价意见。例如，通过综合来自证明材料、面试和涉及这一属性的测试得出关于应聘者"技术能力"的总体评价。应聘者在每个属性上都受到评价后，就可以在统计上综合得出评分，再形成一个复合评分。复合分数是一个加权平均数，反映每个属性的相对重要性。再按分数由高到低录用应聘者。

　　如果我们要录用的人必须是各方面综合素质高的"全才"，那么可以将所需要的各种素质分别赋予不同的权重，然后用加权法求出各个应聘者的得分总值，录用分数最高的应聘者。如表 7-1 所示，我们将决定录用乙，因为他的分数最高。

表 7-1　各种素质的权重打分

能力	加权值	甲的分数	甲的加权值分数	乙的分数	乙的加权值分数
技术能力	2	2	4	4	8
反应能力	1.5	2	3	4	6
组织能力	2	3	6	3	6
专心程度	1	4	4	3	3
解决问题的能力	1	4	4	3	3
事业心	1	4	4	3	3
适应能力	0.5	5	2.5	3	1.5
总权重平均分			3.06		3.39

　　使用这种方法的前提是假定某种属性上的高分可以补偿另一种属性上的低分，适用于对应聘者没有某种最低要求而是要强调应聘者综合素质的情况。

　　(2)非补偿性模型。这种模型要求应聘者在被考察的每个方面都必须达到某个最低标准,任何一方面有缺陷都将使应聘者被淘汰。例如,录用项目开发人员时,若应聘者缺乏创新开拓的能力,则不管其他能力如何,都不会被录用。

(3)混合模型。当对应聘者在某几个能力素质方面有最低要求,但在其他几个方面没有最低要求时可以运用混合模型。首先对应聘者采用非补偿模型淘汰一部分,再用补偿模型对应聘者进行综合评价。

在录用决策时如果最终合格人选少于所要录用人员的数量时,应本着"宁缺毋滥"原则避免降低录用标准;当最终人选多于所要录用人员的数量时应遵循重工作能力、优先求职动机、价值观认同等原则,同时应限制参加决策的人数,只请那些直接负责考察应聘者工作表现的人,以及那些会与应聘者共事的人,如部门的同事,或哪个部门的主管经理,以免参与者因坚持自己的录用偏好而难以协调意见。

7.2.2　公布录用名单

根据录用决策的结果确定录用名单,名单应通过一定的方式张榜公布,提高招聘工作的透明度,尤其是内部招聘时更应该公布。这样做有利于接受外部群众监督,可以在一定程度上防止招聘中的不正之风,纠正招聘过程中的弄虚作假现象,从而更好地体现招聘工作的公开、公正、公平原则。

7.2.3　办理录用手续

企业招录员工,应向当地劳动人事管理部门办理录用手续,证明招聘录用员工具有合法性,须得到国家有关部门的认可,并且使招聘工作接受劳动管理部门的业务监督。企业办理招聘录用手续应向劳动管理部门报送员工登记表。填写内容包括:员工姓名、年龄、性别、种族、籍贯、文化程度、政治面貌、个人简历、考核的结果、企业同意录用的意见等。报经劳动行政主管部门审查同意,在登记表上加盖同意录用印章后,录用手续即办理完毕。

7.2.4　通知应聘者

通知应聘者是录用工作的一个重要部分。通知无非有两种,一种是录用通知,一种是辞谢通知。当然,写录用通知更容易,因为无论如何措辞,这封信都是人们所期望看到的。而写辞谢通知书比较难,需要一定的语言技巧才能恰如其分地表达录用者的意思,应本着坦率、诚恳、善意的原则。

在通知被录用者时,最重要的原则是及时。有许多机会都是由于做出录用决策后未及时发出录用通知而失去的。因此录用决策一旦做出,就应及时准确地对被录用人发出录用通知,这样才能避免有价值的人才与企业失之交臂。

录用通知书的主要内容应包括何时、何地报到,应携带的证件和资料以及其他应说明的信息。可以在录用通知中表明被录用人的加入会对企业带来的重要意义,以增加其好感并有利于吸引被录用者。另外,用公平一致的态度对待所有被录用者,不要有的用电话通知,有的用信函通知。表 7-2 为录用通知书样本。

表 7-2　　录用通知书样本

录用通知书

_____先生/女士:

　　我们现在很高兴地通知您:经我公司研究,决定录用您为本公司员工,向您提供_____岗位。欢迎您加盟本公司,请您于_____月____日____时到本公司_____部(处)报到。

　　我们很希望您能够接受该岗位的工作。我们会为您提供较好的发展机会、良好的工作环境和优厚的报酬。

　　我们很希望您能在____月____日之前答复我们。如果您还有什么疑问,请尽快与人力资源部 XXX 联系。他的联系电话是 XXX-XXX。期望尽快得到您的答复。

_____公司人力资源部
____年____月____日

报到须知:

报到时请持录用通知书;

报到时须携带本人_____寸照片____张;

须携带身份证、学历学位证书原件和复印件;

指定医院体检表。

　　许多企业都忽视了辞谢的程序。周到的辞谢方式除了有利于树立良好的企业形象外,还可能对今后的招聘产生有利的影响。

　　由于各种原因未被录用的求职者也应该接到一个及时的回答,可以通过电话用委婉的语言通知对方,最好是以信函的形式来通知,针对个人的信件通常会减少求职者被拒绝的耻辱感以及对企业产生否定情绪的机会。但切忌用明信片的形式。一般说来,由企业人力资源部经理亲笔签名的辞谢信,比单纯加盖一个公章的辞谢信要让人好受一些。表 7-3 是一份辞谢通知书样本。

表7-3　辞谢通知书范例

辞谢通知书

尊敬的_____先生/女士：

　　十分感谢您对我们公司的_____岗位的兴趣。您对我们公司的支持，我们不胜感激。您在应聘该岗位时的良好表现，我们印象很深。但由于我们名额有限，这次只能割爱。我们已经将您的有关资料存案，并会保留半年，如果有了新的空缺，我们将会优先考虑您。

　　感谢您能理解我们的决定。

　　再次感谢您对本公司的厚爱。相信您在以后的求职中会有好运气。相信您会找到与您的条件相符的公司。

公司人力资源部经理（签名）

年_____月_____日

7.2.5　签订试用期合同

　　在规定的时间内录用人员到企业报到，办理完录用手续后，他（她）们就成为企业的新成员。一般情况下，为了进一步考察新员工对企业与职位的适应性，绝大多数企业都对新员工进行试用，使用期一般1~6个月不等。为了界定试用期双方的权利与义务，有的企业与员工缔结试用期合同或协议。表7-4是一份试用合同书样本。

表7-4　试用合同样本

试用合同书

甲方：（接收单位）

　　乙方：　　　　　　　　（身份证号：）

　　根据国家劳动管理规定以及本公司员工聘用办法，甲方招聘乙方为试用员工，双方在平等、自愿的基础上，经协商一致签订本试用合同，共同遵守本协议所列条款。

一、试用合同期限：

　　试用期为 个月，自_____年_____月_____日至_____年_____月_____日止。

二、试用岗位根据甲方的工作安排，聘请乙方在_____工作岗位。

三、试用岗位根据双方事先之约定，甲方聘用乙方的月薪为 元，该项报酬包括所有补贴在内。

四、甲方的基本权利与义务:

　　1.甲方的权利

　　(1)有权要求乙方遵守国家法律和公司各项规章制度;

　　(2)在试用期间,乙方如严重违反劳动纪律或企业规章制度,甲方有权终止合同。乙方的行为给甲方造成损失的,由乙方赔偿,情节严重的追究法律责任;

　　(3)乙方若不能胜任工作或不符合录用条件,甲方有权提前解除本合同;

　　(4)乙方若有突出表现,甲方可提前结束试用,与乙方签订正式劳动合同;

　　(5)试用期满,经考核乙方不符合录用条件,甲方有权不签订正式劳动合同。

　　2.甲方的义务

　　(1)为乙方创造良好的工作环境和条件;

　　(2)按本合同支付乙方薪金;

　　(3)对试用期乙方因工伤亡,由甲方负担赔偿。

五、乙方的基本权利和义务:

　　1.乙方的权利

　　(1)享有国家法律法规赋予的一切公民权利;

　　(2)享有当地政府规定的就业保障的权利;

　　(3)对试用状况不满意,有请求辞职的权利;

　　(4)享有反对和投诉对自己试用身份歧视的权利。

　　2.乙方的义务

　　(1)遵守国家法律法规、当地政府规定的公民义务;

　　(2)遵守公司各项规章制度、员工手册、行为规范的义务;

　　(3)维护公司的声誉、利益的义务。

六、一般情况下,试用期间乙方岗位不得变更。若需变更,须事先征求乙方的同意。

七、本合同如有未尽事宜,双方应本着友好协商原则处理。

八、本合同一式两份,甲、乙双方各执一份,具同等效力,经甲乙双方签章生效。

　　甲方:(盖章)　　　　　　　　　　乙方:(签字)

　　法定代表人、负责人或委托代理人:(签章)

　　签约日期: _____年 _____月 _____日

　　签约地点: _____

7.2.6　新员工入职试用

　　新员工办理了入职手续以后,人力资源部门会同用人部门将他(她)们安置到相应的工作岗位上。安置的原则是人尽所长,人适其职,使人与事得到最佳配置。工作安排由所在部门直接领导按岗位职务要求负责分配工作,并进行日常管理。

试用人员一般不宜担任经济要害部门的工作,也不宜安排具有重要经济责任的工作。有的企业在试用期不给新员工固定岗位,采取轮岗的方式让新员工尽快熟悉企业生产经营的全面情况,最后再根据员工特长与企业需要将每个人安排在合适的岗位上,这不失为一种对双方都有利的方法。

此时人力资源部应该组织安排新录用员工面谈,让新进员工了解企业的各项政策及规定,了解企业的历史、组织结构、业务流程及企业文化等,人力资源部应发给新进员工一份员工手册,作为以后查询的参考。部门主管也应引介新进员工,应该一直到他对工作环境、工作本身的调适达到满意的程度,并且对其主管、同事及其本身产生信心等才算引介真正完成。通过录用面谈,新员工将对自己即将工作的环境有更深入的了解,形成一个更清晰的认识。同时,尽量让彼此互相了解,为今后协同工作打下一个良好的基础。

新员工办理入职手续时或在签订的试用期协议书或合同中一般都会明确规定试用期。这段时间给员工提供一次很好的机会让他(她)了解自己是否适合这份工作,同时也让企业有机会观察员工在试用期间的工作表现是否与企业对该项职位的要求一致。

(1)试用期期限。在成为正式员工以前,新进员工都有合同所规定的试用期。订立劳动合同时,规定试用期,这是许多国家的做法。试用期对劳动合同双方都有意义。对用人单位来说,可通过试用期考察职工是否符合招工条件;对试用人员来说,也可以在试用期内考察用人单位原来介绍的劳动条件是否符合实际情况。在试用期内,劳动合同当事人双方均可解除劳动合同。关于试用期的期限问题,我国自1995年1月1日实施的《劳动法》第21条规定,劳动合同可以约定试用期。试用期最长不得超过6个月。企业应根据《劳动法》及当地有关法规来确定试用期的长短。

(2)试用期培训。主要是为新员工提供有利于其胜任本职工作所必需的有关企业的各种信息。通常包括三部分:

第一是传达信息,如企业组织结构与运营情况、规章制度、工作时间安排、工作位置、职务工作要求、同事与上下级关系、绩效评价等。

第二是灌输企业文化与企业精神,使新员工尽快与企业的价值观、规范、行为模式、对员工的期望达成一致,与企业的目标达成一致,减少新员工因初入企业产生的陌生感及由此产生的心理落差,帮助他们尽快克服"现实冲突"。

第三是具体工作信息。可以为新员工指定一位良师益友,不仅可以使其尽快熟悉工作环境,建立良好的同事合作关系,而且会得到老员工必要的工作指导,以利于积累工作经验。许多公司流行"以师带徒",或叫"老人带新人"的工作方法,取得了非常好的效果,尤其是在市场营销、公共关系部门,这种做法就更有必要了。

(3)试用期考核评估。一位新进员工至少在试用期应能做好该项职位的基本工作并接受人力资源部与部门主管的绩效考核。考核的目的是:通过对试用期员工的规范考核,选择适合公司岗位需求的人员,为试用期员工转正录用提供依据。

人力资源部会给各部门主管提供新员工试用期考核表来评估新进员工在这段时间的表现。这份考核表是评估新进员工在试用期表现的主要根据。因此该表应在试用期满前送达用人部门主管的手中,由单位各级主管填完后再送人力资源部,以便决定采取下一步行动。考核的内容包括对试用期员工的品德、工作能力、工作态度、工作业绩、创新能力等进行合理的评价以及对试用期员工岗位职责的履行、工作任务的完成情况进行监督和检查。表 7-5 为员工试用期考核表样本。

表 7-5　员工试用期考核表

部门		姓名		编号		职称	
考核标准	本表分六大项考核新进员工,每项分四种等级,请仔细评估后在评分栏填入分数,考核总分在80(含)以上,且无任一项为 D 级者为合格者或任用,不合格者,则不予任用或主管得再延长试用期(以三个月为上限)。			到职日期		年　　月　　日	
				考核期间		自　　年　　月　　日	
						至　　年　　月　　日	
项目	考核内容			分数		评分	
工作效率	A. 效率甚高,工作量超过标准,且能提前完成			20~18 分			
	B. 效率好,工作量达到标准,且能按时完成			17~16 分			
	C. 工作勤奋,工作量尚可,偶尔需要帮助			15~11 分			
	D. 效率不高,工作量未达标准,经常需要别人帮忙			10~0 分			

部门		姓名		编号		职称	
工作质量	A. 工作的处理过程与结果,均是正确且足以被信赖		20～18 分				
	B. 偶尔发生错误,但尚能细心更正,成果正确且尚足以被信赖		17～16 分				
	C. 有时发生错误,但工作成果尚称良好		15～11 分				
	D. 粗心大意,时常发生错误		10～0 分				
工作勤勉程度	A. 工作勤勉积极,所有交付的工作皆能完成		20～18 分				
	B. 工作习惯可靠准时,很少忽略任何应注意事项		17～16 分				
	C. 除偶尔需加以提示之外,大致可以井然有序地完成工作		15～11 分				
	D. 经常忽略或忘记工作,需要时常检查或督导		10～0 分				
忠诚度	A. 能为公司的利益作最大的设想与努力,能配合公司之规章制度		20～18 分				
	B. 愿意为公司的利益作适当程度之贡献		17～16 分				
	C. 能配合公司之规章制度		15～11 分				
	D. 不能为公司大体利益着想,无法配合公司之规章制度		10～0 分				
工作主动性	A. 对工作有明确的关心与热忱,乐意协助他人		20～18 分				
	B. 乐意担任工作并能关心本身的工作		17～16 分				
	C. 很少对被分派的工作不满		15～11 分				
	D. 有时不愿接受自己被分派的工作,对主管善意的建议不予理会		10～0 分				

部门		姓名		编号		职称	
团队精神	A. 与别人共事时,非常体谅和细心,乐于助人		20~18 分				
	B. 与别人相处融洽,待人亲切有礼,合作度高		17~16 分				
	C. 与别人相处合作情形,尚称良好		15~11 分				
	D. 与别人相处,草率依赖,没有团队精神		10~0 分				
出勤情况	事假		病假		迟假	特休	总分

□ 正式任用 □ 不予任用 □ 延长试用期_____个月	直属主管评语
	部门主管评语
总经理	人力资源部经理

　　人力资源部审核考核表上的评估及建议,与用人部门主管讨论后,决定新进员工是否成为正式公司员工或延长试用期或终止雇佣关系。最终决策报总经理或分管副总经理审批。

7.2.7　新员工转正并签订正式劳动合同

　　试用期满,新员工提出转正申请,经考核合格,经用人单位同意,方可办理转正手续,并由人力资源部代表公司与员工签订正式劳动合同。

　　《中华人民共和国劳动法》中规定:劳动合同是劳动者与用人单位确立劳动关系、明确双方权利和义务的协议。劳动合同依法制定即具有法律约束力,当事人必须履行劳动合同规定的义务。合同签订后报劳动管理部门备案,或请劳动管理部门对合同进行签证。通过备案或签证,促使合同力求完善,符合国家政策,便于维护用人单位和被录用的员工双方的合法权益。合同是企业与员工之间的契约,也是建立劳动关系的依据,并成为当事人的行为准则。签订合同,关系企业与员工双方的责任、权利与义务,双方都必须认真谨慎。一旦签订,就应该按合同规定严格执行。

一般企业的劳动合同大体上参照国家劳动部门统一印发的劳动合同范本制定,同时考虑本企业的具体情况再进行修订或补充形成。表7-6为某公司劳动合同范本。

表 7-6　为某公司劳动合同范本

劳动合同

甲方:_____公司　　　　　　法定代表人或委托代理人:_____

　　　　　　　　　　　　　　　住所地:_____

乙方:_____　　　　　　　　性别:_____　年龄:_____

　　　　　　　　　　　　　　　身份证号码:_____

　　　　　　　　　　　　　　　家庭住址:_____

　　根据《中华人民共和国劳动法》和有关法律法规政策及甲方规章制度,经双方平等自愿,协商一致,签订本合同。

　　一、劳动合同的期限

　　本合同期限为_____年,自_____年_____月_____日起,至_____年_____月_____日止。

　　二、生产(工作)任务

　　乙方自本合同生效之日起为甲方员工。

　　1.甲方根据本企业生产(工作)需要,安排乙方_____生产(工作)岗位,为乙方提供必要的生产(工作)条件。

　　2.乙方同意根据甲方生产(工作)的需要,服从甲方所安排的工种、岗位,遵守甲方所规定的各项劳动纪律和规章制度。

　　3.乙方必须按照甲方关于本岗位生产(工作)任务和责任制的要求完成规定的数量、质量指标和工作任务。具体工作任务见《岗位描述》。

　　三、劳动保护和劳动条件

　　1.甲方根据国家规定,按工种、岗位要求发给乙方劳保用品和配置生产、工作所需的劳动工具,提供保障乙方安全、健康的生产、工作环境。

　　2.其他必要的生产、工作条件。

　　四、甲方的权利和义务

　　1.根据国家有关规定及公司的管理制度对乙方进行管理和奖惩。

　　2.合同期间因工作需要,甲方有权调整乙方的生产、工作岗位。

3.具有下列情况之一的,甲方可以解除劳动合同:

(1)按照国务院《国营企业辞退违纪职工办法》,乙方违纪应予辞退的;

(2)乙方因病在十二个月内两次不按甲方规定按时上交病假证明的;

(3)合同期内乙方由于个人原因一年内两次被劳动组合、下岗或下岗待业期间两次不服从分配的。

(二)甲方的义务

1.遵守国家的法律、法规、政策,尊重职工的主人翁地位,创造有利于职工发挥积极性和创造性的企业环境。

2.负责对乙方进行政治思想、职业道德、专业技术、企业管理知识、安全生产、遵纪守法和规章制度的教育与培训。

3.确实保障职工民主管理的权利,接受职工代表大会对甲方履行劳动合同的监督检查。

4.具有下列情况之一,乙方又无违纪行为的,甲方不得解除劳动合同:

(1)乙方患病或非因工负伤,在规定的医疗期内的;

(2)乙方患有职业病或因工负伤致残,并经甲方劳动鉴定委员会确认的;

(3)乙方为女职工,在孕期、产期和哺乳期间的;

(4)应征入伍,在义务服兵役期间的;

(5)按国家规定录用、接收的复员、退伍军人,退役运动员和建设征地农转工人员,在企业工作未满三年的;

(6)符合国家有关政策的。

五、乙方的权利和义务

(一)乙方的权利

1.在合同期间乙方享有参与企业民主管理,获得政治荣誉和物质鼓励的权利。

2.有权享受国家和本企业规定的调整工资、晋级奖励、劳动保护、劳动保险和福利待遇。

3.因疾病治疗需要,有申请延长医疗期的权利。

4.具有下列情况之一的,乙方可以解除劳动合同:

(1)甲方不能按劳动合同的规定支付劳动报酬的;

(2)经国家有关部门确认,甲方劳动安全、卫生条件恶劣,严重危害职工身体健康的;

(3)甲方不履行劳动合同或违反国家政策、法规,侵害乙方合法权益的;

(4)经甲方同意,属于正常工作调动的;

(5)乙方在劳动组合中下岗,要求自谋职业的;

(6)经甲方同意,因私出国进修或定居的。

(二)乙方的义务

1.遵守国家法律、法规和政策,树立主人翁责任感,维护企业合法利益。

2.积极参加甲方组织的政治思想、职业道德、专业技术、企业管理知识、安全生产、遵纪守法和企业规章制度等方面的培训。

3.遵守甲方的各项劳动纪律和规章制度,服从甲方管理。

4.努力完成生产、工作任务,并达到经济责任制中规定的各项指标。

5.按甲方要求完成技术培训任务,并达到考核标准。

6.如有违章违纪行为,应接受甲方的批评教育。

六、劳动报酬

1.甲方根据乙方所在岗位及岗位对劳动技能、工作能力的要求和乙方实际劳动贡献,按《××公司工资实施细则》或《××公司工资改革试行办法》按月付乙方劳动报酬。

2.甲方根据企业的经济效益及乙方在生产、工作方面的贡献,给予乙方适当的物质奖励。

七、劳动保险和福利待遇

1.乙方在合同期间享受国家规定的各种公休假日、补贴、劳动保险和福利待遇。

2.乙方因工负伤或非因工负伤、患病期间的待遇,按国家有关规定执行。

3.女职工孕期、产期和哺乳期间的待遇按国家或公司有关规定执行。

4.患有精神分裂症、癌症、瘫痪等难以治愈的疾病和因工负伤致残的职工,经指定医院确诊、由劳动鉴定委员会讨论并经职代会批准,可享受长期医疗期。

5.乙方供养的直系亲属,按国家规定享受劳动保险待遇。

6.甲方按月为乙方存本人月工资总额的_____%的补充养老保险金。

八、劳动纪律

1.乙方应遵守甲方的各项劳动纪律和规章制度,服从甲方的管理教育。

2.乙方如违反劳动纪律和规章制度,甲方有权进行批评教育。经教育不改者,甲方可视其错误性质、情节、影响和本人态度给予必要的纪律处分。

九、终止、变更、续订、解除劳动合同的手续

1.劳动合同期限届满,即终止执行。劳动合同期限届满前,如双方需要续订合同时应提前30天书面通知对方,并办理续订合同手续。

2.合同期内甲方生产、经营、工作发生重大变化,经与乙方协商同意,可以变更合同的相关内容,并办理变更手续。

3.任何一方解除劳动合同,应提前30天书面通知对方,方可办理解除劳动合同手续。

4.按照国务院《国营企业辞退违纪职工暂行规定》和《××公司辞退违纪职工办法》,乙方属于应予辞退的,应说明因违纪而解除劳动合同的原因。

5.乙方被开除、除名、劳动教养以及被判刑时,劳动合同自行解除。

十、其他具体事项

1.乙方终止、解除劳动合同时,甲方应协助乙方办理社会待业手续。

　　2.甲乙双方履行合同中发生的劳动争议应及时由劳动争议调解委员会协商解决。当事人不愿协商或协商不成的,按国务院发布的《中华人民共和国企业劳动争议处理条例》中有关规定处理。

　　十一、本合同未尽事宜,凡属国家有规定的按有关规定执行;凡属国家没有规定的,甲乙双方可以协商修订、补充。

　　十二、本合同一式两份,甲乙双方各执一份,经××劳动局鉴证后,自签订之日起具有法律效力。

　　甲方:(签章)　　　　　　　　　　　　乙方:(签字)

　　_____年____月____日　　　　　　_____年____月____日

　　签证机关(签章):

　　签证时间:_____年_____月_____日

7.3　新员工培训

　　新员工培训,又称岗前培训、职前教育、入职教育,是一个组织所录用的员工从局外人转变为企业人的过程,是员工融入特定团体的过程。从此时开始,员工逐渐熟悉、适应组织环境并开始初步进行自己的职业生涯规划,发挥自己的才能。成功的新员工培训与发展已经深入到了员工的行为和精神的层次,相对于在职培训来说,新员工培训与发展是群体互动行为的开始。

7.3.1 新员工培训的意义

　　新员工通过企业招聘测试并到企业报到以后,一开始并不直接上岗工作,而要经过一段时间的培训。这种培训在企业中非常普遍,有的企业对新员工的培训时间甚至长达半年至一年。

　　新员工培训的目的在于将企业录用人员由局外人转变为企业人。职前培训活动,为新员工提供正确的、相关的公司及工作岗位信息,使新员工明白自己工作的职责,加强同事之间的关系;让新员工了解公司所能提供给他的相关工作情况及公司对他的期望,鼓励新员工的士气;让新员工感受到公司对他的欢迎,产生归属感;减少新员工初进公司时的紧张情绪,使其更快适应公司。

　　具体来说,新员工培训的重要性体现在以下几点:

　　(1)有利于新员工适应企业新环境。一般来讲,新员工在刚来企业的一个过渡期内会将依自己对企业的感受和评价来选择自己如何表现,决定自己在公司谋发展还是把公司当跳板。因此,让新员工了解企业对于企业和员工个人双方来说都是有必要的。

通过职前培训活动,新员工熟悉工作场所,了解企业的规章制度和晋升、加薪的标准,清楚企业的组织结构和发展目标,了解企业发展历史和企业文化,在培训中转变不适应企业发展的心理观念和生活习惯,开始适应组织环境。同时,通过培训,使新员工学习岗位所需的新技能或新知识,获得职业生涯所必需的有关信息,也有利于培养员工对企业的忠诚度,激发员工的工作积极性。

企业在培训中向员工介绍企业的发展情况、规章制度、组织设计、岗位环境等方面的情况,同时让员工在新的工作环境中具有发挥才能的空间。员工个人通过了解企业各方面的情况,对自己的生活习惯、知识结构、技能结构做出相应的调整,以达到企业对自己的要求。

(2)有利于新员工融入企业整体。新员工进入企业后,企业需要建立新员工对企业的认同与感情,以及培养新老员工之间的合作关系和团结精神。因此,在职前培训中,要向新员工明确企业的行为规范,如上级和下级之间的礼仪、员工之间的沟通方式等。一般情况下,新员工刚进入企业时,员工之间的引介是不可缺少的,特别是新员工未来工作中有直接联系的员工之间的相互引介。

新员工培训有利于新来员工之间建立良好的人际关系,增强员工的团队意识与合作精神。通过参加初级的沟通游戏、团队协作课题等,老员工与新员工充分接触,相互交流,建立友谊,新员工更容易逐渐被一定的团体接纳,使其成为本企业真正的一员。

(3)有利于新员工有效开始新工作。企业通过员工手册、工作说明书、必要的参观活动和一定的技能培训,让新员工明确自己的工作任务、职责权限和上下级汇报关系,适应新的工作流程,掌握一定的操作技能,对要使用的工作设施或工具不再感到陌生,从而有利于员工迅速进入工作角色,掌握干好本职工作所需要的方法和程序,逐步胜任自己的工作。

(4)为招聘、甄选和录用、职业生涯管理等提供信息反馈。通过岗位培训,新员工在招聘与甄选活动中制造的假象会暴露,招聘负责人的错误认知和主观偏见会得到检验,而且新员工也会充分地表现自己的全面形象,从而加深企业对新员工的了解,这些都能给招聘、甄选和职业生涯管理等提供有效的信息反馈。

7.3.2 新员工培训的内容

新员工岗前培训涉及的内容较多。一般情况下,培训由人力资源部组织,企业高层管理者、企业内部培训部门以及新员工对口主管部门共同实施。高层管理者是企业整体形象的代言人,主要是在新员工欢迎会上向新员工致欢迎词、简单介绍企业情况并提出要求和期望,力图给新员工留下美好的企业印象,为其逐步融入企业打好基础。培训部门则是向新员工传递企业概况、规章制度等方面的具体信息,带领新员工熟悉企业环境,并负责进行专业技能的培训。部门主管主要负责向新员工介绍本部门的职能情况、岗位责任与要求等,并进行相关技能培训。

有效的新员工培训方案首先应让员工全面了解、认识公司,减少陌生感,增加亲切感和使命感。公司概况既包括有形的物质条件如工作环境、工作设施等,也包括无形的如公司的创业过程、经营理念等。一般来说,新员工岗前培训中所涉及的内容应包括如下信息:

(1)企业文化与规章制度培训。企业文化是员工在从事商品经营活动中所共同具有的理想信念、价值观念和行为准则,是外显于厂风厂貌,内显于员工心灵的以价值观为核心的一种意识形态,是一种企业的精神风貌。良好的企业文化也是塑造企业核心竞争优势必不可少的基本要素。企业文化立足于利用企业核心价值观统一人的思想观念和行为模式,使员工和企业都能找到共同的目标而努力奋斗。对新员工进行培训,把本企业正确的经营理念传授给员工,使员工接受新的企业文化,让员工主动与企业协调工作,这样有利于培养员工对企业的忠诚度,从而形成强大的凝聚力和团结向上的工作氛围,以此推动企业不断发展。

规章制度是新员工的工作和行为准则。有关员工工作和人事管理方面的规章制度必须让员工了解,这些通常载于内部刊物、规章制度手册或员工手册中。一般来说,企业规章制度的培训通常是先将这些材料发放给每一个员工让其自行初步了解后,再采取课堂学习或培训者具体介绍的方式进行。有时,培训部门需要专门安排时间进行介绍。

(2)公司的地理位置和工作环境。新员工刚到企业,周围的一切对他(她)来说都是陌生的。及时让新员工了解自己即将身处其中的环境,消除陌生感,是新员工培训的一项主要内容。企业环境包括企业的自然环境、工作环境、人文环境三个主要方面。

企业自然环境是指企业内部及附近的场景,如企业内各部门办公室、就餐食堂、休息室、会议室、附近银行、邮局的地点、紧急出口、交通站点等。

员工的工作环境,包括办公室的设施、工作的流水线以及其他工作的辅助措施,如电脑、复印机、传真机、总经理办公室和主管办公室等,每位新员工工作的大环境和小环境、硬件和软件设备均需作详细的介绍。

人文环境是指企业内部上下级之间的交流方式、员工之间的合作方式、与其他员工交往所保持的态度、员工的爱好活动等构成的人文系统。这对新员工以后的工作生活将有很大影响。

熟悉企业环境主要采取参观的方法,在培训期间利用一天或半天时间由培训部门人员带领新员工在企业内参观介绍。

（3）企业的标志及其由来。新员工需了解企业的视觉识别系统（VIS）及其由来。如著名的奥迪汽车标志含义：兄弟四人手挽手。德国大众汽车公司生产的奥迪（AUDI）轿车标志是 4 个连环圆圈，它是其前身——汽车联合公司于 1932 年成立时即使用的统一车标。4 个圆环表示当初是由霍赫、奥迪、DKW 和旺德诺 4 家公司合并而成的，每一环都是其中一个公司的象征。半径相等的四个紧扣圆环，象征公司成员平等、互利、协作的亲密关系和奋发向上的敬业精神。每个企业的 VIS 都是企业的骄傲，每位员工均要能识别并了解它的特殊含义。又如福建七匹狼实业股份有限公司七匹狼商标名字的由来：7 个创业的年轻人选择企业标志时，研究了海内外有着各种各样图形图案的品牌，发现很多都是由动物组成的，于是开始选择一个有含义的动物，最后选择了狼。他们认为狼是非常有团队精神的动物，具有机灵敏捷、勇往直前的个性，而这些都是企业创业成功不可缺少的素质。既然是 7 个人一起创业，于是就定下了"七匹狼"。由于设计巧妙，含义深远，深受大家的喜爱。企业的 VIS 以及企业领导所设计的深远含义均需让新员工了解。

（4）企业的发展历史和阶段性的英雄人物。每个企业在创建之初都饱经苦难，每个企业的发展史均和几个阶段性的标志人物紧密连在一起，他们都是企业的英雄人物。如沃尔玛集团这个全球第一大企业成长的传奇故事。沃尔玛是世界上最大的零售业企业。1962 年沃尔玛创始人山姆·沃尔玛先生白手起家，在美国阿肯色州的本顿威尔小镇投资经营第一家沃尔玛折扣店，店名是 WAL－MART，以"售价最低、保证满意"作为企业的经营理念。20 世纪 70 年代，沃尔玛成长为全美最大的区域性零售公司，80 年代又发展成为全美最大的折扣连锁公司，每年的销售额以 40％的速度递增。到 1990 年 11 月，沃尔玛超过位居美国折扣百货业龙头达十年之久的凯玛特（KMART），成为全美销售额第一的零售公司。1991 年又超过自二战后即名列全美第一的老百货业盟主西尔斯（SEARS），雄居全美零售业榜首。之后持续增长，20 世纪 90 年代再创全美和世界零售第一。2004 年 4 月，《财富》杂志公布了全美公司 500 强最新排行榜，沃尔玛连续第三年雄踞榜首，沃尔玛同时位居 2004 年度世界 50 家最受尊敬公司排行榜第一名。沃尔玛在短短的 30 年时间内打败业内的所有巨头，创造了世界零售业史上如此辉煌的奇迹过程中离不开创业经营的传奇人物，有转折阶段，有传奇故事。把这些编成故事，讲给新员工听，可以使他们更热爱自己的企业，更有归属感。

通过描述公司是一个什么样的公司，是如何白手起家的，在创业过程中发生过什么大事，创业者有什么样动人的故事，公司的优良传统是什么，该企业要求员工具备的优良品质是什么等，使员工对公司产生感情，一定程度上建立了忠诚感。

（5）企业的标志性纪念品。美国有一个企业，它的大厅里一个标志性的纪念品,是一个用大玻璃罩着一只金色的香蕉。这里有一个能让每个新员工感动的故事:很久以前,有一个员工拿着一份改进工艺的建议书走进董事长的办公室,董事长看完这个员工的建议书深受感动,认为这不仅是一个非常出色的工艺改进建议,而且最难能可贵的是它体现了这个员工对企业的关心和热爱。董事长很想立刻奖励这个年轻的小伙子,但此时他身边并没有合适的奖品,于是,他顺手拿起桌子上的一根香蕉,奖励给这位提出合理化建议的员工。从此以后,这个公司提合理化建议蔚然成风。这个故事也被广为流传,一个金色的美丽的香蕉被制作成纪念品摆放在公司的大厅里,成为这个公司的标志物。

要使新员工对企业有归属感,更好地理解并接受企业的各项理念,应该给他们讲解这些标志性纪念品背后的动人故事。

(6)企业的产品和服务。企业的产品和服务都有哪些种类,原材料和原材料的来源有哪些,工作流程即产品的生产过程或服务的运作过程等有必要让新员工心中有数。有些企业的"产品"就是服务,如旅游业,旅游业的新员工就必须了解企业售出的"服务"包含哪些内容,服务的性质,服务的对象,服务质量的保证以及服务错误的纠正等。

(7)企业的品牌地位和市场占有率。要让新员工充分了解企业的客户及企业的市场竞争状况,可以使新员工增强应机感和使命感。

企业应努力创造属于自己企业的品牌,创品牌是企业长期奋斗的过程。有的企业只有一个品牌产品;有的企业虽是一个品牌但有系列产品;有的企业的品牌是由一个产品产生而后延伸到许多领域,创出系列来,如雀巢、飞利浦、娃哈哈、海尔等,都通过品牌延伸迅猛发展,成为同业翘楚。企业的品牌地位还关系到竞争对手的状况,如众所周知,百事可乐和可口可乐一直是两大强劲的竞争对手,富士和柯达两个品牌的竞争均呈现此消彼长的状态,它们的竞争有一个重要指标,即市场占有率。因此,新员工必须了解企业的品牌、品牌在社会上的认可度、品牌定位在哪个层次、本企业有哪些竞争对手、主要竞争对手是谁、彼此的市场占有率是多少等。这些都是新员工培训中不可缺少的内容。

(8)企业的组织结构及主要领导。本企业的组织构架如何,有多少分公司和职能部门,上下级汇报关系如何,高层管理者的辉煌历史、职责及分工,新员工的直接上司是谁,这些问题是新进员工都急于知道的问题。

应该有一张组织结构图及主要领导的名录和联系方式。有的企业领导设有员工接待日,随着办公自动化和互联网的普及,员工的合理化建议应有专设的信箱,员工也可以通过一定的渠道获得与总经理对话的机会。

(9)企业的战略和企业的发展前景。企业现时的战略定位和企业战略的发展阶段、发展目标、发展前景也是新员工十分关心的问题,因为只有企业发展了,才能给个体带来发展空间,也才能激发新员工内在的工作热情和创造激情,激励新员工为企业奉献自己的智慧和才干。

告诉新员工公司正在做什么,公司为什么存在,公司是发展成什么样子,公司的近期、远期目标具体是什么,实现这些目标存在的问题是什么,新员工将对公司目标的实现有何重要作用以及新员工如何加入这一奋斗过程等。

(10)岗位知识及技能培训。新员工在上岗前要了解岗位知识、掌握工作所需的工作技能,只有在岗位技能培训合格以后,新员工才能正式上岗。

新员工的岗位知识培训包括职位说明和职业必备两方面。每一位员工必须获得自己所在岗位的科学规范的工作说明书并熟悉它。要向新员工详细说明职位说明书上的有关条款,描述出恰当的工作行为,并做出示范,制定日程安排,还要让新员工在规定的时间内掌握工作方法和工作技能,要接受新员工提出的问题并给予必要的指导。对于绩效考核、晋职、加薪等规定也要详加说明。

所谓职业必备是指员工应掌握的在具体工作中的同事之间的联络、上司的管理风格、必要的保密要求、公司中的一些"行话"等。

岗位技能培训包括新员工岗位的工作标准及操作要求、产品判定、与上下游流程的关系及对他人的影响等。技能培训应多辅以成功的个案,"榜样教学法"比较好。

(11)团队协作与团队建设。团队是企业运行的基本单位。系统理论认为,具有良好合作精神团队的效率应大于单个团队队员效率的总和,即容易取得 $1+1>2$ 的协同效应。所以,团队协作和团队建设是新员工培训的重要内容。

7.3.3　新员工培训的层次

新员工培训一般根据实际需要分为两个层次进行:一是公司层次的培训,二是部门层次的培训。

公司层次的培训目的是使新员工尽快掌握本公司与所有员工相关的共同性问题(表7-7)。这一层次的培训主要是适应性集中培训。可采取所有新员工集中在一起、与领导人一起参加讨论会以及员工引见等活动,让员工初步了解企业情况,并培养员工对企业的认同感,同时讨论会上员工还可以尽情畅谈自己对企业、岗位的看法,提出自己的要求。这种培训是新员工融入企业的第一步,非常关键,这一层次活动组织的好坏将直接关系到新员工对企业的第一印象的好坏,而第一印象的改变将会需要很长的一段时间。很多企业在适应性集中培训中还安排了领导人讲话、观看企业发展历程的录像等活动,其目的基本相同,培训的内容主要是企业文化培训和规章制度培训。

部门层次的培训,培训重点是使新员工掌握即将任职的部门、职务所要求必须懂、会、用等具体知识、技能和其他特殊要求(表7-8)。这一层次的培训主要是适应性分散培训,培训特点在于所有新员工不必再集中在一起,而是按照他们各自以后的岗位需要进行相关岗位知识和技能的培训,可以采取面谈以及指导学习的方法,也可在培训者的传、帮、带下逐步熟悉工作,这里的培训人员可由部门主管或熟练工承担。

表7-7　新员工:公司培训内容

项目	具体内容
1.公司概况	(1)欢迎会演讲 (2)公司创建、发展历史、战略目标、优势、问题等 (3)公司文化,如宗旨、价值观、传统、规范、标准等 (4)公司技术结构、产品与服务种类、营销、顾客等 (5)公司的组织结构、分支机构,以及公司内部各个部门、机构之间的相互关系等 (6)各个主要管理层的情况、CEO与各高级经理情况
2.公司的主要政策及实施情况	
3.报酬	(1)付酬范围、工资率、付酬方式 (2)加班费、假期报酬、轮班工资 (3)坚信:强制性与非强制性的数量范围 (4)预付工资 (5)信用贷款优惠 (6)工作开支报销
4.福利	(1)保险、医疗 (2)工伤 (3)特殊工作补偿 (4)各类休假,如法定假期、生日等 (5)事假,如婚、丧、病、育及其他紧急事件等 (6)退休计划 (7)在职培训机会 (8)后勤顾问服务 (9)餐饮及其他员工服务项目

续表 7－7

项目	具体内容
5.安全与事故预防	(1)事故记录卡 (2)健康、医疗义诊 (3)事故报告及程序 (4)火灾预防与控制 (5)体检要求 (6)生产流程中有关特殊危险用品的使用规则
6.员工与公司的关系	(1)职务分配与工作内容 (2)使用期与在职期间的行为规范、工作纪律要求 (3)员工的权利与职责 (4)领导人员、管理人员的权利与职责 (5)员工与组织领导的关系处理 (6)合同履行与公司政策 (7)员工工作绩效评估的管理方法 (8)矛盾冲突的申诉程序 (9)终止雇佣关系,如辞职、解雇、退休等 (10)沟通:各种沟通渠道
7.公司物质条件	(1)生活条件,如食品供应、自助餐等 (2)生产供应和设备条件
8.公司运作成本因素	(1)劳动成本 (2)装备成本 (3)缺勤、迟到、事故成本 (4)管理与营销成本

表 7－8 新员工:部门培训内容

项目	具体内容
1.部门职能	(1)企业目标与目前的主要任务 (2)组织结构 (3)运行内容与运作方式 (4)与其他职能部门员工的关系 (5)部门内部的工作关系

项目	具体内容
2. 岗位职责	(1)对职务描述的有关文件与期望的工作成果做详细解释 (2)说明该岗位职务的重要性与本部门其他工作的关系 (3)说明在工作中可能发生的一些需要讨论决定的事情 (4)应该达到的工作绩效和绩效评估的基础 (5)每天的工作时数、上下班时间、午餐与工作休息时间 (6)工作指派与加班要求 (7)必需的工作记录与报告 (8)使用设备的维护与保养 (9)何事可获得组织帮助,何时与怎样请求帮助
3. 规章、制度、程序	(1)岗位、部门的特殊规定 (2)紧急事故处理 (3)安全防护和事故预防 (4)事故报告 (5)卫生防治标准 (6)生产装备与零部件供应 (7)检查和评估员工工作绩效
4. 熟悉部门工作环境	(1)厕所与淋浴室 (2)火警箱与灭火器 (3)紧急出入口 (4)部门领导办公室 (5)供应与维护办公室 (6)卫生与保安办公室 (7)禁止吸烟的地方
5. 部门员工介绍	

——资料来源:戴昌钧. 人力资源管理[M]. 天津:南开大学出版社,2001.

本章思考题

1. 请叙述录用的程序。

2. 员工录用的原则有哪些?

3. 新员工上岗培训的内容有哪些?

4. 简述新员工上岗培训的层次。

案例分析 7-1

招聘的原则与尝试的回报

有个找工作的年轻人来到微软分公司应聘，金发碧眼的洋总经理一时没反应过来，因为公司没有刊登过招聘广告。见总经理疑惑不解，年轻人使用不娴熟的英语解释说自己是碰巧路过这里，就贸然进来。总经理听清后颇感新鲜，心想莫非对方真是个人才？便笑着说那今天就破例一次。

面试的结果却出乎意料，对总经理来说这是他在微软任职以来所经历过的最糟糕的一次面试。年轻人的中专学历与微软所要求的本科学历不符，他对微软编程也只略知皮毛，对于总经理提出的问题答不上来，面试中双方几次陷入答非所问，要么根本就答不上来，面试中双方几次陷入僵滞的尴尬局面。面试结束，总经理显得很失望，他对年轻人说："要知道微软人才荟萃，从高级管理到专业技术人员，都堪称业界精英。微软的大门不是能够轻易扣开的。"正当总经理要回绝他时，年轻人说："对不起，这次我是因为事先没有准备。"总经理认为他只是找个托词下台阶，便随口说道："那好，我给你两个星期时间，等你准备好了再来面试。"

回去后，年轻人去图书馆借了计算机编程专业的书籍，然后足不出户在家昼夜苦读。两周后年轻人果然又去见总经理，总经理没有想到对方竟然真会再次前来面试，但他想还是要兑现当初的承诺。第二次面试，年轻人对总经理提出的相关专业问题已基本能应付下来。不过他仍然没有通过面试，因为凭他的编程知识与微软所要求的软件工程师水平相差实在太悬殊，但在总经理眼里，在两周里能有如此进步已经是很不容易了。面试结束后，总经理建议性地问道："不知你对微软的其他岗位是否感兴趣，比如销售部门？"年轻人接受了建议，可是对于销售他却一窍不通，于是总经理又给他一周时间去准备。

离开微软后，年轻人去书店买了一些关于营销的书籍，又埋头苦读一周。可令人感到晦气的是，一周后，年轻人虽然在销售知识方面进步不小，但他仍没能通过面试。无奈之下，总经理只能歉意地摇头并问年轻人，为何他偏要应聘微软呢？年轻人的回答令洋总经理大出意外，他说:"其实我并非只想应聘微软,我也知道微软录用人时的苛刻条件,我只是想哪怕不行,好歹也积累了一定的应聘经验。"总经理哑然之余,不乏幽默地说那就多给你几次机会。结果为了应聘,年轻人总共在微软面试了五次,前后共用去两个多月的时间,而总经理也破天荒地给予了一个普通的中国小伙子五次机会。

在第五次面试时,年轻人没有回答任何问题,因为当他第二次快进总经理办公室,总经理已经对他宣布,其实在第三次面试时他就已经成为微软的一员了,见中方副总经理疑惑不解,洋总经理解释说,我发现他接受新东西的速度非常快,这说明他是一个有发展潜质的不可多得的人才,尽管他没有本科文凭,但微软将来的希望就在这些年轻人的身上;而且,五次应聘他都没有退缩,这说明他很乐观,心理很健康。他还勇于尝试,敢于接受挑战,不放过哪怕百分之一的机会,这说明他有强者的素质。微软需要的不光是有知识和技能的员工,还需要那些有勇气和毅力的人。

不久,年轻人就得到了微软的重点培训。这是个故事吗? 不,这恰恰是发生在上海浦东新区的一个真实的应聘小插曲。在此事件中完全可以做这样一个假设:只要其中一方的观念是保守消极的,事情就会被搞得面目全非,甚至这种情形根本就不会出现。

——资料来源:摘自《财会月刊》2001 年第 21 期

案例讨论:

1. 这个年轻人符合微软的录用原则吗?
2. 你认为微软的这个录用决策正确吗? 请说明理由。

案例分析 7-2

一则失败的招聘案例

某企业集团正处于快速发展时期,急需高素质的人才加盟,通过优秀人才的加入推动企业的快速发展。因此集团要求引进中高级管理人才,包括人力资源部副经理、集团公共关系部经理、财务副经理等重要职位。人力资源部门和多家猎头公司签订了合作协议,开始了大张旗鼓的招募选拔。该公司招聘面试的流程是:猎头公司推荐候选人,候选人资料(简历)经人力资源部经理筛选后交总经理审阅后决定是否面谈,决定面谈后人力资源部和候选人协调时间,来公司面谈。

面谈的程序是人力资源部接待候选人,参观公司的展厅、厂区,然后就是泛泛的谈话,包括了解候选人的学习工作经历、兴趣特长等等。经面谈后人力资源部经理根据自己谈话的感觉向总经理汇报,询问总经理是否见面。总经理求才心切,担心好的人才被人力资源部筛选掉,一般都要亲自面谈,根据谈话的感觉决定是否聘用。

总经理对猎头公司推荐来的公关部经理人选经面谈后感觉非常好,当天就留下候选人跟随其去参加公司的对外接待,并通知人力资源部立刻办理录用手续。该公司在办理录用手续时需要填写员工登记表,在学历一栏里公关部经理填的是某名牌大学的两年制大专,而猎头公司推荐的简历上写的是某名牌大学的中文系本科生。这两者间学历相去甚远,并且总经理对人力资源部有要求,公关部经理的学历必须是名牌大学的中文专业的本科生或研究生。无奈人力资源部经理早在公关部经理正式入职前的介绍会上就说是某名牌大学中文系的本科学历,于是人力资源部只有把学历不符作为秘密保守。然而过了新人试用的甜蜜期后,公关部经理在很多方面的表现很普通,总经理对此颇有微词,也表现得很无奈。

案例讨论:

请问该企业招聘过程中出现的问题是什么?

阅读资料 7 - 1

1.惠普公司制定的为期 12 个月的岗前引导(employee orientation)计划,简称 EO 计划,见表 7 - 9:

表 7 - 9　惠普公司的岗前引导程序

阶段		人事部门	经理	新员工
一、轻松开端	报道之前	• 培训与开发部门持有最新的指导手册 • 人事部门在报到前向新员工发放手册 • 人事部门向经理发经理手册和员工手册	• 接受人事部门发给的经理手册和员工手册 • 为新员工挑选EO职位	• 接受报到前的资料，开始轻松地融入惠普公司的工作环境之中
	第1周	• 人事部门会见新员工、召开会议，并说明、评价岗前引导的意义	• 欢迎新员工并讨论员工手册 • 完成第一天计划	• 与培训开发部会见 • 与经理见面 • 会见班组同事并参观设备
二、感性认识	第1个月	• 人事部门与新员工就发展问题保持联系	• 与新员工会面并讨论第二阶段工作(2～3次会议，1～2小时)	• 了解经理对自己的期望值 • 按员工手册，明确本部门的工作目标、方向及与其他部门的关系 • 参加经理召集的会议
三、奠定基础	第2～3个月	• 人事部门协调新员工的岗前引导计划	• 确保新员工了解工作责任 • 确保新员工参与EO计划	• 参加岗前引导计划项目 • 掌握工作责任与目标的要点，并获得组织宗旨与目标的观念/观点

阶段		人 事 部 门	经 理	新 员 工
四、相互协作	第 4～6 个月	• 人事部门确保新员工参加岗前引导计划 • 人事部门要求从经理处取得岗前引导过程的反馈信息 • 培训与发展部门对反馈信息进行评价	• 与新员工一起起草发展计划 • 实施 6 个月的绩效评价 • 把岗前引导过程信息反馈给项目经理	• 深入了解公司宗旨与工作程序以及自己如何与之融合 • 配合经理起草发展计划 • 进行岗前引导内容的评估并填写评价表
五、指明方向	第 7～12 个月		• 评估发展计划的进程 • 获得知识、技术和指明职业发展方向的资料 • 实施 12 个月绩效评价	• 帮助新员工获取资料 • 完成发展计划所要求的工作

——资料来源:［加］西蒙·多伦等著．人力资源管理．董克用等译．中国劳动社会保障出版社,2000

阅读资料 7-2

　　美国丰田汽车制造公司岗前引导计划(4 天)如下:
　　第一天:上午 6 时 30 分开始,由公司人力资源副总裁介绍 EO 计划梗概,致欢迎词,详述公司组织结构和人力资源部门情况。用 1.5 个小时介绍公司的历史与文化;用近 2 小时介绍员工福利;用 2 个小时介绍公司质量管理与团队精神的重要性。
　　第二天:一开始用 2 个小时进行"TMM 倾听方法——沟通技能训练"。强调相互尊重、团队精神、开放交流的重要性。其余时间用于讲解 EO 的一般内容,如安全、环境事务、公司生产体系、图书馆等。

　　第三天：开始用 2.5～3 个小时进行沟通训练，内容是"TMM 提问与反馈方法"。其余时间用于介绍公司解决问题的方法、质量保障、事故通报与安全等。

　　第四天：上午召开团队精神研讨会，主题包括：团队训练、提案制度、团队成员活动协会等。并介绍作为团队成员的基本知识与技巧等。下午进行专门性防火、灭火训练。

　　其计划的主要目的是潜移默化地使新员工接受公司的质量意识、团队意识、个人发展意识、开放与沟通意识、相互尊重意识等。

　　——资料来源：王先玉等主编．现代企业人力资源管理学．经济科学出版社，2003

第 *8* 章

招聘评估

整个招聘过程的最后一个步骤就是评估招聘的效果,这一点很多企业以前并不重视。对招聘效果进行评估,可以帮助企业发现招聘过程中存在的问题,对招聘计划以及招聘方法和来源进行优化,提高以后招聘的效果。

本章重点介绍员工招聘评估指标体系及有关的评估方法。首先通过介绍全面地进行员工招聘评估需从招聘结果的成效评估和招聘方法的成效评估两方面展开,这两类评估又需要从各自相应的指标体系去进一步考核,如招聘结果的成效评估有其具体的评估指标体系,招聘方法的成效评估要从招聘的信度和效度作进一步评估;然后介绍招聘活动小结的写作;最后分析我国企业招聘工作中常见的问题并提出对策和建议。

重点问题

⇨ 招聘评估的作用
⇨ 招聘结果的成效评估
⇨ 招聘方法的成效评估
⇨ 招聘小结的写作
⇨ 我国企业招聘工作中常见的问题
⇨ 提高招聘工作水平的对策

8.1　招聘评估

招聘评估是招聘过程必不可少的一个环节,招聘评估通过成本与效益核算能够使招聘人员清楚地知道费用的支出情况,区分出哪些是应支出项目,哪些是不应支出项目,这有利于降低今后招聘的费用,有利于为组织节省开支。招聘评估通过对录用人员的绩效、实际能力、工作潜能的评估及通过录用员工质量的评估,检验招聘工作成果与方法的有效性,有利于招聘方法的改进。

8.1.1　招聘评估的含义

一个完整的招聘过程的最后,应该有一个评估阶段。招聘评估是在完成招聘流程中各阶段工作的基础上,对整个招聘活动的过程及结果进行评价并进行总结,检查是否达到预期的招聘目的,以便于我们不断地改进招聘工作和提高招聘水平。

8.1.2　评价招聘工作的标准

一次招聘活动成功与否,应该符合以下五个标准。

1. 有效性

测试应围绕岗位要求拟定测验项目,测试内容必须正确、合理,必须与工作性质相吻合。这要求负责招聘的人员必须真正了解空缺职位的要求,例如,如果要挑选市场调查研究员,则所要测试的内容必须与行销、调查、统计和经济分析的知识有关,否则测试便无意义了。

2. 可靠性

它是指评判结果能客观反映应聘者的实际情况,测试成绩能表示应聘者在受试科目方面的才能、学识高低,这主要取决于选拔方法的效度。例如应聘者行销学方面的测试成绩为 90 分,就应该表示他在这方面的造诣也确有 90 分的水准。

3. 客观性

它是指招聘者对应聘者进行客观地评价,不受主观因素的影响,如个人的偏见、偏好、价值观、个性、思想、感情等因素的影响;另一方面,不会因应聘者的身份、社会地位、种族、宗教、党派、性别、籍贯和容貌等因素不同而有高低之差别。招聘要达到客观性,就必须在评分时摒除以上两种主观的障碍,这样才能达到公平。

4. 广博性

它是指测试的内容必须广泛到能测出所要担任的工作的每一种能力,并且每一测试科目的试题应该是广泛的,而不是褊狭的。因此应注意测评内容是否具有完整性,能否全面反映招聘岗位所需的各项要求。要想全面地对应聘者进行评价,首先需要明确各岗位各方面的任职资格要求,如要招聘一位医药业务代表,其测试的科目不能只限于医药专科知识一科,还得包括社交能力、英文、推销技巧等科目。

5. 经济性

主要是考虑人员获取的成本是否在预算之内,与收益相比是否过大,要考虑企业的招聘成本的承受能力。

当招聘工作符合上述的有效性、可靠性、客观性、广博性和经济性五个标准时,招聘到的人选必然是符合企业要求的人选。

8.1.3　招聘评估的作用

招聘评估是招聘过程中必不可少的一个环节,是对前期工作的总结和今后招聘工作的经验积累的过程。企业中的人力资源管理人员通过各种方式招收到企业的人员数量、质量、留用状况以及招聘人员自身的工作效率如何,在某种程度上影响着招聘工作的成功与否、企业的投资能否得到回报,这部分工作将由最后的招聘评估来完成。总体来讲,招聘评估有利于提高招聘绩效。

具体来讲,招聘评估的作用主要表现在以下几方面:

1. 有利于组织节省开支

招聘评估包括招聘结果的成效评估(具体又包括招聘成本与效益评估、录用员工数量与质量评估)和招聘方法的成效评估(具体又包括招聘的信度与效度评估),因而通过招聘评估中的成本与效益核算,就能够使招聘人员清楚费用支出情况,区分哪些是应支出项目,哪些是不应支出项目。对于其中非应支项目,在今后招聘中加以去除,这有利于降低今后的招聘费用,从而为组织节省开支。

2. 有利于提高招聘工作质量

通过招聘评估中录用员工数量评估,可以分析招聘数量是否满足原定的招聘要求,及时总结经验(当能满足时)和找出原因(当不能满足时),从而有利于改进今后的招聘计划和对制定策略提供依据。

通过招聘评估中招聘信度和效度的评估,可以了解招聘过程中所使用的方法的正确性与有效性,可以发现我们所定的评价指标是否合适,现存的评价方法是否可靠和准确,进而改进评价指标,完善评价方法,不断积累招聘工作的经验与修正不足,提高招聘工作质量。

3. 为人力资源管理的多项业务工作提供信息和依据

通过对录用员工质量评估,可以了解员工的工作绩效、行为、实际能力、工作潜力与招聘岗位要求之符合程度,从而为改进招聘方法、进行人力资源规划、工作说明书的修订、实施员工培训和为绩效评估提供必要的、有用的信息。如通过分析招聘完成比、录用比、新员工留存率、新员工的贡献率等指标,可以验证任职资格是否符合岗位要求。如果某岗位招聘完成率比较低,并且新员工留存率较低,说明该岗位的任职资格要求可能过高,难免会因为"大材小用"而导致高离职率。

8.2　招聘结果成效评估

招聘结果的成效评估包括招聘成本效益评估、录用人员的数量和质量评估。只有在招聘成本较低,同时录用人员数量充足且质量较好时,才说明招聘工作的效率高。

8.2.1　招聘成本效益评估

招聘成本效益评估指标主要有招聘成本、成本效用、招聘收益－成本比。

1. 招聘成本

从招聘总成本与招聘单位成本进行评估。

招聘总成本是人力资源的获取成本,包括在招聘过程中招募、选拔、录用、新员工安置以及适应性培训等各环节发生的费用。具体包括:招募成本、选拔成本、录用员工的家庭安置成本和工作安置成本,以及员工离职成本等有形与无形成本。

(1)招募成本。招募成本是为吸引和招聘到企业所需的人力资源而发生的费用,主要包括招募人员的直接劳务费用(工资与福利等)、直接业务费用(如参加招聘洽谈会的费用、差旅费、招聘代理费、专家咨询费、广告宣传发布费、水电费等)、间接管理费用(如行政管理费、临时场地及设备使用费)等。除此之外,招募成本还包括为吸引未来可能成为企业成员的人支付的费用,如为吸引高校学生所预先支付的委托代培费等。可利用下面的公式计算招募成本。

招募成本＝直接劳务费＋直接业务费＋间接管理费＋预付费用

(2)选拔成本。选拔成本由对应聘人员进行鉴别甄选,以做出录用决策过程中所支付的费用。一般情况下,主要包括以下几个方面的费用:初步口头面试,进行人员初选;汇总应聘者资料;进行各种知识测试与心理测验;进行诊断面试;根据应聘者的资料、各项测验结果、面试中的表现、调查评价意见等,召集相关人员讨论录用人选;对录用人员进行背景调查,获取有关证明材料;通知背景调查合格者体检,发布录用信息等方面的费用支出。以上每一环节所发生的选拔费用不同,其成本的计算方法也不同,如:

初步面试的费用＝面试时间×主试者的小时工资率

汇总申请资料费用＝(印发每份申请表资料费＋每人资料汇总费)×候选人数

诊断面试的时间费用＝(面试前主试者的准备时间＋每位候选人的面试时间)

×主试者的平均工资率×候选人数+外聘专家费用

考试费用＝(平均每人的材料费+平均每人的评分成本)×参加考试人数×考试次数

心理测验费用＝每位候选人的测验费用×参加测验人数

体检费＝每位候选人的体检费用×检查人数+体检时间×体检组织者的小时工资率

如果由中介机构代理招聘,选拔成本应包括在代理费用之中。此外,选拔成本随着应聘人员所需从事的工作不同而不同。一般来说,外部人员的选拔成本要高于内部人员的选拔成本,技术人员的选拔成本要高于操作人员的选拔成本,管理人员的选拔成本要高于一般人员的选拔成本。总之,选拔成本随着被选拔人员的职位增高以及对企业影响的加大而增加。

(3)录用成本。录用成本是指经过招募选拔后,把合适的人员录用到企业中所发生的费用。录用成本包括录取手续费、调动补偿费、搬迁费和路途补助费等。另外在原工作单位劳动合同没有到期的被录用者,因给原企业造成了损失,应向原单位交纳一定数额的离职补偿金和违约补偿金,如果被录用者是企业的关键人才,双方协商该补偿金由录用单位来交纳,该部分费用也应该记入录用成本。

一般来讲,被录用者职位越高,录用成本也就越高。从企业内部录用员工仅是工作调动,一般不会再发生录用成本。可利用下列公式计算录用成本。

录用成本＝录用手续费+调动补偿费+搬迁费+路途补助费+离职补偿金+违约补偿金

(4)安置成本。安置成本是为安置一录取员工到具体的工作岗位上时所发生的费用。安置成本又由为安排新员工的工作所必须发生的各种行政管理费用、为新员工提供工作所需要的装备条件、欢迎新员工入职的相关费用以及录用部门因安置人员所损失的时间成本而发生的费用构成。被录用者职位的高低对安置成本的高低有一定的影响。

(5)离职成本。导致员工离职的原因是多方面的,招聘工作的低效率是其中的原因之一。招聘工作是人力资源管理工作的起点,招聘工作质量的高低直接影响着员工的质量及员工队伍的稳定。因此,招聘的成本应考虑因招聘不当,使得员工离职给企业带来的损失,即离职成本。员工离职成本按员工离职行为产生的影响包含以下具体项目:员工离职造成的企业知识技能损失、离职前低效成本、离职后的空位成本、新员工替换成本、员工离职对其他员工的影响和员工离职后到竞争对手公司工作给企业带来的威胁等。

员工离职造成的企业知识技能损失:员工离职,其在企业中积累的工作经验、工作技巧以及熟练的工作技能也被带走,随之流失的可能还有一部分客户关系。

在知识经济时代,这是一项难以估量的成本损失,也是容易被企业忽视的损失。

离职前低效成本:员工一旦有了离职的意向后,往往不再安心工作,对现有工作缺乏积极性与主动性,产生消极怠工的倾向。从积极性降低到员工离职这一期间,员工的低效率直接影响企业的利益,因此必然形成一种不容忽视的成本。

离职后的空位成本:指员工离职后到新员工上岗前有一个时间段,在此期间由于岗位暂时空缺而产生的空岗损失。员工特别是那些不可替代员工的离职可能会造成某些业务或项目的停滞中断,甚至再也无法延续进行,给企业造成无法估量的损失。

新员工替换成本:包括替代员工的获得成本、培训成本及替换者适应期低生产率的风险。

员工离职对其他员工的影响:指员工离职后可能影响其他员工的情绪而造成的生产率下降的成本。离职者会给继续工作者带来一系列心理刺激,某些影响力大的员工的离职行为会造成群体心理动荡,减弱组织的向心力、凝聚力、动摇员工对企业的信心,极大挫伤团队的整体士气。这方面的损失更是不能低估。

员工到竞争对手公司工作给企业带来的威胁:对于企业中的一些中高层的技术和管理人才,如果他们掌握着企业核心技术或商业机密,离职后如果加入到竞争对手企业中去,则必然造成技术与商业机密的流失,直接改变了企业与竞争对手的实力对比。若是集体式的跳槽,对企业来说则很有可能是致命性的打击,如北大方正助理总裁周险峰率 30 多位 PC 技术骨干集体跳槽加盟海信数码,健力宝销售公司总经理蒋兴洲与 20 多位销售经理集体离职。这些事件均在业界引起了轩然大波。

看来,当企业发生员工流失时,所发生的离职成本往往出乎意料地高。在招聘期,重点是要过滤掉一批显然不会在企业长期待下去的应聘者。在招聘新员工时可推行现实工作预展(RJPS)。向应聘者提供关于企业内和工作相关的一些现实情况,使应聘者加入企业前在心理调整上有所准备,使他们降低对工作过高的不切实际的期望,并会进一步采取积极的防御措施,从而减少了以后对工作现实情况失望和不满而产生离职意向的概率。另外企业在招聘时,不能只注重对人才技术方面的要求而忽略了对个性的考察。要充分了解应聘者最满意的工作环境是什么,包括工作条件、技术导向、竞争氛围等多方面。要考虑本企业所提供的岗位和工作环境是否与应聘者追求的工作环境相匹配。要尽量找到与企业具有协调一致的价值追求的,能够接受企业前景规划的,并能够真正融入企业的员工,这样可以有效降低将来的员工自愿离职率,进而降低离职成本。

除招聘总成本外,我们通常还需要关注招聘的单位成本,可利用下面的公式计算招聘的单位成本。

招聘单位成本＝招聘总成本/录用人数

显然,上述招聘总成本和招聘单位成本两指标都是越小越好。

2. 招聘成本效用评估

是指对招聘成本所产生的效果进行分析。主要包括招聘总成本效用分析、招募成本效用分析、人员选拔成本效用分析及人员录用成本效用分析。

具体计算方法如下:

总成本效用＝录用人数/招聘总成本

招募成本效用＝应聘人数/招募期间费用

选拔成本效用＝被选中人数/选拔期间费用

人员录用效用＝正式录用的人数/录用期间费用

显然,这些指标越大越好。各公式计算出的比例越大,说明各项费用开支的使用效率越高。

3. 招聘收益—成本比

招聘工作投入了资金,对其进行产出评价应该包括投资效益的量化考核。一般来说,新员工充实到企业后,招聘工作基本结束,但从长远来看,招聘是个具有延续性的工作。新员工入职后,不仅能够完成基本要求的工作,为组织创造出预期的收益,同时随着新员工创造性潜力的发挥,还能够创造出更多的新价值。

招聘的收益价值可以通过核算新员工入职后,为企业带来的直接经济利益、企业产品质量改善、市场份额增长的幅度、市场竞争力的提高以及未来支出的减少等各方面信息资料来进行获取。单个员工可以其在某岗位上所做出的业绩、利润以及通过其他方式进行的绩效考评等方面的结果,与历史同期或同行业的标准做比较,来确定招聘该员工的收益。

对该员工招聘的工作进行整体的评估可以通过招聘收益/成本比来实现,这是一项经济评价指标,同时也是对招聘工作的有效性进行考核的一项指标。招聘收益/成本比例越高,则说明招聘工作越有效,即招聘收益越大,录用员工对企业的贡献越大,并且说明录用人员的素质较高,招聘效果好,实现了企业设定的招聘目标;反之,说明公司可能招入了不合格的员工,不能实现创造价值的目标。

招聘收益—成本比＝所有新员工为组织创造的总价值/招聘总成本

另外,除了对招聘的成效评估外,还应对招聘的时间进行评估。在招聘计划中一般都有对招聘时间的估计,在招聘活动结束后要将招聘过程中各个阶段所用的时间与计划的时间进行对比,对计划的准确性进行评估和分析,为以后更加准确地确定招聘时间、制定招聘计划,更好地开展招聘活动奠定基础。

8.2.2 录用人员数量评估

这一方面的评估指标主要有应聘比、招聘完成比和录用比。这三项指标评估方法如下：

1. 应聘比

应聘比＝(应聘人数/拟招聘人数)×100%

该比率说明员工招聘的挑选余地和信息发布状况。该比率越大,说明组织的招聘信息发布得越广、越有效,组织的挑选余地也就越大,招聘信息发布效果越好,同时说明录用人员素质高的可能性较大;反之,该比率越小,说明组织的招聘信息发布得不适当或无效,组织的挑选余地也越小。一般来说,应聘者比率至少应在200%以上。招聘越重要的岗位,该比率应当越大,这样才能保证录用者的质量。

2. 录用比

录用比＝(实际录用人数/应聘总人数)×100%

美国西南航空公司 1994 年录用比平均为 3%;爱立信的录用比例为 4%。一般该比率越小,表明对企业来说可供选择的人员越多,实际录用者的素质就可能越高,因当应聘人数多且总体素质都较高时,就有"百好之中挑一"之效,但同时也加大了企业的招聘成本;反之,说明可供筛选者越少,则实际录用者的素质较低的可能性越大。

3. 招聘完成比

招聘完成比＝(录用人数/拟招聘人数)×100%

该比率说明新员工招聘计划的完成情况。如果招聘完成比等于或大于100%,则说明在数量上全面或超额完成招聘任务。比率越小,说明招聘员工数量越不足。

8.2.3 录用人员质量评估

其实质是对录用人员在其能力、潜力、素质等方面继选拔过程后所作考核的延续,因而其方法与招聘中的相应测试相似,主要是分析评估新员工的素质、能力等是否能满足应聘岗位的要求和组织工作的需要。

员工录用质量比是以应聘岗位的工作分析文件为基准所设置的分数等级,来考察员工录用的质量。我们还可以用下面的公式来进行定量分析。

$$QH = (PR + HP + HR)/N$$

其中,QH 为被聘用的新员工的质量;

PR 为工作绩效的百分比,如以 100 为满分,该员工的绩效分值为 80,则 PR 为 80%;

HP 为新聘员工在一年内晋升的人数占所有当期新员人数的比率,如 20%;

HR 为 1 年后还留在企业工作的员工占原招聘的新员工的数量的百分比,如 80%;

N 为指标的个数;

最后,$QH = (80\% + 20\% + 80\%)/3 = 60\%$。

当然,QH 的数值只是一个参考值,并不能完全反映新员工的质量,这主要是因为绩效和晋升率有时并不是能够被新员工所控制的。由于企业内部的复杂环境导致的人才流失,或者企业的绩效评价系统并不完善等都可能影响到新员工最终的考评结果。但若在组织相对较长时间的稳定期内,考察分批招聘到的员工质量时,该指标或多或少能够反映出招聘的新员工的质量。

8.3　招聘方法成效评估

招聘方法的成效评估指标包括招聘的信度和招聘的效度,相应地招聘方法的成效评估有以下两种。

8.3.1　招聘的信度评估

1. 招聘信度的含义

招聘信度是指招聘的可靠性程度,具体指通过某项测试所得的结果的稳定性和一致性。应聘者多次接受同一测验或有关测验时,若其结果相同或相近,我们认为该测验的可靠性较高。一般认为一个人的个性、知识、能力、技术在一个较短的时间内是相对稳定的,不会发生太大变化。任何一种测试手段,如果其信度很低,就不可能是有效的,这就犹如你在同一台磅秤上测量你的体重,每次测的体重数都不同,最后得出的结果恐怕连你自己都不愿相信。通常这一指标又具体体现为:稳定系数、等值系数、内在一致性系数。

2. 招聘信度三项指标系数的测定

(1)稳定系数。稳定系数是指用同一种测试方法对一组应聘者在两个不同时间进行测试的结果的一致性,一致性可用两次结果之间的相关系数来测定。此法不适用于受熟练程度影响较大的测试,因为被测试者在第一次测试中可能记住了某些测试题的答案,从而提高了第二次测试的成绩。

(2)等值系数。等值系数是指对同一应聘者使用两种内容、结构、难度等方面相当的测试题所得结果之间的一致性。如对同一应聘者使用两张内容相当的个性测试量表时,两次测试结果应当大致相同。等值系数可用两次结果之间的相关程度(即相关系数)来表示。

(3)内在一致性系数。内在一致性系数是指把同一(组)应聘者进行的同一测试分为若干部分加以考察,各部分所得结果之间的一致性程度。这可用各部分结果之间的相关系数来判别。

另外,用于招聘方法的成效评估的指标还有评分者信度指标,评分者信度是指不同评分者对同一对象进行评定时的一致性。例如:如果许多人在面试中使用一种工具给同一求职者打分,他们都给候选人相同或相近的分数,则这种工具具有较高的评分者信度。

8.3.2　招聘的效度评估

1. 招聘效度的含义

招聘效度是指招聘的有效性。具体指用人单位对应聘者真正测到的品质、特点与其想要测的品质、特点的符合程度,因此一项测试必须能测出它想要测定的功能才算有效。在人员选拔过程中,测验效度高是指实际测到应聘者的特征与想要测的特征符合程度高,其结果应该能够正确地预计应聘者将来的工作成绩,即选拔结果与今后的工作绩效是密切相关的。招聘效度测试指标主要有:预测效度、内容效度、同测效度。

2. 招聘效度三项指标系的测定

(1)预测效度。反映了测试用来预测将来行为的有效性。通过对应聘者在选拔中所得分数与其被录用后的绩效分数相比较来了解预测效度,若两者相关性越大,则说明所选的测试方法、选拔方法越有效,进而可用此法来进一步评估、预测应聘者的潜力,若相关性很小或不相关,说明此法在预测人员潜力上效果不大。

(2)内容效度。即某测试的各个部分对于测量某种特性或作出某种估计有多大效用,测试是否代表了工作绩效的某些重要因素。在测内容效度时,主要考虑所测得的内容是否与想测试的特性有关,如招聘打字员,测试其打字速度和准确性、手眼协调性和手指灵活度的操作测试的内容效度是较高的,因为准确性、灵活性是打字员应具备的职业特性,是特别需要测定的。内容效度多用于知识测试与实际操作测试中,而不适用于对能力和潜力的测试。

(3)同测效度。同测效度是指对现有员工实施某种测试,然后将测试结果与员工的实际工作绩效考核得分进行比较,若两者的相关数很大,则说明这种测试效度较高。这种测试效度的特点就是省时,可以尽快检验某种测试方法的效度,但若将其用到人员选拔测试时,难免会受到其他因素的干扰而无法准确地预测应聘者未来的工作潜力。例如:这种效度是根据现有员工的测试得出的,而现有员工所具备的经验、对组织的了解等,则是应聘者所缺乏的。因此,应聘者有可能因缺乏经验而在测试中得不到高分,从而错误地被认为是没有潜力或能力的。事实上,他们若经过一定的培训或锻炼,是有可能成为称职的员工的。

8.4　招聘活动小结

评估工作完成以后,最后一项工作就是对招聘工作进行小结,对招聘的实施、招聘工作中的优缺点等进行仔细回顾分析,撰写招聘小结,把招聘小结作为一项资料存档,为以后的招聘工作提供信息。

8.4.1　撰写招聘小结的原则

(1)真实地反映招聘的全过程;

(2)由招聘主要负责人撰写;

(3)明确指出成功之处和失败之处。

8.4.2 招聘小结的主要内容

招聘小结的主要内容有以下几方面:

(1)招聘计划;

(2)招聘进程;

(3)招聘结果;

(4)招聘经费;

(5)招聘评定。

相关链接

××公司春季招聘小结

(一)招聘计划:

根据 2004 年 1 月 3 日第二次董事会决议,向社会公开招聘负责国际贸易的副总经理 1 名,销售部经理 1 名,财务部经理 1 名。

由人力资源开发管理部汪伟经理在分管副总经理李强的直接领导下具体负责。

招聘测试工作全权委托金爵管理咨询公司人力资源服务部实施。

(二)招聘进程

2月1日,《经济日报》和《西安晚报》刊登招聘广告。

2月15日～2月20日,报名登记。

2月20日～2月28日,初步筛选,去掉一些明显不符合要求的应聘者。

3月1日～3月31日,招聘测试。

4月1日～4月10日,最终人事决策。

4月15日,新员工上岗。

(三)招聘结果

1.副总经理应聘者38人,参加招聘测试25人,送企业候选人3名,录用0人。

2.销售部经理应聘者19人,参加招聘测试14人,送企业候选人3名,录用1人。

3.财务部经理应聘者35人,参加招聘测试29人,送企业候选人3名,录用1人。

(四)招聘经费

1.招聘预算共6万元。

2.招聘广告费3万元。

3.招聘测试费1.5万元。

4.体格检查费2000元。

5.应聘者纪念品费1000元。

6.招待费3000元。

7.杂费2500元。

8.合计支出5.45万元。

(五)招聘评定

1.主要成绩。这次由于委托专业机构进行科学测试,录用的两位经理素质十分令人满意。同时测试结果指出了副总经理应聘者中无合适人选,最后没有录用。

另外由于公平竞争,许多落选者都声称受到了一次锻炼,对树立良好的企业形象起到了促进作用。

2.主要不足之处。由于招聘广告的设计还有些问题,所以没有吸引足够多的高层次应聘者来竞争副总经理岗位,致使副总经理最终没有合适人选录用。

　　　　　　　　　　　　　　人力资源开发管理部经理　　签名

8.5　提高招聘工作水平的措施

知识经济时代,人力资源是企业的第一资源,企业之间的竞争说到底是人才的竞争。因此,企业的招聘这项将人力资源录入组织的工作就显得尤为重要。然而许多企业虽然在招聘工作上投入了大量的人力、物力和财力,仍然找不到合适的人员,或者是招来的人不久就离开了企业,使得招聘成本越来越高,招聘效率越来越低。本节就我国目前企业招聘工作中常常出现的问题进行分析,力图提出对策以不断提高我国企业招聘工作的水平。

8.5.1　我国企业招聘工作中常见的问题

1. 招聘缺乏目标性、系统性、程序性

企业在招聘之前,应当确定人员需求计划,以使招聘工作有个依据。实施人力资源规划正是满足人员需求计划的一项基础性工作。员工需求量不仅是当前所急需量,而且还包括企业为自身的长远发展而建立的人才储备库。而当前我国企业在招聘时,并没有动态的、系统性的人力资源规划作前提,只是凭着企业当前人员需求,缺乏长远考虑,盲目开展工作。

另外,众多企业缺少完整的招聘程序,在招聘中没有预先制定出人员需求计划和规范程序,只是等到急想用人或招人时再去招聘,同时以为招聘就是收简历、筛选简历、面试和把人员安排到用人部门了事。其实,招聘是个循环和程序化的过程,包括许多内容,如招聘前需求分析、渠道选择、资料的收集、资料筛选、笔试、面试、招聘规程、招聘中信息的收集、招聘中的宣传、招聘后结果的及时反馈、应聘者背景调查、审批和入职等。此外,还须按照规范的流程进行,否则,会使招聘过于盲目而无秩序性。

2. 招聘标准不合理、手段不科学

很多企业不论招什么职位,一概要求本科学历和 5 年以上工作经验,似乎优秀人才就是一个学历和一段长时间的工作经历。但是工作 10 年的失败者不一定比干劲十足的年轻人带来的效益大,本科生不一定比专科生更适合于企业的工作。若习惯性地加上与工作"看似有关而实际无关"的条件,不按自己的实际工作需要设置招聘标准,无意间将一大批优秀人才让给了竞争对手。

同时,正是由于缺乏合理的招聘标准,使众多企业在招聘中出现了"人才高消费"的现象。现在人才高消费现象十分普遍,如某烈士陵园招博士做讲解员;某小学招硕士做教员;有的工作只需要中等学历,用人单位招聘时非要大专以上的;有

的工作只需普通高校学生,单位却非清华、北大不要,造成社会上一方面缺高学历人才,另一方面却在"大材小用",造成人力资源的浪费。

招聘手段是否科学,原则是否灵活、有效,同样关系到企业招聘工作的质量问题。目前,比较盛行的招聘手段有广告、职业介绍、校园、猎头公司、亲友引荐、网络招聘等。这些都不是万能的,各自都存在着利弊,企业在实施时不能盲目追随时代大潮,而应根据企业具体情况来定夺。譬如,猎头招聘更能在较短的时间内找到高素质、深资历、符合企业急需的人才。诚然,猎头公司在发现人才方面需要投入大量人力、时间去寻找,因而收费很高,不适宜于中小型企业。

3. 招聘人员及招聘队伍的非专业化

企业在实施招聘过程中,应聘人员是与企业的招聘人员接触而不是与企业接触。在其对企业了解甚少的情况下,应聘人员会根据在招聘中招聘工作人员的表现、印象、素质来推断企业的一些情况,推论该企业的形象,进而决定是否选择它,这样就影响了企业招聘的质量。因此招聘人员的选择、搭配和组织是一项非常重要的工作,同时也是一门艺术。但是,我国众多企业却忽视了这一点,认为企业招聘就是让闲着的人去收简历,筛选简历。因而非专业的、懒懒散散的招聘人员得到的大部分会是"垃圾式"的简历和拖沓的员工。同时,招聘人员的差强表现会使企业形象受到损害。譬如,有些招聘人员在与应聘人员面谈时居高临下,机械呆板,敷衍塞责,应聘人员便会认为该组织死气沉沉、缺乏朝气,从而失去加入该组织的兴趣与信心,影响了招聘效果。

4. 招聘面试安排不合理,效率低,质量差

所有的招聘都要经过面试之后才能最后决定录用与否。面试时招聘人员可以通过与应聘人员面对面的谈话,考察其外表、风度、情绪的稳定性、对应聘职位的态度以及面对外界压力的应变能力等,从而确定应聘人员是否为空缺职位的合适人选。

但是我国企业在安排面试、准备面试、面试问题的提出中存在着一些误区。如面试准备工作不当,不知采取何种面试方法;招聘者出于个人喜好而取舍应聘者,有的招聘者往往因为喜欢某应聘者的教育背景或某一方面而排斥其他应聘者;招聘者问题设计不合理,询问私人问题或敏感问题引起应聘者反感,而造成情绪对立;招聘者讲话过多或过少,不能倾听、收集到更多的应聘者资料或给应聘者带来心理压力等。其他面试错误包括面试节奏掌握不当,面试环境不好,面试气氛不融洽,几个招聘者意见不统一等问题都应该尽量避免,要不断提高招聘者的素质和专业技能。

5. 缺乏适当的成本预算和效率度量

盲目地增加招聘投入并不能保证一定会招到合适的人员，更关键的是对当前效率低下的招聘工作过程进行反思和修正，建立起完善的成本预算和控制体系，对招聘工作流程进行有效的度量，在此基础上才能进一步改善。

8.5.2 提高招聘工作水平的措施

1. 规范招聘流程，建立规范而科学的招聘系统

招聘的质量不是取决于在招聘活动中的资金投入，而在于明确的职位要求、科学的选聘方式和规范的招聘程序。一般而言，企业完整的招聘流程主要包括：人员需求调查、人力资源规划、选择招聘信息和渠道、实施招聘、筛选简历、确定面试人选、实施面试与甄选、人事决策、确定录用人员。这些环节相辅相成，每个环节都要有详细的计划、操作方式，标准或说明，以保证工作的有条不紊，提高招聘质量和效果。如在人员需求调查时，应明确其招聘目的，规划需求状况，以保证招聘工作有的放矢，有条不紊；在作出招聘决策时，应分析招聘的可行性，确定招聘内容；分析招聘工作的成本问题，使之达到最小化；在发布招聘信息时，应根据企业自身特点和招聘预算费用选择最有效的渠道，在实施招聘和甄选工作时，应设计好招聘测评方法、问题、标准，使甄选程序模式化、结构化；在最后的人事决策时，应对照招聘决策，参考测评结果，查核档案资料，进行体格检查，确定最终人选。

在发布招聘信息时，企业需要考虑对不同的职位采取不同的渠道，如高级管理人才的招聘可以通过有国际声誉的人才顾问公司（猎头公司），而且可以请几家猎头公司分头推荐，从中进行认真筛选，可以在本地物色，也可以跨国招聘；中级管理人才的招聘可以通过网上招聘、对外服务公司的推荐、公司内部推荐、在报刊上刊登招聘广告等手段；而技术开发、经营销售、市场分析、财务操作等专业人才的招聘可以面向大学的本科毕业生、研究生，采用校园招聘的方式；辅助人员的招聘可以选择网上招聘或参加人才市场的招聘会。

在评价招聘者时，不同的职位可以采取不同的方式和组合，包括知识测试、心理测验、专业技能测试、面试、情景模拟等，也可以借鉴绩效考核的一些方法。在聘用方式上可以选择多样的人员配置，如混合劳动力、兼职工、临时工、独立签约人、外聘兼职人员等。

2. 招聘标准明确而合理，招聘渠道灵活而多样

要制定明确而合理的选聘标准。招聘人员在招聘前应对空缺岗位进行职责分析，确定职位的责任、内容、操作规程及职位对胜任人员的素质要求，以形成该职位书面的工作说明书和工作描述，并以此为标准开展招聘工作。同时，招聘标准要灵

活变通,不能对任何人都同样对待,该岗位是否需要经验取决于学习所需技能的难度和时间,如果有些技能在工作中很容易被学习,就不一定要把那些缺乏经验和培训的求职者立即淘汰。要确定明确的选聘标准,最重要的是有准确的职位描述,缩小筛选范围,确定关键的考核点,鉴别主要的才能。

在选择招聘渠道时,要考虑到每种招聘渠道都是有利有弊,但要做到合理使用人才,尊重人才,留住人才,就应当优先从内部选拔人才,即通过内部晋升或选拔。同时,在选择外部招聘时,要考虑企业发展阶段、人才市场发育状况、需求状况、招聘预算费用等。譬如,初创企业以选择人才市场招聘和广告招聘为宜,同时瞄准校园招聘,还可以辅以熟人介绍,委托猎头公司招聘以及长年进行求职者登记。

3. 选择合适的招聘队伍,强调招聘工作人员的自身素养

招聘队伍是企业的一面广告,是公司的流动广告,代表着企业的形象。同时其个性特点、个人修养、能力层次往往影响到优秀人员应聘该企业的决心,决定着招聘质量。招聘人员需要诚恳、热情、友好和富有同情心,同时需要对本企业很熟悉,言行举止要能代表企业的形象。所以企业在安排招聘工作时,应针对应聘人员的心理特点,通盘考虑招聘工作人员的个性特点、个人修养、知识能力结构和年龄层次,使其合理搭配,形成理想的层次分布,全面提高人事人员的综合素质,增加对应聘人员的吸引力。

选择合适的招聘队伍并合理组织招聘工作。招聘队伍直接决定着招聘质量,他们不仅仅是招聘者,而且是人才管理者,他们影响着企业是否能拥有合适的人才,因此企业应对招聘人员进行全面的培训。培训的内容包括:面试的技巧、各岗位的要求及变化、招聘部门的作用和职责、招聘的渠道、招聘的流程和持续改进、心理学知识等。对招聘人员的组织方式有三种:可以是集中的方式,即企业内成立统一的招聘部门(如人力资源部门的招聘组);也可以是分散方式,如各职能部门或地区部门自己组织招聘人员进行招聘;也可以采用企业联合的方式,即各部门拥有自己的招聘人员的同时,也有一个强有力的中心招聘机构存在并提供服务和协调。相对来说,联合方式具有一定的优势,因为采取联合方式可以避免招聘人员不懂专业技术知识的局面。

4. 合理安排面试,防止偏见

其实,面试也是一门艺术,其成功与否关系到企业今后人力资源的质量,因此企业应当合理安排面试,防止面试出现主观偏见。一般而言,面试需要完成的任务有:评估应试者干好工作的能力、技能、价值观和态度;评估应聘者是否实事求是;预先介绍工作情况,做诚实的企业形象宣传,完成对应试者的剖析。

完成面试任务需要设计完整的面试方案。首先,确定面试时间,剔除条件不符者,确定最后的面试人员;其次,根据职务分析和该职务未来要求,制定好结构性的面试问卷并确定好权重。面试前了解应聘者的背景资料和选择合适的装束及环境,面试中要用心聆听应聘者的回答,给其足够的时间去回忆和解释,使应聘者感到自己受欢迎,从而产生自信感,也要尽量地询问细节,测定应聘者的综合素质。在评价应聘者时,可以采取知识测试、心理测试、角色扮演等方法。面试结束后,让应聘者等待结果。此间一定要搞好面试者的招待工作,不可冷淡求职者,借此机会继续宣传、介绍企业文化,与求职者进行感情沟通和交流,以树立企业形象。

5. 建立完善的招聘评估体系,促进招聘工作的有效性

招聘工作结束后应及时进行适当的成本预算和效率度量。要对招聘的成本收益进行比较,对招聘工作中的失误和不必要的开支进行反思和修正,建立起完善的成本预算和控制体系,对招聘工作流程进行有效的度量,在此基础上才能进一步改善招聘工作。

综上所述,企业为了提高招聘工作的有效性,应该建立科学化、系统化、正规化的人力资源招聘录用工作流程,从粗放式的人力资源管理逐步向精细化的人力资源管理过渡。企业招聘工作应从每一个环节入手,保证每一个环节的高信度和高效度。只有这样,企业招聘工作的效果才能从根本上得到提升。

本章思考题

1. 试述招聘评估的作用。
2. 招聘结果的成效评估的指标有哪些?
3. 招聘方法的成效评估指标有哪些?
4. 我国企业招聘工作中常见的问题有哪些?
5. 简述提高招聘工作水平的对策。

案例分析

SGM 在招聘过程中的评估方法

上海通用汽车有限公司(SGM)是上海汽车工业(集团)总公司和美国通用汽车公司合资建立的轿车生产企业,是迄今为止我国最大的中美合资企业之一。

SGM 的目标是成为国内领先、国际上具有竞争力的汽车公司。一流的企业,需要一流的员工队伍。因此,如何建设一支高素质的员工队伍,是中美合作双方都十分关心的首要问题。同时 SGM 的发展远景和目标定位也注定其对员工素质的高要求:不仅具备优良的技能和管理能力,而且还要具备出众的自我激励、自我学习能力,适应能力,沟通能力和团队合作精神。要在一个很短的时间里,客观公正地招聘选拔到高素质的员工来配置到各个岗位,对 SGM 来说无疑是一个重大的挑战。

在 SGM 的招聘程序中,严格规范的评估录用程序值得业内人士借鉴:曾经参加过 SGM 的招聘专场的人士都感慨上海通用招聘人才的门槛真高。凡是进入会场的应聘者必须在大厅接受 12 名评估员岗位最低要求的应聘资格初筛,合格者才能进入二楼的面试台,由用人部门同应聘者进行初次双向见面。若有意向,再由人力资源部安排专门的评估时间。在进入科学会堂的 2800 人中,经初步面试合格后进入评估的仅有百余人,最后正式录用的只有几十人。

第一,录用人员必须经过评估。

这是 SGM 招聘工作流程中最重要的一个环节,也是 SGM 招聘选择员工方式的一大特点。公司为了确保自己能招聘选拔到适应一流企业、一流产品需要的高素质员工,借鉴通用公司位于东德和美国一些工厂采用人员评估中心来招聘员工的经验,结合中国的文化和人事政策,建立了专门的人员评估中心,作为人力资源部的重要组织机构之一。整个评估中心设有接待室、面试室、情景模拟室、信息处理室,中心人员也都接受过专门培训,评估中心的建立确保了录用工作的客观公正性。

第二,标准化、程序化的评估模式。

SGM 的整个评估活动完全按标准化、程序化的模式进行。凡被录用者,须经填表、筛选、笔试、目标面试、情景模拟、专业面试、体检、背景调查和审批录用九个程序和环节。每个程序和环节都有标准化的运作规范和科学化的选拔方法。其中笔试主要测试应聘者的专业知识、相关知识、特殊能力和倾向;目标面试由受过国际专业咨询机构培训的评估人员与应聘者进行面对面的问答式讨论,验证其登记表中已有的信息,并进一步获取信息,其中专业面试则由用人部门完成;情景模拟是根据应聘者可能担任的职务,编制一套与该职务实际情况相仿的测试项目,将被测试者安排在模拟的、逼真的工作环境中,要求被试者处理可能出现的各种问题,用多种方法来测试其心理素质、潜在能力的一系列方法。如通过无领导的两小组合作完成练习,观察管理岗位应聘者的领导能力、领导欲望、组织能力、主动性、说服能力、口头表达能力、自信程度、沟通能力、人际交往能力等。SCM 还把情景模拟推广到了对技术工人的选拔上,如通过齿轮的装配练习,评估应聘者的动作灵巧性、质量意识、操作的条理性及行为习惯。在实际操作过程中,观察应聘者的各种行为能力,孰优孰劣,泾渭分明。

第三,两个关系的权衡。

SGM 的人员甄选模式,特别是其理论依据与一般的面试以及包括智商、能力、人格、性格在内的心理测验相比,更注重以下两个关系的比较与权衡:

1. 个性品质与工作技能的关系。公司认为:高素质的员工必须具备优秀的个性品质与良好的工作技能。前者是经过长期教育、环境熏陶和遗传因素影响的结果,包含了一个人的学习能力、行为习惯、适应性、工作主动性等。后者是通过职业培训、经验积累而获得,如专项工作技能、管理能力、沟通能力等,两者互为因果。但相对而言,工作能力较容易培训,而个性品质则难以培训。因此,在甄选录用员工时,既要看其工作能力,更要关注其个性品质。

2. 过去经历与将来发展的关系。无数事实证明:一个人在以往经历中,如何对待成功与失败的态度和行为,对其将来的成就具有或正或负的影响。因此,分析其过去经历中所表现出的行为,能够预测和判断其未来的发展。

SGM 正是依据上述两个简明实用的理论、经验和岗位要求,来选择科学的评估方法,确定评估的主要行为指标,取舍应聘者的。如在一次员工招聘中,有一位应聘者已进入第八道程序,经背景调查却发现其隐瞒了过去曾在学校因打架而受处分的事,当对其进行再次询问时,他仍对此事加以隐瞒。对此公司认为,虽然人的一生难免有过失,但隐瞒过错却属于个人品质问题,个人品质问题会影响其今后的发展,最后经大家共同讨论一致决定对其不予录用。

第四,坚持"宁缺毋滥"的原则。

为了招聘一个段长,人力资源部的招聘人员在查阅了上海市人才服务中心的所有人才信息后,发现符合该职位要求的具有初步资格者只有 6 人,但经评估,遗憾的是一个人都不合格。对此,中外双方部门经理肯定地说:"对这一岗位决不放宽录用要求,宁可暂时空缺,也不要让不合适的人占据。"评估中心曾对 1997 年 10 月到 1998 年 4 月这段时间内录用的 200 名员工随机抽样调查了其中的 75 名员工,将其招聘评估的结果与半年的绩效评估结果作了一个比较分析,发现当时的评估结果与现实考核结果基本一致的占 84% 左右,这证明人员评估中心的评估有着较高的信度和效度。

——资料来源:http://hr. asiaec. com/res/case/

 **案例讨论:**

1. SGM 在招聘过程中评估方法的特点是什么?

2. 为什么说该人员评估中心的评估有着较高的信度和效度? 如何评价信度与效度?

阅读资料

新员工获得成本研究

一、新员工取得成本

新员工取得成本定义为 IT 企业为获得新员工而在招聘信息发布、资料甄选、面试考核以及试用期内文化培训等方面投入费用的总和。新员工获得成本包括两部分:一是财务报表上能够体现的投入到招募工作上的各种费用,一般在财务上设立专门的招募费用科目,企业每年制作费用预算,通过预算来监控费用的支出,因此属于显性费用。另一部分是企业往往忽视的成本,包括参加面试的人员因时间投入而造成的原工作效率的损失和公司支付的工资成本、面试和考试的场地费用、新员工培训产生的成本等,这些费用未在招募费用科目中体现,因而属于隐性成本。探讨显性成本与隐性成本之间的关系对企业分析招募费用具有重要意义。

二、新员工取得成本模型

根据前面对新员工获得成本的定义,建立起以下获得成本模型:

$$C = CI + CP + CT + CC \qquad (1)$$

式中 C 为新员工获取成本;CI 为信息发布成本;CP 为资料遴选成本;CT 为候选人面试及笔试成本;CC 为试用期文化培训成本。企业发布职位需求信息的渠道:按是否需要资金支持分为费用渠道和自由渠道。费用渠道包括人才网站、新闻媒体、招聘会、猎头公司等;自由渠道指企业内部各种形式的信息传播和员工对企业外部的自发传播,这是对费用渠道的补充。考虑到这些因素后信息发布成本 CI 的计算公式为:

$$CI = 人才网站会员费 + 广告费用 + (招聘会展位费 + 展板制作费 + 宣传品费用 + 表格资料费 + \sum 人员日均工资 \times 参会时间 + 交通费) + 猎头费用 \quad (2)$$

资料遴选费是人力资源部门对求职资料进行分类、阅读、审查、归档、提出进一步建议等必须投入的人员和时间所产生的费用,它不会在财务报表中显示,因而属于隐性成本。根据有人对员工工作中创造的价值 V 与所得工资 S 之间关系的研究得出 $V = 3S$ 的结论,资料甄选费计算公式为:

$$CP = 投入的人员数目 \times 人均小时工资 \times 投入时间 \times 3 \quad (3)$$

候选人面试及笔试成本 CT 包括隐性成本和显性成本两部分,以隐性成本为主。隐性成本包括三部分:一是通知候选人的通信费用;二是参加面试人员的工资支出和因参加面试引起的岗位工作效率的损失;三是面试场地的租金和设备折旧。显性成本是体检费和面试评判表等资料费。

$$CT = \sum 参加面试人数 \times 人均工资 \times 平均面试时间 \times 候选人数 \times 3 + 场地租金率 \times 面试时间 + 设备折旧 + 通讯费 + 资料费 + 体检费 \quad (4)$$

试用期文化培训成本指新员工培训期间的工资成本、讲师的报酬、场地租金、培训资料费等。如果参加需要出差培训的还要加上交通费、住宿费、餐饮补贴等。

$$CC = 培训时间 \times (\sum 新员工人均工资 + 讲师课时费) + 场地租金 + [交通费 + (住宿费 + 餐饮标准) \times 出差天数 + 资料费] \times 出差人数 \quad (5)$$

根据企业年度内实际发生的费用项目,代入(1)可以计算出年度获得新员工成本 C。设 m 是年度内累计参加试用人数,n 是成为正式员工的数目,则 $(m-n)$ 是试用期人才离职的数量,根据 C、n 可以计算出正式职员的人均获得成本 R,根据 C、m 可以计算出平均招聘成本 r,R 大于 r。

$$R = C/n \quad (6)$$
$$r = C/m \quad (7)$$

因离职因素为企业造成的招募费用损失为 w,

$$w = r \times (m - n) \qquad (8)$$

设显性费用与隐性费用占总费用的比例分别为 R_x 和 R_y，显性费用在财务报表中可以直接查取，因此 R_x 和 R_y 很容易通过下式来计算。

$$R_x = 显性费用 /C \qquad (9)$$

$$R_y = (C— 显性费用)/C \qquad (10)$$

三、模型实例检验

西安 LX 计算机销售公司是一家中外合资企业，注册资金 1 000 万元，年销售额约 12 亿元。2000 会计年度计划增加编制 18 人，正式职员跳槽 5 人，实际招募 23 人。全年用于人才网站、报纸广告、招聘会等的信息发布费及资料费共 9 万元为显性成本，其余开支为隐性成本。根据统计，全年共参加人才招聘会 3 次，会务费 4500 元，收集求职资料 510 份，平均每份资料成本 8.9 元；报纸广告 3 次，费用 84000 元，收集资料 700 份，每份资料成本 120 元；人才网站费用 1500 元，收集资料 280 份，每份资料成本约 5.3 元。累计资料 1490 份。经过资料筛选，参加面试的情况见表 8-1。

表 8-1　西安 LX 公司招聘面试结构时间表

项目	初试	复试	终试
公司参加人员	人事专员、用人部门经理	人事专员、人事经理、副总经理	人事专员、人事经理、总经理
人次	460	120	46
通讯费每人次（元）	1	1	1
资料费每人次（元）	1	1	1
资料浏览及准备时间（分钟）	5	5	5
平均面试时间（分钟）	15	20	30
合计时间（小时）	153	50	27

西安 LX 公司先后组织初试 43 次，应试者 460 人，由人事专员和用人部门经理 2 人主持，每人选用时约 15 分钟，合计 153 小时；复试由人事专员、人事经理和主管用人部门的副总经理 3 人参加，全年组织复试 29 次，应试者 120 人，每人选用时 20 分钟，合计 50 小时；由总经理

参加的终试共组织 13 次,候选人 46 名,每人选用时 30 分钟,合计 27 小时。经过三轮考查,先后上岗试用的新员工 32 人,试用期内流失 9 人。

公司对求职资料的筛选由人事专员完成,每份资料约 10 分钟,共需要 14900 分钟,折合 248 小时,人事专员每小时工资为 14 元,根据公式(2)计算出资料遴选费

$$CP = 1 \times 14 \times 248 \times 3 = 10416(元)$$

公司参加面试人员的小时工资为:部门经理 20 元,副总经理 55 元,总经理 80 元。西安 LX 专用招聘面试会议室,面积 20 平方米,租金 540 元/月,全年 6480 元。资料费 626 元,通讯费 626 元,设备折旧忽略不计,体检费每人 150 元。根据(4)计算出考核面试费用:

$$CT = [153 \times (14+20) + 50 \times (14+20+55) + 27 \times (14+20+80)] \times 3 + 6480 + 626 + 626 + 150 \times 32 = 50722(元)$$

西安 LX 公司对新员工进行严格的上岗前培训,新员工必须参加为期一天的岗前培训和在北京总部举行的为期一周的企业文化培训。培训费用是获得新员工的主要成本之一。新员工试用期工资每小时 10 元,培训讲师工资每小时 20 元,公司内部培训场地费用忽略不计。住宿费每人每天 80 元,餐饮费用 50 元,交通费用 600 元,资料费约 50 元。根据公式(5)计算出培训费用:

$$CC = 8 \times (32 \times 10 + 20) + [600 + (80+50) \times 7 + 50] \times 32 = 52640(元)$$

由以上隐性成本和财务报表中已知的显性成本 90000 元计算出新员工获得总成本为:

$$CC = (10416 + 50722 + 52640) + 90000 = 203778(元)$$

根据公式(6)(7)(8)即可得到正式职员获得成本 $R = 8860$ 元,平均招聘成本 $r = 6368$ 元,全年因试用期内新员工离职因素对公司造成的损失 $w = 62150$ 元。从这一结果来看,平均招聘成本超过西安 IT 业普通职员月薪的 3 倍,新员工获得成本约为月工资的 4 倍,达到了中、高级人才猎头服务的付费标准。可见西安 IT 业的人才招聘工作已经比较难做,企业必须重视人才流失问题,人才频繁流动不但给业务的可持续性开展带来负面影响,还将增加招募成本,降低企业的营利能力。

根据(9)(10)计算得到显性成本占总成本的比例为 44%,隐性成本比例为 56%,隐性成本超过了财务报表中体现的招聘预算。这说明,获得新员工的费用支出是多方面的,不仅仅是人力资源费用预算,

隐性费用应该得到人们的重视。考虑到西安 LX 公司新员工需要出差培训是一个特例,纯粹的本地企业并没有这一项费用,我们把差旅费排除后再计算隐性成本,西安 LX 公司隐性费用为 58362 元,占新员工获得总成本的 40%,该数字比较符合本地其他 IT 企业的实际情况,隐性成本仍然是一笔不容忽视的开支。

　　——资料来源:陈关聚,冯宪宗 . IT 企业新员工获得成本研究:模型与实例 . 经济理论与经济管理 . 2001(8)

附件一：某某集团公司招聘管理制度

第一章　　招聘工作

一、招聘目标

1. 通过系统化的招聘管理保证公司招聘工作的质量，为公司选拔出合格、优秀的人才。

2. 招聘流程规定人员需求的申请、招聘渠道的评估、面试程序及录用程序，以保证招聘工作满足公司需要并有效控制成本。

二、招聘原则

1. 公司招聘录用员工遵循"公开、平等、竞争、择优"的原则。对公司内符合招聘职位要求及表现卓越的合适员工，将优先给予选拔、晋升。其次再考虑面向社会公开招聘。

2. 所有应聘者机会均等。不因应聘者的性别、民族、宗教信仰和推荐人不同而给予不同的考虑。

三、招聘政策和工作流程

各分支机构人力资源部门参照制定相应政策，报公司人力资源部审核后执行。

1. 招聘政策

招聘工作应根据每年人力资源管理计划进行。如属计划外招聘应提出招聘理由，经公司总经理审批后方可进行。

2. 招聘程序

I　招聘需求申请和批准步骤

A. 各部门和各分支机构根据年度工作发展状况，核查本部门各职位，于每年年底根据公司下一年度的整体业务计划，拟定人力资源需求计划，报公司人力资源部。

B. 人力资源部根据公司年度发展计划、编制情况及各部门和分支机构的人力资源需求计划，制定公司的年度招聘计划。

C. 各部门和分支机构根据实际业务需求，提出正式的员工需求申请。填写"招聘申请表"，详列拟聘职位的招聘原因、职责范围和资历要求，并报人力资源部审核。

D. 招聘申请审批权限

在人员编制预算计划内的公司经理、高级经理、部门执行总监、总监，分公司总经理室人员、分公司人力资源部和计财部负责人，支公司总经理室人员的招聘申请由公司总经理批准；公司一般员工、临时用工、实习学生的招聘申请由人事主管副总经理（总助）批准。分公司其他部门级经理和分支公司一般员工的招聘申请由分公司总经理批准。

E. 计划外招聘申请报公司总经理批准后方可执行。

F. 人力资源部根据招聘计划执行情况，每月同有关招聘部门就人员招聘进展状况进行沟通和协调。

II　招聘费用

招聘费用是指为达成年度招聘计划或专项招聘计划，在招聘过程中支付的直接费用。人力资源部应根据年度或专项招聘计划，对照以往实际费用支出情况，拟订合理的招聘费用预算，经有关部门审核，报人事和财务主管副总经理（总助）批准执行。

III　招聘周期

招聘周期指从人力资源部收到"招聘申请表"起，到拟来人员确认到岗的周期。每一职位的招聘周期一般不超过 8 周。有特别要求的职位，将视实际情况经用人部门与人力资源部协商后，适当延长或缩短招聘周期。

IV　招聘步骤

A. 材料收集渠道：

a. 内部的调整、推荐

b. 人才中介机构、猎头公司的推荐

c. 参加招聘会

d. 报纸杂志刊登招聘广告

e. 网络信息发布与查询

用人部门可会同人力资源部根据职位情况选择招聘渠道。如需刊登报纸广告，广告稿草拟后，应先由公司人力资源部审核，报公司领导批准后，再经市劳动局或人事局批准，交广告公司或报社刊登广告。分公司的招聘广告内容和格式要事先经公司人力资源部审定。

B. 人力资源部对应聘资料进行收集，分类，归档，按照所需岗位的职位描述做初步筛选。

C. 拟选人员一般需经过三次面谈和两次测试。面谈层次及步骤如下：

应聘职位	经理或主管	一般人员
第一次面试	招聘经理/直接经理	招聘主管/直接主管
第二次面试	人力资源部总监/用人部门总监	招聘经理/直接经理
第三次面试	公司(副)总经理	(副)总经理可自行决定需要

a. 用人部门根据人力资源部的推荐意见及有关简历材料(身份证、学历证明、职称证明等有关证件的复印件),对初次面谈合格的人选进行二次面试和业务水平测试。

b. 人力资源部收到用人部门的考核成绩、面谈意见后,对初选人员进行包括心理测评、外语、计算机等基本技能测试。

c. 基本技能测试通过后,人力资源部与拟选人员预约进行第三次面谈。

d. 经二至三次面谈后,人力资源部安排拟来人员填写"应聘人员登记表",并通知公司办公室安排其到指定医院进行体检。

e. 拟来人员体检合格后,人力资源部将"应聘人员登记表"和"录用决定"转用人部门签署聘用意见。用人部门同意聘用后,不同层次、不同级别的人员按不同的审批权限进行批准。

D. 对经理级及以上职位应聘人员应在面试时要求其提供工作证明人,必要时还需做应聘人员背景调查,并将背景调查报告记录在应聘人员登记表上。

E. 人力资源部负责拟制应届大学毕业生、研究生和复转军人的年度接收计划,填写"实习人员审批表",并具体安排其工作岗位。各部门均不得自行接收、安排应届大学毕业生、研究生到本部门实习或见习。

F. 临时用工人员的聘用:公司原则上不同意使用临时人员,特殊情况由公司用人部门提出书面申请,填写"录用决定",报公司人力资源部和人事主管副总经理(总助)审批,各部门均不得自行安排和接收临时人员。

G. 非本地户口人员的聘用:公司各部门和分支机构聘用非本地户口人员必须报公司人力资源部审批。如有职务,按干部任免审批权限进行报批。

V　人员录用审批权限

A. 公司总部正式员工、分公司总经理室人员、分公司人力资源部和财务部负责人、支公司总经理室人员的录用由公司总经理审批;

B. 公司总部临时用工、实习学生的录用由公司人事主管副总经理(总助)审批;

C. 分公司其他部门经理级人员和分支公司一般人员的录用由分公司总经理审批,在批准后三个工作日内上报公司人力资源部备案。

VI 聘用步骤

A. 拟来人员经批准聘用后,人力资源部负责通知其到岗上班。

试用期:所有新入司员工均有三个月试用期。因工作需要免除或缩短试用期,按员工录用审批权限批准。

B. 档案转移手续

a. 新员工到岗一个月之内应将其个人人事档案关系转移至公司。人力资源部向员工开具商调函,由该员工返回原单位办理档案转移手续。

b. 如员工在规定期限内不能将档案关系转移过来,应写出书面申请,报人力资源部批准。同时应提交由其原工作单位出具的解除/终止劳动关系证明。

C. 迎接新员工

新员工上班的第一天,人力资源部向其发出"工作通知书",同时按公司新员工管理工作流程办理有关手续。

四、内部推荐奖励政策

1. 职位空缺与内部招聘

当空缺职位招聘困难或超过 30 个工作日没有招聘到合适的人选时,由人力资源部招聘负责人按标准格式制作《内部空缺职位》,在公司公告栏向员工发布通知。

2. 推荐方法

员工根据《内部空缺职位》所列的主要工作职责及规定的任职资格,向人力资源部推荐候选人,并将候选人的个人简历、身份证、学历证书及相关证件的复印件提交人力资源部招聘负责人,同时在简历上注明推荐人的姓名、部门和分机号码。人力资源部负责将结果通知推荐人。

3. 推荐成功和奖励办法

A. 如员工推荐的候选人不符合空缺职位要求,推荐人不享受任何奖励。

B. 如员工推荐的候选人符合空缺职位的要求,且已通过最终面试,但没有被公司录用,推荐人将获得通报表扬,并给予纪念品。

C. 如果员工推荐的候选人被公司录用并顺利经过试用期成为正式员工,推荐人可获得通报表扬和相应的纪念品。

4. 除外情况

本奖励政策不适用于以下情况:

推荐人为被推荐人的直接或间接主管;

人力资源部的工作人员。

推荐人领取奖励时要填写《推荐奖励领取记录》。

人力资源部

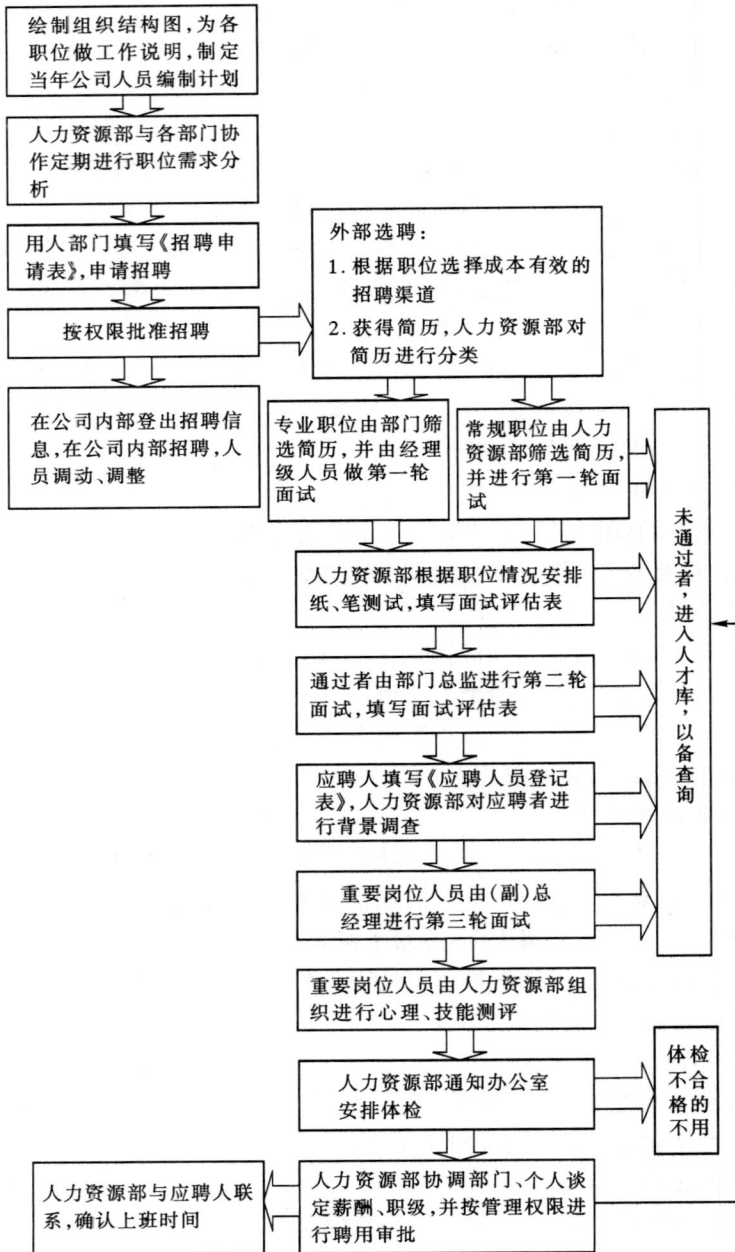

流程图：

```
┌─────────────────────┐
│绘制组织结构图,为各    │
│职位做工作说明,制定    │
│当年公司人员编制计划   │
└──────────┬──────────┘
           ↓
┌─────────────────────┐
│人力资源部与各部门协   │
│作定期进行职位需求分   │
│析                    │
└──────────┬──────────┘
           ↓
┌─────────────────────┐
│用人部门填写《招聘申   │
│请表》,申请招聘        │
└──────────┬──────────┘
           ↓
┌─────────────────────┐        ┌─────────────────────┐
│按权限批准招聘         │───────→│外部选聘：            │
└──────────┬──────────┘        │1.根据职位选择成本有效的│
           ↓                    │  招聘渠道             │
                                │2.获得简历,人力资源部对 │
                                │  简历进行分类          │
                                └─────────────────────┘
```

┌─────────────────────┐ ┌─────────────────────┐ ┌─────────────────────┐
│在公司内部登出招聘信   │ │专业职位由部门筛   │ │常规职位由人力   │
│息,在公司内部招聘,人   │ │选简历,并由经理   │ │资源部筛选简历,   │
│员调动、调整   │ │级人员做第一轮   │ │并进行第一轮面   │
└─────────────────────┘ │面试   │ │试   │
                          └─────────────────────┘ └─────────────────────┘

┌─────────────────────┐
│人力资源部根据职位情况安│
│排纸、笔测试,填写面试评估表│
└─────────────────────┘

┌─────────────────────┐
│通过者由部门总监进行第二轮│
│面试,填写面试评估表   │
└─────────────────────┘

┌─────────────────────┐
│应聘人填写《应聘人员登记│
│表》,人力资源部对应聘者进│
│行背景调查   │
└─────────────────────┘

┌─────────────────────┐
│重要岗位人员由(副)总   │
│经理进行第三轮面试   │
└─────────────────────┘

未通过者,进入人才库,以备查询

┌─────────────────────┐
│重要岗位人员由人力资源部组│
│织进行心理、技能测评   │
└─────────────────────┘

┌─────────────────────┐   体检不合格的不用
│人力资源部通知办公室   │
│安排体检   │
└─────────────────────┘

┌─────────────────────┐ ┌─────────────────────┐
│人力资源部与应聘人联   │←─│人力资源部协调部门、个人谈│
│系,确认上班时间   │ │定薪酬、职级,并按管理权限进│
└─────────────────────┘ │行聘用审批   │
                          └─────────────────────┘

第二章 新员工入司工作流程

目标：

1. 将新员工顺利导入现有的组织结构和公司文化氛围之中。员工被录用初期通常是最重要的时期，正是在这个时期员工形成了工作态度、工作习惯，并为将来的工作效率打下基础；

2. 向新员工介绍其工作内容、工作环境及相关同事，使其消除对新环境的陌生感，尽快进入工作角色；

3. 在试用期内对新员工工作进行跟进与评估，为转正提供依据。

一、人力资源部在新员工进入前

1. 应聘人员的《录用决定》由总经理签署后，人力资源部负责通知员工报到。

2. 新员工报到日，人力资源部根据《新员工入职手续清单》为其办理相关事项。

3. 由其所在部门直接负责人确认其座位，部门总监确认其职位。

4. 通知新员工报到时应提交：1寸彩照2张及底片；毕业证书、学位证书、职称证书、身份证原件及复印件。

5. 电子商务部门在新员工入职一周内为其办好公司邮箱地址。

6. 员工所在部门为其确定导师，在入职当天和入职培训中介绍。

二、人力资源部办理入职手续

1. 填写《员工履历表》。

2. 发放向新员工介绍公司情况及管理制度的《新员工入职告知书》，使其具备基本公司工作知识，要求其通过公司内部网络了解进一步情况。

3. 按照《新员工入职手续清单》逐项办理入职手续。

4. 与新员工签署《劳动合同》。

5. 确认该员工调入人事档案的时间。

6. 向新员工介绍管理层。

7. 带新员工到部门，介绍给部门总监。

8. 将新员工的情况通过E—mail和公司内部刊物向全公司公告。

9. 更新员工通讯录。

三、由部门办理部分

1. 人力资源部带新员工到部门后，由部门安排参观部门，并介绍部门人员及其他部门相关人员。

2. 由直接经理向新员工介绍其岗位职责与工作说明。

3. 部门应在例会上向大家介绍新员工并表示欢迎。

四、入职培训

1. 由人力资源部定期组织新员工培训,培训内容包括:公司介绍、公司各项制度、业务基础知识知识等。

2. 不定期举行由公司管理层进行的企业发展历程、企业文化、各部门职能与关系等方面的培训。

五、满月跟进

新员工入职满一个月左右时,由人力资源部对其进行跟进。形式:面谈。内容:主要了解其直接经理对其工作的评价;新员工对工作、直接经理、公司等各方面的看法。具体见:《满月跟进记录》

六、转正评估

新员工工作满三个月时,由人力资源部安排进行转正评估。员工对自己在试用期内的工作进行自评,由直接经理对其进行评估。直接经理的评估结果将对该员工的转正起到决定性的作用。

人力资源部

流程图：

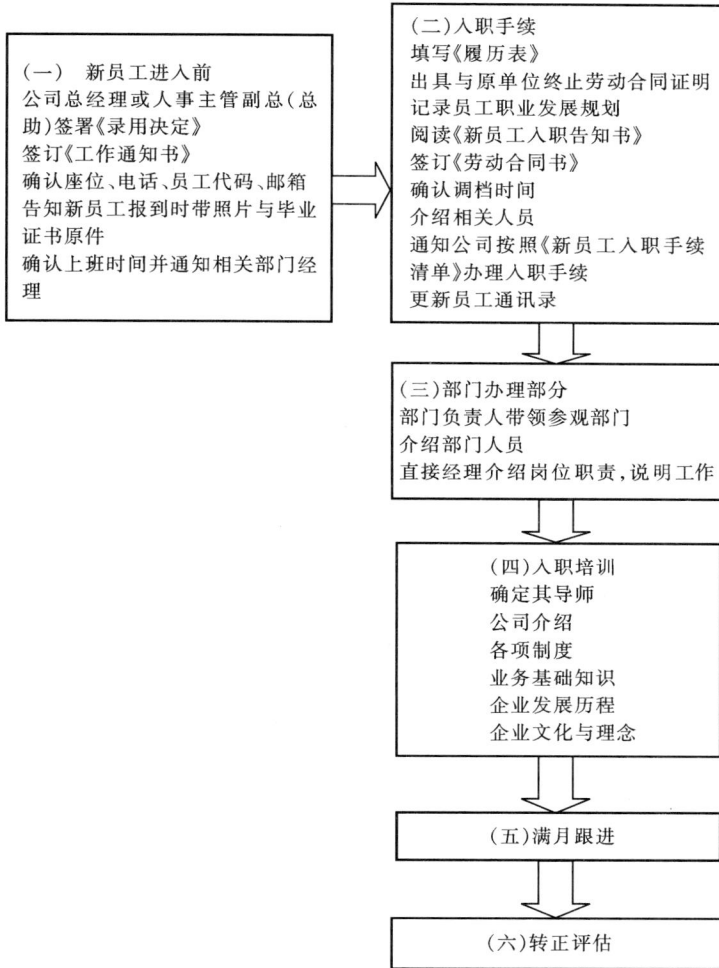

（一）　新员工进入前
公司总经理或人事主管副总（总助）签署《录用决定》
签订《工作通知书》
确认座位、电话、员工代码、邮箱
告知新员工报到时带照片与毕业证书原件
确认上班时间并通知相关部门经理

（二）入职手续
填写《履历表》
出具与原单位终止劳动合同证明
记录员工职业发展规划
阅读《新员工入职告知书》
签订《劳动合同书》
确认调档时间
介绍相关人员
通知公司按照《新员工入职手续清单》办理入职手续
更新员工通讯录

（三）部门办理部分
部门负责人带领参观部门
介绍部门人员
直接经理介绍岗位职责，说明工作

（四）入职培训
确定其导师
公司介绍
各项制度
业务基础知识
企业发展历程
企业文化与理念

（五）满月跟进

（六）转正评估

第三章　员工转正考核工作流程

目标：

1. 转正是对员工的一次工作评估机会，也是公司优化人员的一个重要组成部分。

2. 转正对员工来说是一种肯定与认可，转正考核流程的良好实施，可以为员工提供一次重新认识自己及工作的机会，帮助员工自我提高。

3. 一般员工的转正由用人部门和各级人力资源部门进行审批并办理有关手续。

流程图：

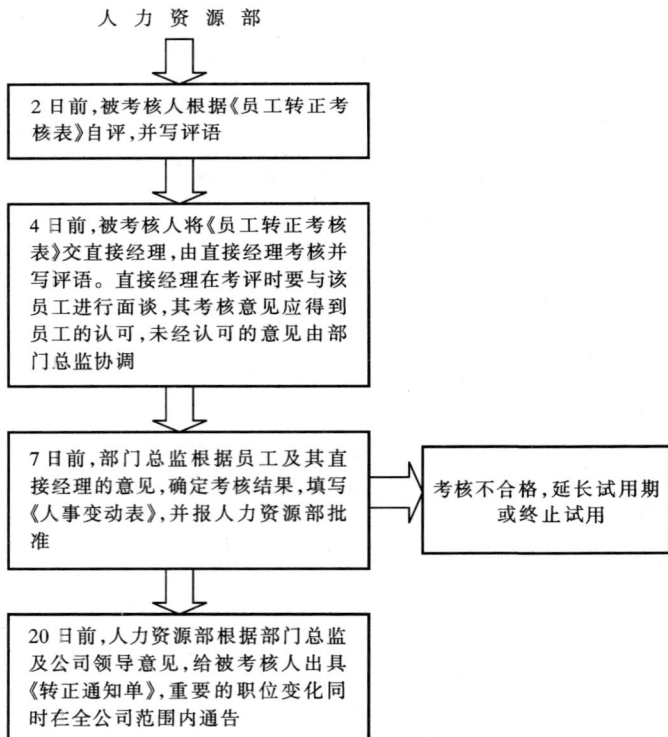

人 力 资 源 部

2 日前，被考核人根据《员工转正考核表》自评，并写评语

4 日前，被考核人将《员工转正考核表》交直接经理，由直接经理考核并写评语。直接经理在考评时要与该员工进行面谈，其考核意见应得到员工的认可，未经认可的意见由部门总监协调

7 日前，部门总监根据员工及其直接经理的意见，确定考核结果，填写《人事变动表》，并报人力资源部批准

考核不合格，延长试用期或终止试用

20 日前，人力资源部根据部门总监及公司领导意见，给被考核人出具《转正通知单》，重要的职位变化同时在全公司范围内通告

附件二：某某有限公司人力 资源部面试章程

　　企业的招聘工作是人力资源部门的一项重要工作。在与应聘者交流的同时，人力资源部代表了我们企业的形象。为此企业招聘工作应务必准备充分。

一、面试准备

　　1. 人力资源部应在面试应聘者之前将所有的表格、试题准备完善。

　　2. 人力资源部应在面试应聘者之前筹组面试遴选小组。

　　3. 面试遴选小组应由用人部门负责人、人力资源部负责人、独立评选人（对招聘职位的工作有较深刻的了解）组成。人力资源部成立面试遴选小组时,各部门应积极配合其工作,不得出现推诿现象。

二、评价标准：

　　1. 仪容。

　　2. 人生观、社会观、职业观。

　　3. 生活设计。

　　4. 人格成熟度（情绪稳定性、心理健康与心理掩饰性）。

　　5. 个人修养。

　　6. 求职动机。

　　7. 工作经验。

　　8. 相关的专业知识。

　　9. 语言表达能力。

　　10. 思维逻辑性。

　　11. 应变能力。

　　12. 社交能力。

　　13. 自我认识能力。

　　14. 支配能力。

　　15. 协调指导能力。

　　16. 责任心、时间观念与纪律观念。

　　17. 分析判断能力。

　　18. 性格特征(好恶以及性格的内外性)。

　　19. 智力与潜能。

三、面试试题

　　试题得分分为:优秀(10 分)、优(8 分)、良好(5 分)、良(3 分)、差(1 分)等五个等级。单项得分越高,其总分越高。三位面试官的分数之和除以 3 得出平均分数即为该应聘人员的口试综合得分。

　　1. 观察其发型、衣着、清洁度来评价。

　　(了解应聘者的仪容)

　　2. 请用两分钟的时间介绍一下自己的工作简历?

　　(从应聘者熟悉的地方入手,目的在于使其消除紧张情绪,并考察其语言概括能力)

　　3. 您有没有座右铭或者比较喜欢的格言? 您最喜欢那一本书? 您最喜欢的历史人物是?

　　(了解应聘者的职业观、人生观、社会观)

　　4. 您为何到本公司应征?

　　(了解应聘者的求职动机及愿望)

　　5. 您知道本公司有哪些产品吗? 谈谈您对本企业的认识。

　　(了解应聘者对企业内部组织及行业状况的了解程度,侧面反映其对本职位的重视性)

　　6. 您对本职位是否有持久的兴趣? 会把本行业视为终身行业吗?

　　(了解应聘者的职业观、人格成熟程度)

　　7. 您认为自己所学专业对本企业有何帮助?

　　(了解应聘者相关专业知识及自信心)

　　8. 您认为自己所应聘的岗位应该有哪些义务?

　　(了解应聘者责任心、归属感及自我认识能力)

　　9. 除应聘您应聘的职位,您对本企业内何职还感兴趣?

　　(了解应聘者潜能及工作性向)

　　10. 您有什么爱好? 您认为这种爱好对人生会有何种帮助?

　　(了解应聘者反映机敏性及逻辑思维能力)

　　11. 您有哪些要好的朋友?

　　(了解应聘者社交能力、性格特征、人生观)

　　12. 在历史人物中,请您说说您所崇拜的人物?

　　(了解应聘者其理想、信仰及生活设计)

　　13. 您希望自己的上司是何种工作风格?

（了解应聘者的责任心、纪律性及工作作风）

14. 您对琐碎的工作是讨厌还是喜欢？

（了解应聘者其性格特征）

15. 您喜欢平静的湖泊还是喜欢奔腾的骏马？

（了解应聘者的时间观念及性格的内、外性）

16. 您何时可以到职？

（了解应聘者可到职时间）

17. 您觉得在您原工作岗位干得最出色的一件事情是什么？

（了解应聘者的工作能力及推测其人生观）

18. 您认为自己应聘此职位有何优势？您认为自己的缺点是什么？

（了解应聘者的语言表达能力及自我认识能力）

19. 您对您的未来生活有什么样的愿望？

（了解应聘者的生活设计）

20. 您对您从前的同事满意吗？

（了解应聘者与同事的相处能力）

21. 您从前是否有遭遇过困境？

（了解应聘者的人生经历及适应力）

22. 请问您上一就职的工作月薪是多少？

（了解应聘者的薪水状况）

四、笔试试题

1. 按照公司招聘岗位的区别，由人力资源部与用人部门、独立评选人联合制作笔试试题。

2. 各岗位笔试试题的内容另行制作。

3. 笔试试题应与本章程内的评价标准相吻合。

五、面试场所的选择及环境控制

1. 面试环境应保持安静舒适。

2. 面试考官的位置应避免背光。

3. 应聘者的座位应放在房间中间。

4. 面试过程中人员不能随意走动。

5. 面试过程不要被打断。

六、成绩汇总及录用

1. 面试过程中，遴选小组的成员应填写面试记录表。

2. 以天为单位，面试结束后，遴选小组成员应讨论填写《面试意见表》交公司总经理审核。

3. 应聘人员的录用见《某某有限公司员工招聘管理制度》。

七、其他

1. 本章程由人力资源部负责解释。

2. 本章程由企业管理部负责修正。

参 考 文 献

[1]　廖泉文.招聘与录用[M].北京:中国人民大学出版社,2004.

[2]　欧阳洁,霍燕滨,陈竞晓.有效招聘[M].北京:清华大学出版社,2004.

[3]　吴志明.员工招聘与选拔实务手册[M].北京:机械工业出版社,2002.

[4]　陈黎明.人员招聘与任用[M].北京:煤炭工业出版社,2001.

[5]　雷蒙德·A·诺伊,约翰·霍伦拜克,等.人类资源管理:赢德竞争优势[M].北京:中国人民大学出版社,2001.

[6]　谢晋宇.雇员流动管理[M].天津:南开大学出版社,2000.

[7]　张一弛.人力资源管理教程[M].北京:北京大学出版社,1999.

[8]　谢晋宇.企业人类资源的形成——招聘、筛选与录用[M].北京:经济管理出版社,1999.

[9]　加里.德斯勒.人力资源管理[M].北京:中国人民大学出版社,1999.

[10]　(美)保罗·法尔科恩.招聘面试中的 96 个关键问题[M].上海:上海人民出版社,1999.

[11]　(美)哈罗德·孔茨,海因茨·韦里克.管理学[M].9 版.北京:经济科学出版社,1993.

[12]　http://www.chinahrm.net

第三版后记

　　员工招聘是人力资源管理选人、育人、用人、留人等环节中非常关键的起始环节,是人力资源管理领域中正在不断发展与完善的一门学科。员工招聘工作对企业成长意义重大,因此受到越来越多管理者的重视。

　　本书是《英豪 21 世纪人力资源管理系列教材》之一,是集体智慧的结晶,由西安工业大学人力资源管理专业教师与专业企业导师联合编写。李明、李晓霞任主编,杨倩、行金玲任副主编,参与编写的教师有李育英、石琳,还有专业制造业企业导师刘芸瑛、胡燕军、杨方炯。

　　本书出版以来,受到市场广泛的欢迎,根据理论的发展和市场的变化,我们在本书第二版基础上进行了修订,特推出第三版。

　　在本书编写提纲和书稿的修改定稿中,本书编委会主任、总主编杜跃平教授提出了许多指导性意见和具体要求,并对全书最终审定;西安交通大学出版社魏照民编辑对本书的顺利出版付出了大量辛勤的劳动。在此对他们表示衷心的感谢。在本书的编写过程中,参考了大量的文献和资料,由于篇幅有限,不能将参考文献的作者一一列出,在此对所有参考文献作者表示感谢!

　　由于编者水平有限,时间紧迫,所以本书难免存在不足之处,恳请广大读者批评指正!

编者

2017 年 8 月于西安